KB093083

고등학교용

900한자 어원사전

하영삼·하영우

고등학교용

900한자 어원사전

하영삼·하영우

도서출판3

범 례

1. 대상자: 고등학교 교육용 900 한자를 대상으로 삼았다.

2. 표제자: 다음의 순서로 나열되었다. ①대표 자형(한국 한자 자형 기준), ②훈독(대표 훈독), ③중국의 간화자, ④이체자([ ] 속 표시), ⑤한어 병음, ⑥부수(한국 획수 기준), ⑦총획수(한국 획수 기준), ⑧한자 검정시험 급수표시("한국어문회" 기준)

3. 주요 자형: 해당 부수자의 대표 갑골문, 금문, 소전, 예서체를 시대 순으로 나열하여 자형의 변천을 이해하기 하였다.

4. 자해(字解): ①육서, ②글자의 구조, ③원래 의미, ④파생 의미, ⑤현대 자형으로의 변화 과정 등을 설명하였다.

5. 육서: 한자는 끊임없이 변해왔기에, 해당 한자를 육서에 확정 귀속시키기는 어렵다. 다만 이해의 편의를 위해 『설문해자』의 정의에 근거해 상형, 지사, 회의, 형성으로 구분했고, 전주와 가차는 글자의 운용과 관계되기에 생략했다.

6. 의미해석의 특징: 한자 특성에 근거해 형성 구조의 소리부를 의미와 과학적으로 연계시켰다.

7. 자형: 화동사범대학(ECNU) "중국문자연구와 응용센터"(www.wenzi.cn)에서 제공한 각종 한자 자형(갑골문^{甲骨文}, 금문^{金文}, 토기 문자^{陶文}, 석각^{石刻} 문자, 간독^{簡牘}문자, 도장문자^{璽印文}, 화폐^{貨幣}문자, 백서^{帛書}, 맹서^{盟誓}, 한나라 죽간^{漢簡}문자, 『설문해자^{說文解字}』의 소전^{小篆}체 등)이 망라되었다.

8. 단어: 고등학교 교육용 900한자로 구성된 한자 단어를 제시하여 한자어 학습에 도움이 되게 하였다.

9. 색인: 학습의 편의를 위해 어휘색인, 한어병음색인, 총필획 색인 등을 추가하였다.

10. 보충 그림: 이해를 돕기 위해 필요한 그림을 일부 제시하였다.

몇 가지 해설

1. 갑골문(甲骨文): 상나라(특히 후반기인 은殷나라) 때의 문자로 1899년 처음 발견되었으며, 현재까지 확인 가능한 가장 초기 단계의 한자이다. 갑(甲)은 거북 딱지에 새긴 것을, 골(骨)은 동물 뼈(주로 소 어깨죽지 뼈)에 새긴 것을 말하며, 이를 합쳐서 '갑골문'이라 한다. 지금까지 약 15만 편이 발견되었으며, 개별 글자 수는 약 4,700여 자, 해독된 글자는 1,800여 자인데, 그중 이견이 별로 없는 해독된 글자는 1,000여 자에 이른다.

2. 금문(金文): 청동기에 주조된 문자를 말하는데, 시기는 상나라 때부터 춘추 전국시대 때까지가 주를 이룬다. 그중에서도 서주 때의 금문이 가장 대표적이다. 옛날에는 '청동'을 금(金)이라 불렀기에, 거기에 주조된 글자를 '금문'이라 부르게 되었다. 金(쇠 금)은 원래 청동기물을 만드는 거푸집을 그린 글자이다.

3. 간독(簡牘)문자: 대나무에 쓴 죽간(竹簡)과 나무 조각판에 쓴 목독(木牘)을 합쳐 부른 말이며, 종이가 보편화하기 전 가장 많이 쓰였던 필사재료이다. 전국시대 말기와 한나라 초기 때의 죽간이 많이 발견되었다. 특히 최근에는 장강(長江) 유역의 초(楚)나라 유물이 많이 발견되어 진시황의 문자 통일 과정에서 사라진 남방 지역 한자의 실상을 볼 수 있게 해 주고 있다.

4. 백서(帛書): 비단에 쓴 글자를 말한다. 염색을 하지 않고 무늬를 넣지 않은 비단을 백(帛)이라 하고, 거기에 쓴 글자를 '백서'라 한다. 종이가 보편화하기 전 비단은 고급의 매우 유용한 필사재료였다. 1973년 말 호남성 장사(長沙) 마왕퇴(馬王堆)에서 발견된 백서가 대표적이며,

한자라 초기 때의 한자 모습을 확인할 수 있다.

5. 맹서(盟書): 나라나 제후 간에 서로 맹약을 맺고 그 내용을 기록한 것을 '맹서'라 하는데, 주로 옥이나 돌을 얇게 깎아 썼다. 산서성 후마(侯馬)에서 발견된 '후마 맹서'가 대표적인데, 전국(戰國) 시대 때의 지역적 특색을 살필 수 있는 자료가 된다.

6. 소전(小篆): 진시황이 천하를 통일하고 문자를 통일하는 과정에서 만들어진 표준 서체를 말한다. 통일 전 전국(戰國) 때의 진나라 문자(대전大篆이라 부른다)를 기초로 다른 여러 나라들의 문자를 참조하여 표준화한 것으로 알려졌다. 이후 예서를 거쳐 현대 한자로 이어졌다.

7. 예서(隷書): 한나라 때의 표준 서체로, 진나라 때의 통일 서체인 소전체를 구조나 필사법에서 간략하게 만든 서체로, 현대 한자의 초기 표준체가 되었다.

8. 간화자(簡化字): 1949년 중화인민공화국에 의해 공식적으로 채택된 한자로, 기존 한자(해서楷書, 번체자)의 불편한 점으로 지적되었던 필획의조정하기 위해 줄여 쓴 한자를 말한다. 그러나 간화자의 출발이 한자를 알파벳으로 바꾸고자 한 과정에서 과도기적으로 출현하였고, 한자의 본질적 특성(의미 중심의 문자 체계)을 과소평가하고 과다하게 줄인 글자들이 있어 일전한 한계 점도 보인다. 1986년 이후 알파벳으로 가겠다는 한자개혁 정책은 중지되었다.

9. 『설문해자(說文解字)』: 서기 100년에 허신(許愼)에 의해 완성된 최초의 한자어원사전이다. 총 9,393자의 방대한 한자를 대상으로 그의 자형, 구조, 원래 뜻, 의미 파생과정, 독음 등을 밝혀 놓았다. 또 '부수'라는 개념을 처음 창안하여 540부수에 의해 수록자를 분류했으며, '육서'(상형, 지사, 회의, 형성, 전주, 가차)에 근거해 한자 구조를 분석하였다. 이 때문에 허신은 한자학의 비조일 뿐 아니라 지금까지

도 가장 뛰어난 한자학자로 칭송되며, 『설문해자』는 한자학의 바이블로 인정받고 있다.

10. 부수^(部首): 한자를 의미 중심으로 분류할 때 해당 범주를 대표하는 글자를 말한다. 허신에 의해 처음 창안되었으며, 그의 『설문해자』에서는 **540**부로 설정되었다. 이후 여러 차례 조정을 거쳐 명나라 때의 『자휘^(字彙)』라는 사전에서 지금의 **214**부수로 확정되었다. 이후 『강희자전^(康熙字典)』이 이를 채택하면서 대표적인 부수 체계로 자리 잡았고, 한국의 현행 옥편에서는 모두 이를 채택하고 있다.

11. 육서^(六書): 한자의 구조를 여섯 가지로 분류한 것을 말한다. 허신의 『설문해자』의 정의에 의하면, 상형^(象形)은 구체적인 물체를 그대로 그린 것이고, 지사^(指事)는 추상적인 물상을 이미지화 한 것이며, 회의^(會意)는 두 가지 이상의 개념(글자)을 합쳐서 새로운 의미를 그려 낸 것을 말하고, 형성^(形聲)은 한 부분은 의미를 다른 부분은 독음을 나타내는 것을 말한다. 가차^(假借)는 해당 개념이 없어서 독음이 같은 글자를 빌려와 쓴 경우를 말하며, 전주^(轉注)는 논란이 많지만 일반적으로 의미가 같은 다른 글자를 빌려와 쓴 경우를 말한다. 앞의 네 가지는 한자의 본질적 구조이지만, 전주와 가차는 한자의 운용에 관한 것으로 알려졌다. 그래서 이 책에서는 한자의 구조를 상형, 지사, 회의, 형성 등 네 가지로만 구분했다.

12. 소리부의 역할: 의미와 독음과 형체를 문자의 삼요소라 한다. 그래서 모든 문자는 특정한 형체 속에 의미와 독음을 가능한 완벽하게 담으려고 한다. 그러나 이 둘은 서로 모순적이어서 의미 정보가 강해지면 독음 정보가 약하고, 독음 정보가 강하면 의미 정보가 약해진다. 상형문자나 표의 문자는 그림에 가까워 보면 그 의미를 알 수 있지만 독음을 표기하기 어렵다. 반대로 알파벳 문자는 독음은 쉽게 표현되나 의미를 담기가 어렵다. 예컨대, 한자에서 목^(目)은 눈

을 그렸고, 목^(目)이 들어간 글자는 언제나 '눈'과 관련된 의미를 갖는다. 그러나 한글에서 '눈'은 한글 자모만 알면 쉽게 읽지만 그것이 왜 '눈'을 뜻하게 되었는지를 알 수 없다. 영어의 'eye'도 마찬가지이다. 그렇다고 한자가 의미만 표현하는 것은 아니다. 한자의 94퍼센트 정도가 의미와 독음을 함께 표시하는 형성구조인 것으로 알려졌다. 형성구조에서 의미를 표시하는 의미부(부수)는 당연히 의미와 관련 되었고, 독음을 표시하는 소리부는 독음을 표시하겠지만, 사실 자세히 살피면 소리부가 의미 결정에 매우 깊게 관여하고 있음을 알 수 있다. 이 책에서는 특별히 소리부가 의미 결정에 관여하는 역할에 주목하여, 그러한 부분을 밝히려 노력했다.

차 례

고등학교용

900한자 어원사전

본문

ㄱ

가

001

暇(겨를 가): xiá, 日-9, 13, 40

字解 형성. 日^(날 일)이 의미부이고 叚^(빌 가)가 소리부로, 시간^(日)을 빌려^(叚) 만들어낸 틈이나 '겨를'을 말하며, 이로부터 '閑暇^(한가)하다', '한가한 마음', '조용하다' 등의 뜻이 나왔다.

字形 暇 說文小篆

●예● 閑暇(한가), 休暇(휴가), 餘暇(여가)

002

架(시렁 가): jià, 木-5, 9, 32

字解 형성. 木^(나무 목)이 의미부이고 加^(더할 가)가 소리부로, 나무^(木)를 걸쳐 무엇인가를 올려놓도록^(加) 설계된 '시렁'을 말하며, 이로부터 물체의 틀^(frame) 등을 뜻하게 되었다.

●예● 高架道路(고가도로), 書架(서가), 十字架(십자가)

각

003

刻(새길 각): kè, 刀-6, 8, 40

字解 형성. 刀^(칼 도)가 의미부이고 亥^(돼지 해)가 소리부로, '새기다'는 뜻인데, 제사에 희생으로 쓸 돼지의 머리와 발을 자르듯^(亥) 칼^(刀)로 파내다는 뜻을 담았다. 이로부터 기물 등에 '글자를 새기다'는 뜻이 생겼고, 비석이나 판각 등의 뜻도 나왔다. 물시계 등의 눈금을 새기다는 뜻에서 하루의 시간을 재는 단위로 쓰였고, 4분의 1을 뜻하는 영어 쿼터^(quarter)의 음역어로 쓰여 15분을 뜻하기도 한다. 또 칼로 파내다는 뜻에서 刻薄^(각박)하다, 엄격하게 요구하다는 뜻도 나왔다.

字形 甸 簡牘文   甸 說文小篆

●예● 刻舟求劍(각주구검), 時刻(시각), 正刻(정각), 木刻(목각), 陰刻(음각)

004

却(물리칠 각): què, 卩-5, 7, 30

字解 회의. 去^(갈 거)와 卩^(병부절)로 구성되어, 물러나다^(去)는 뜻이며, 卻^(물리칠 각)의 속자이다. 卻은 卩이 의미부이고 谷^(웃을 각)이 소리부로, 꿇어앉는^(卩) 행위에서 '다리'를 뜻하게 되었고, 다시 '물러나다'는 의미가 생겼다. 그러자 의미를 더욱 분명하게 하고자 去^(갈 거)를 더한 却^(물리칠 각)을 만들었고, 원래의 '다리'는 肉^(고기 육)을 더한 脚^(다리 각)으로 구분했다.

字形 卻 簡牘文   卻 說文小篆

●예● 忘却(망각), 退却(퇴각), 燒却(소각), 冷却(냉각)

005

覺(깨달을 각): 觉, jué, 見-13, 20, 40

字解 형성. 見^(볼 견)이 의미부이고 學^(배울 학)의 생략된 모습이 소리부로, '깨달

다^(瘳 오)는 뜻인데, 끊임없는 배움^(學)이 보는 것에 선행한다는 의미를 담고 있다. 즉 이전에 보이지 않던 것이 학습을 통해 보이게 되는 것, 이것이 바로 깨달음임을 말해주고 있다. 이로부터 깨달음을 얻은 先覺者^(선각자)나 선현을 뜻하게 되었고, 느끼다, 살펴서 알다 등의 뜻이 나왔다. 중국의 간화자에서는 윗부분을 줄여 觉으로 쓴다.

字形 覺 覺簡牘文 覺 說文小篆

●예● 感覺(감각), 錯覺(착각), 視覺(시각), 知覺(지각)

006

閣(문설주 각): 阁, gé, 門-6, 14, 32

字解 형성. 門^(문 문)이 의미부이고 各^(각각 각)이 소리부로, 사람의 발길이 도착하는^(各) 곳에 세워진 문^(門)을 말하며, 이후 문을 세워 만든 '樓閣^(누각)'도 뜻하게 되었다. 또 누각을 만들어 책을 보관했던 藏書樓^(장서루)를 지칭하였으며, 중앙 정부의 관청 이름으로 內閣^(내각)을 말하기도 했다.

字形 閣 說文小篆

●예● 內閣(내각), 樓閣(누각)

간

007

刊(책 펴낼 간): [栞], kān, 刀-3, 5, 32

字解 형성. 刀^(칼 도)가 의미부이고 干^(방패 간)이 소리부로, 나무^(干)에 칼^(刀)로 새겨 冊版^(책판)을 만들던 모습을 반영했다. 이로부터 '판각하다', '출판하다', '개정하다' 등의 뜻이 나왔다.

字形 𣂔 簡牘文　𣂔 說文小篆

●예● 刊行(간행), 發刊(발간), 月刊(월간), 創刊(창간)

008

姦(간사할 간): 奸, jiān, 女-6, 9, 30

字解 회의. 세 개의 女^(여자 여)로 구성되어, 여자^(女)가 많이 모이면 '간사해지다'라는 뜻을 그렸는데, 여성이 사회의 약자로 지위가 변하면서 간사하고 투기 잘하는 비천한 존재로 그려졌다. 이로부터 '사악하다', '악한 사람', '흉악함', '외도', '절도' 등의 뜻이 나왔다. 중국의 간화자에서는 奸^(범할 간)에 통합되었다.

字形 姦姦姦 𡚦𡚦 金文　姦 說文小篆　𡚰 說文古文

●예● 强姦(강간), 姦通(간통)

009

幹(줄기 간): 干, [榦], gàn, 干-10, 13, 32

字解 형성. 干^(방패 간)이 의미부이고 㪺^(깃발 나부끼는 모양 언)이 소리부인 구조인데, 㪺이 倝^(해 뜰 간)으로 바뀌었다. 이는 황토 담을 쌓을 때 양쪽 곁으로 대던 큰^(干) 나무^(木·목)로, 황토를 다질 때 황토가 밖으로 빠져나가지 못하도록 대는 나무판의 축이 되는 '커다란 통나무'를 말한다. 榦^(담 곁 기둥 간)의 속자이며, 때로는 韓처럼 幹을 구성하는 干을 韋^(에워쌀 위, 圍의 원래 글자)로 바꾸어 쓰기도 했는데 의미에는 변화가 없다.

字形 𣏂 金文　𣏂 𣏂𣏂 簡牘文　𣏂 說文小篆

●예● 幹部(간부), 根幹(근간), 幹線道路(간선도로)

010

懇(정성 간): kěn, 心-13, 17, 32

字解 형성. 土^(흙 토)가 의미부이고 豤^(간절할 간)이 소리부로, 간절하고^(豤) 정성이 든 성실한 마음^(心)을 말하며, 이로부터 진실하다, 부탁하다의 뜻이 나왔다.

字形 說文小篆

●예● 懇請(간청), 懇談會(간담회)

011

簡(대쪽 간): 简, jiǎn, 竹-12, 18, 40

字解 형성. 竹^(대 죽)이 의미부이고 間^(사이 간)이 소리부로, 종이가 없던 시절 글씨를 쓸 수 있도록 대^(竹)로 만든 얇은 널빤지를 말한다. 이로부터 책이나 편지라는 뜻이 나왔고, 좁은 대쪽에 글씨를 쓰려면 가능한 한 줄여 써야 했기에 간략하다, 소략하다, 드물다 등의 뜻도 나왔다. 중국의 간화자에서는 简으로 쓴다.

字形 簡牘文 說文小篆

●예● 簡易(간이), 簡便(간편), 書簡(서간), 簡素化(간소화)

012

肝(간 간): gān, 肉-3, 7, 32

字解 형성. 肉^(고기 육)이 의미부이고 干^(방패 간)이로 소리부로, 장기^(肉)의 하나인 '간'을 뜻하는데, 생명을 유지하는 근간^(干)이라는 뜻이 담겼다. 이후 속마음의 비유로도 쓰였다.

字形 說文小篆

•예• 肝炎(간염), 肝腸(간장)

감

013

監(볼 감): 监, jiān, 皿-9, 14, 42

字解 형성. 皿^(그릇 명)이 의미부이고 覽^(볼 람)의 생략된 부분이 소리부로, 그릇^(皿)에 물을 담고 그 위로 얼굴을 비추어 보는^(覽) 모습을 그렸다. 이로부터 거울의 뜻이, 다시 보다, 監視^(감시)하다의 뜻이 나왔다. 이후 '보다'는 뜻으로 자주 쓰이자 거울은 청동기를 뜻하는 金^(쇠 금)을 더한 鑑^(거울 감)으로 분화했다. 또 태자나 원로대신이 국정을 대신 장악하는 것을 뜻하기도 했고, 國子監^(국자감)처럼 관청의 이름으로도 쓰였다. 중국의 간화자에서는 윗부분을 줄여 监으로 쓴다.

字形 𝌆 𝌆 甲骨文 𝌆 𝌆 𝌆 金文 𝌆 古陶文 𝌆 𝌆 簡牘文 𝌆 石刻古文 𝌆 說文小篆 𝌆 說文古文

•예• 監督(감독), 監獄(감옥), 監查(감사), 校監(교감)

014

鑑(거울 감): 鉴, [鑒, 鍳], jiàn, 金-8, 22, 32

字解 형성. 金^(쇠 금)이 의미부이고 監^(볼 감)이 소리부로, 쇠^(金)로 만든 큰 그릇을 말하는데, 이는 물을 채워 넣어 얼굴을 비춰 보는^(監) 거울로 사용했기에 '거울'이라는 뜻이 나왔다. 달리 상하구조로 된 鑒으로 쓰기도 한다. 중국의 간화자에서는 鑒의 윗부분을 줄인 鉴^(거울 감)으로 쓴다.

●예● 鑑賞(감상), 鑑別(감별), 龜鑑(귀감), 鑑識(감식)

강

015

剛(단단할 강): 刚, gāng, 刀-8, 10, 32

字解 형성. 刀^(칼 도)가 의미부이고 岡^(산등성이 강)이 소리부로, 산등성이^(岡)와 칼^(刀)처럼 '단단함'을 말하며, 이로부터 견고함, 剛直^(강직)함, 강성함 등을 뜻하게 되었다. 또 음양 개념에서, 음을 뜻하는 부드러움^(柔·유)에 대칭되는 양의 개념을 뜻하였고, 이로부터 낮, 짝수, 임금 등의 상징으로 쓰였다. 중국의 간화자에서는 刚으로 쓴다.

字形 𠛜 𠛜 𠛜 𠛜 甲骨文 𠛜 𠛜 𠛜 𠛜 𠛜 𠛜 金文 𠛜 𠛜 古陶文 𠛜 𠛜 盟書 𠛜 𠛜 簡牘文 𠛜 說文小篆 𠛜 說文古文

●예● 剛健(강건), 剛直(강직)

016

康(편안할 강): kāng, 广-8, 11, 42

字解 지사. 갑골문에서 庚^(일곱째 천간 경)과 네 점으로 구성되었는데, 庚의 자원에 대해서는 의견이 분분하다. 혹자는 곡식을 체에 거르는 모습을 그렸는데, 네 점은 떨어지는 곡식의 낱알을 형상화했으며, 이러한 의미를 강화하고자 禾^(벼 화)나 米^(쌀 미)를 더해 穅^(겨 강)과 糠^(겨 강)으로 발전하였다고 한다. 하지만, 이런 해석보다는 종처럼 매달린 악기를 그렸으며, 여러 개의 점은 악기를 연주할 때 나는 소리를 형상화한 것으로 보는 것이 일반적이다. 네 점은 소전체에서 米^(쌀 미)로 변했고,

예서체에서는 다시 水^(木·물 수)로 변해 지금의 형체로 고정되었다. 따라서 '악기를 연주해' 마음을 즐겁게 하다는 뜻에서 편안함과 즐거움의 뜻이, 다시 健康^(건강)의 뜻이 나온 것으로 추정된다.

字形 𤭖 𤭖 甲骨文 𤭖 簡牘文 𤭖 𤭖 古璽文 𤭖 說文或體

●예● 健康(건강)

017

綱(벼리 강): 纲, gāng, 糸-8, 14, 32

字解 형성. 糸^(가는 실 멱)이 의미부이고 岡^(산등성이 강)이 소리부로, '벼리'를 말하는데, 그물을 버티는 강한^(岡) 줄^(糸)이라는 뜻을 담았다. 이로부터 三綱五倫^(삼강오륜)에서처럼 사물의 요체나 법도 등의 뜻이 나왔고, 다시 약속이나 다스림 등을 뜻하게 되었다. 중국의 간화자에서는 纲으로 쓴다.

字形 𦀖 說文小篆 𤭖 說文古文

●예● 三綱五倫(삼강오륜), 紀綱(기강), 要綱(요강)

018

鋼(강철 강): 钢, gāng, 金-8, 16, 32

字解 형성. 金^(쇠 금)이 의미부이고 岡^(산등성이 강)이 소리부로, 산등성(岡)이처럼 강한 쇠^(金)를 말하며, 이로부터 '철'의 뜻이 나왔고, 다시 강함의 비유로 쓰였다. 중국의 간화자에서는 钢으로 쓴다.

●예● 鐵鋼(철강), 製鋼(제강)

개

介(끼일 개): jiè, 人-2, 4, 32

字解 지사. 갑골문에서 人^(사람 인)과 여러 점으로 구성되었는데, 여러 점은 갑옷을 뜻해, 갑옷을 입은 사람^(人)을 그렸다. 갑옷을 '끼워 입다'는 뜻으로부터 '끼다'는 뜻이 생겼으며, 이로부터 사이에 끼어들다, 介入^(개입)하다, 紹介^(소개)하다, 틈, 간극 등을 의미하게 되었다.

字形 （甲骨文） （簡牘文） （說文小篆）

●예● 介入(개입), 仲介(중개), 媒介體(매개체)

慨(분개할 개): 慨, kǎi, 心-11, 14, 30

字解 형성. 心^(마음 심)이 의미부이고 旣^(이미 기)가 소리부로, 분개한 마음^(心) 상태를 말하며, 이로부터 분개한 모습이나 격양된 모습 등을 뜻하게 되었다.

字形 （說文小篆）

●예● 感慨無量(감개무량), 慨歎(개탄)

概(평미레 개): gài, 木-11, 15, 32

字解 형성. 木^(나무 목)이 의미부이고 旣^(이미 기)가 소리부로, 말이나 되에 곡식을 담고 그 위를 평평하게 밀어 고르게 하는 데 쓰는 방망이 모양

의 나무^(木)로 만든 '평미레'를 말한다. 곡식의 고봉을 평평하게 깎다
는 뜻에서 概括^(개괄)의 뜻도 나왔다. 달리 상하구조로 된 槩^(평미레 개)로
쓰기도 한다.

字形 ◆◆古璽文 ◆◆ 說文小篆

●예● 概念(개념), 大概(대개), 概要(개요), 概論(개론)

022

蓋(덮을 개): 盖, gài, 艸-10, 14, 32

字解 회의. 艸^(풀 초)와 盍^(덮을 합)으로 구성되었는데, 금문에서 윗부분은 뚜껑
을 아래는 그릇^(皿·명)을 그렸고 그 중간으로 어떤 물체가 들어 있는
모습이며, 이로써 뚜껑으로 그릇 속의 물체를 '덮었다'는 의미를 그
렸다. 이후 소전체에 들면서 太^(클 태)와 皿이 상하로 결합한 구조로
변했고, 다시 太가 去^(갈 거)로 잘못 변해 盍이 되었다. 그러나 盍이
'어찌'라는 부사어로 가차되어 쓰이자 원래의 '덮다'는 뜻은 艸^(풀 초)를
더해 다시 蓋로 분화했다. 달리 盖로 줄여 쓰기도 하며, 중국의 간
화자에서도 이렇게 쓴다.

字形 ◆◆金文 ◆◆ ◆◆古璽文 ◆◆◆◆簡牘文 ◆◆ 說文小篆

●예● 覆蓋川(복개천)

거

023

拒(막을 거): jù, 手-5, 8, 40

字解 형성. 手^(손 수)가 의미부이고 巨^(클 거)가 소리부로, 손^(手)에 거대한
^(巨) 무엇인가를 든 모습에서 '막다'는 의미를 그렸다. 이후 拒否^(거부)

하다, 저항하다 등의 뜻이 나왔다.

•예• 拒否(거부), 拒絕(거절), 抗拒(항거), 拒逆(거역)

024

據(의거할 거): 据, jù, 手-13, 16, 40

字解 형성. 手^(손 수)가 의미부이고 豦^(원숭이 거)가 소리부로, 원래는 据^(점거할 거)로 썼는데, 소리부인 居^(있을 거)가 豦로 바뀌었다. 차지하다, 雄據^(웅거)하다, 의지하다, 依據^(의거)하다는 뜻이 나왔고, 다시 根據^(근거), 證據^(증거) 등의 뜻이 나왔다. 자리를 차지하고 어떤 지역을 점거하려면 격렬한^(豦) 싸움이 필수적이었기에 居를 豦로 바꾸어 據로 변한 것으로 보인다. 중국의 간화자에서는 원래의 据으로 되돌아갔다.

字形 據 說文小篆

•예• 根據(근거), 據點(거점), 證據(증거), 依據(의거), 本據地(본거지)

025

距(떨어질 거): jù, 足-5, 12, 32

字解 형성. 足^(발 족)이 의미부이고 巨^(클 거)가 소리부로, 원래는 수탉의 발^(足) 뒤쪽에 발가락 모양으로 커다랗게^(巨) 돌출된 부분을 말했다. 이후 커다란^(巨) 발걸음^(足)의 상징처럼 앞뒤 사이가 '떨어졌음'을 말했으며, 이로부터 공간적 시간적 '距離^(거리)'까지 뜻하게 되었다.

字形 距 金文 距 說文小篆

•예• 距離(거리)

건

026

件(사건 건): jiàn, 人-2, 6, 50

字解 회의. 人^(사람)과 牛^(소 우)로 구성되었는데, 『설문해자』에서 "나누다는 뜻이다. 소는 몸집이 크기 때문에 분할할 수 있다."라고 풀이한 것으로 보아, 사람^(人)이 소^(牛)를 분해하는 모습을 형상화한 것으로 보인다. 이로부터 '나누다'와 '나누어진 개체'라는 뜻이 나왔고, 다시 사물이나 事件^(사건)을 헤아리는 단위사로 쓰이게 되었다.

字形 𠐋 說文小篆

●예● 事件(사건), 條件(조건), 物件(물건), 件數(건수), 案件(안건)

027

健(튼튼할 건): jiàn, 人-9, 11, 50

字解 형성. 人^(사람 인)이 의미부이고 建^(세울 건)이 소리부로, 튼튼하다, 健壯^(건장)하다는 뜻인데, 사람^(人)은 등과 가슴을 곧추세우고 똑바로 설^(建) 수 있을 때가 健壯하고 튼튼한 것이라는 의미를 담았다.

字形 說文小篆

●예● 健康(건강), 保健所(보건소), 健全(건전)

걸

028

乞(빌 걸): qǐ, 乙-1, 3, 30

字解 상형. 갑골문에서 원래 구름층을 셋 그린 气^(기운 기, 氣의 원래 글자)와 같이 썼으나, 이후 '기구하다'는 뜻을 나타내고자 한 획을 줄여 乞와 구분해 사용했다. '기구하다'는 뜻으로부터 남에게 '빌다', 求乞^(구걸)하다는 뜻으로까지 확장되었다.

字形 甲骨文 金文 乞 廣韻

●예● 乞人(걸인), 求乞(구걸), 哀乞(애걸)

029

傑(뛰어날 걸): 杰, jié, 人-10, 12, 40

字解 형성. 人^(사람 인)이 의미부이고 桀^(뛰어날 걸)이 소리부로, 나무의 높은 곳에 올라선 것^(桀)처럼 뛰어난 사람^(人)을 말하며, 특출한 물건을 지칭하기도 한다. 중국의 간화자에서는 杰^(뛰어날 걸)에 통합되었다.

字形 簡牘文 古璽文 說文小篆

●예● 傑出(걸출), 傑作(걸작), 女傑(여걸), 豪傑(호걸)

검

030

儉(검소할 검): 俭, jiǎn, 人-13, 15, 40

字解 형성. 人^(사람 인)이 의미부이고 僉^(다 첨)이 소리부로, 儉素^(검소)하다는 뜻인데, 勤儉^(근검)과 청렴은 모든^(僉) 사람^(人)이 함께 모범으로 삼아야 할 가치임을 반영했다. 이후 소박하게 살다는 뜻에서 적다, 작다 등의 뜻도 나왔다. 중국의 간화자에서는 俭으로 쓴다.

字形 簡牘文 說文小篆

●예● 儉素(검소), 勤儉(근검)

031

劍(칼 검): 剑, [劒], jiàn, 刀-13, 15, 32

字解 형성. 刀(칼 도)가 의미부이고 僉(다 첨)이 소리부로, 모든 병사가 다(僉) 차고 다니는 무기의 하나인 크고 긴 칼(刀)을 말한다. 소전체에서는 刀 대신 刃(날 인)이, 금문에서는 이들 대신 金(쇠 금)이 쓰이기도 했다. 중국의 간화자에서는 剑으로 쓴다.

字形 🔹🔹🔹🔹金文 🔹🔹🔹簡牘文 🔹說文小篆 🔹說文籀文

●예● 劍客(검객), 劍道(검도), 刻舟求劍(각주구검), 銃劍(총검)

032

檢(봉함 검): 检, jiǎn, 木-4, 17, 42

字解 형성. 木(나무 목)이 의미부이고 僉(다 첨)이 소리부로, 봉인한다는 뜻인데, 옛날 종이가 나오기 전 글씨를 쓰던 얇은 나무쪽(木)을 봉인하던 관습에서 유래했다. 이로부터 중간에 뜯기지 않았는지 檢査(검사)하다는 뜻이 나왔으며, 이후 법도, 품행, 절제하다 등의 뜻도 나왔다. 중국의 간화자에서는 检으로 쓴다.

字形 🔹簡牘文 🔹說文小篆

●예● 檢察(검찰), 檢查(검사), 檢討(검토), 檢證(검증)

격

033

擊(부딪힐 격): 击, jī, 手-13, 17, 40

字解 형성. 手^(손 수)가 의미부이고 毄^(부딪힐 격)이 소리부로, 원래 바퀴가 회전하며 격렬하게 부딪힘^(毄)을 말했는데, 격렬하게 부딪히듯^(毄) 손^(手)으로 '치는' 것도 지칭하게 되었으며, 이로부터 치다, 攻擊^(공격)하다, 탄핵하다, 죽이다 등의 뜻이 나왔다. 중국의 간화자에서는 击으로 줄여 쓴다.

字形 擊 說文小篆

●예● 攻擊(공격), 打擊(타격), 射擊(사격), 衝擊(충격), 爆擊(폭격)

034

格(바로 잡을 격): gé, 木-6, 10, 52

字解 형성. 木^(나무 목)이 의미부이고 各^(각각 각)이 소리부로, 원래는 긴 나무막대^(木)를 말했으며, 이후 나무로 만든 난간이나 창문틀처럼 네모꼴의 규격화된 '틀'을 뜻하게 되었고, 이로부터 格子^(격자)나 '바로잡다'는 뜻이 나왔다.

字形 甲骨文 金文 古陶文 簡牘文 說文小篆

●예● 性格(성격), 價格(가격), 人格(인격), 合格(합격), 嚴格(엄격)

035

激(물결 부딪혀 흐를 격): jī, 水-13, 16, 40

字解 형성. 水^(물 수)가 의미부이고 敫^(노래할 교)가 소리부로, 물^(水)이 흘러갈 때 장애물을 만나 그 옆에 세찬 물결이 이는 것을 말했는데, 이후 激烈^(격렬)하다, 激情^(격정), 過激^(과격)하다 등의 뜻이 나왔다.

字形 說文小篆

•예• 感激(감격), 激動(격동), 激戰(격전)

036

隔(사이 뜰 격): gé, 阜-10, 13, 32

字解 형성. 阜^(언덕 부)가 의미부이고 鬲^(솥 력막을 격)이 소리부로, 칸막이 벽^{(隔壁·격}
^{벽)}처럼 어떤 공간을 담^(阜)으로 가로막아^(鬲) 隔離^(격리)시킨 것을 말한
다. 이로부터 격리하다, 서로 떨어지다, 시간적 거리가 멀다 등의 뜻
이 나왔다.

字形 說文小篆

•예• 間隔(간격), 隔差(격차), 隔離(격리)

견

037

牽(끌 견): 牵, qiān, 牛-7, 11, 30

字解 형성. 牛^(소 우)가 의미부이고 玄^(검을 현)이 소리부로, 희생에 바칠 소^(牛)를
줄^(玄)로 매어 끌고 가는 모습을 그렸고, 이로부터 '고삐'와 '끌다'는
뜻이 나왔다. 중국의 간화자에서는 牵으로 줄여 쓴다.

字形 說文小篆

•예• 牽牛(견우·), 牽引(견인)

038

絹(명주 견): juàn, 糸-7, 13, 30

字解 형성. 糸^(가는 실 멱)이 의미부이고 肙^(장구벌레 연)이 소리부로, 비단^(糸)의 일종인 '명주'를 말하는데, 『설문해자』에서는 "보리 줄기 색으로 된 비단을 말한다"라고 했다.

字形 絹 說文小篆

•예• 絹織(견직), 絹絲(견사)

039

肩(어깨 견): jiān, 肉-4, 8, 30

字解 회의. 戶^(지게 호)와 肉^(고기 육)으로 구성되어, 신체 부위^(肉)의 하나인 어깨를 말한다. 소전체에서 윗부분은 어깻죽지 骨^(肩胛骨·견갑골)를 그렸고, 아랫부분에 肉을 더해, '어깨'라는 뜻을 그렸는데, 윗부분이 戶로 잘못 변해 지금처럼 되었다.

字形 肩 簡牘文 肩 說文小篆 肩 說文俗體

•예• 肩章(견장), 五十肩(오십견)

040

遣(보낼 견): qiǎn, 辵-10, 14, 30

字解 회의. 금문에서 아랫부분은 自^(사, 師의 원래 글자)이고 윗부분은 두 손^(廾구)로 구성되었으며, 군사^(自)를 석방하다, 派遣^(파견)하다가 원래 뜻인데, 간혹 口^(입 구)가 더해지기도 하였다. 이후 소전체에서 의미를 더 분명하게 하고자 辵^(쉬엄쉬엄 갈 착)을 더하여 지금의 遣이 되었다.

字形 甲骨文 金文 簡牘文 遣 說文小篆

•예• 派遣(파견)

결

041

缺(이지러질 결): [缼, 歓], quē, 缶-4, 10

字解 형성. 缶^(장군 부)가 의미부이고 夬^(터놓을 쾌·깍지 결)가 소리부로, 질그릇^(缶)이 깨어져 떨어져 나간^(夬) 것을 말하며, 이로부터 불완전함을 말하였고 缺陷^(결함)이나 缺點^(결점)의 뜻까지 나왔다.

字形 [簡牘文] [說文小篆]

•예• 缺點(결점), 缺席(결석), 缺勤(결근), 缺損(결손)

겸

042

兼(겸할 겸): [傔], jiān, 八-8, 10, 32

字解 회의. 원래 禾^(벼 화)와 秉^(잡을 병)으로 구성되어, 벼^(禾)를 손으로 움켜진^(秉) 모습으로부터 함께 쥐다는 뜻을 그렸고, 이로부터 '겸하다'의 뜻이 나왔으며, 합병하다, 다하다, 모두 등의 뜻도 나왔다.

字形 [金文] [古陶文] [簡牘文] [說文小篆]

•예• 兼職(겸직), 兼用(겸용), 兼任(겸임), 兼備(겸비)

043

謙(겸손할 겸): 谦, qiān, 言-10, 17, 32

字解 형성. 言^(말씀 언)이 의미부이고 兼^(겸할 겸)이 소리부로, 謙遜^(겸손)하다는 뜻

인데, 말$^{(言)}$을 제멋대로 나오지 않도록 묶어 두는$^{(兼)}$ 것이 바로 謙遜의 원래 의미임을 보여준다. 이는 말을 많이 하는 것보다 말을 적게 하는 것, 즉 침묵이 미덕으로 간주하고 그 무엇보다 중요한 행동규범으로 기능을 해온 전통을 형상적으로 그려낸 글자이다. 동양 사회에서는 전통적으로 모든 불행은 입 즉 말$^{(言)}$로부터 나오기에, 말을 삼가는 것을 최고의 덕목으로 삼아왔기 때문이다.

●字形● 謙 說文小篆

●예● 謙讓(겸양), 謙虛(겸허)

경

044

謙(기울 경): 倾, qīng, 人-11, 13, 40

●字解● 형성. 人$^{(사람 인)}$이 의미부이고 頃$^{(밭 넓이 단위 경)}$이 소리부로, 사람$^{(人)}$의 목이 기울어진$^{(頃)}$ 모습에서 '기울다'는 뜻을 그렸으며, 이로부터 편향되다, 공정하지 않다, 바르지 않은 행위 등의 뜻이 나왔다.

●字形● 傾 說文小篆

●예● 傾向(경향), 傾斜(경사), 左傾(좌경), 傾聽(경청)

045

卿(벼슬 경): qīng, 卩-10, 12, 30

●字解● 회의. 갑골문에서 식기$^{(皀.향)}$를 중간에 두고 마주 앉은 두 사람$^{(卩.절)}$을 그려 손님을 대접하는 모습을 그렸다. 이후 손님을 대접한다는 뜻에서 상대를 존중해 부르는 말로 쓰였고, 이로부터 卿大夫$^{(경대부)}$나 고급 관료를 지칭하게 되었다. 그러자 원래의 '대접하다'는 뜻은 食$^{(밥}$

^{식)}을 더한 饗^(잔치할 향)으로 분화했다.

字形 甲骨文 金文 古陶文 簡牘文 說文小篆

●예● 公卿大夫(공경대부)

046

境(지경 경): jìng, 土-11, 14, 42

字解 형성. 土^(흙 토)가 의미부이고 竟^(다할 경)이 소리부로, 영역과 境界^(경계)를 말하는데, 영토^(土)가 끝나는^(竟) 곳이 바로 경계이자 국경이라는 뜻을 담았다.

字形 金文 境 說文新附字

●예● 境界(경계), 環境(환경), 國境(국경)

047

徑(지름길 경): 径, jìng, 彳-7, 10, 32

字解 형성. 彳^(조금 걸을 척)이 의미부이고 巠^(지하수 경)이 소리부로, 베틀의 날줄^(巠)처럼 곧바로 갈 수 있는 길^(彳)이 빠른 길이자 지름길^(捷徑·첩경)임을 보여준다. 달리 逕^(좁은 길 경)으로도 쓰며 중국의 간화자에서는 径으로 줄여 쓴다.

字形 徑 說文小篆

●예● 半徑(반경), 直徑(직경)

048

硬(굳을 경): 硬, yìng, 石-7, 12, 32

字解 형성. 石^(돌 석)이 의미부이고 更^(고칠 경다시 갱)이 소리부로, 돌^(石)처럼 '단단함'을 뜻하며 이로부터 견고하다, 고집스럽다, 강행하다, 융통성이 없다 등의 뜻이 나왔다. 현대 중국어에서는 영어 '소프트^(soft)'의 대역어인 軟^(연할 연)과 대칭되어 '하드^(hard)'의 대역어로도 쓰인다.

字形 𥗲 說文小篆

●예● 硬直(경직), 强硬(강경)

049

竟(다할 경): jìng, 立-5, 11, 30

字解 회의. 갑골문에서는 辛^(매울 신)과 입을 크게 벌린 사람으로 구성되어 형벌을 받은 노예가 경주를 벌이는 모습을 그렸다. 이후 소전체에서 지금처럼 音^(소리 음)과 儿^(사람 인)의 구성으로 변해 악기^(音)를 부는 사람^(儿)의 모습을 그렸고, 악기의 연주가 끝나다는 뜻에서 '끝', 완료, 궁극 등의 의미가 나왔다. 또 시작부터 끝까지의 전체 시간을 의미하며, '뜻밖에'라는 부사로도 쓰였다. 현대 중국에서는 競^(겨룰 경)의 중국의 간화자로도 쓰인다.

字形 𠒇 甲骨文 𥫦 說文小篆

●예● 畢竟(필경)

050

警(경계할 경): jǐng, 言-13, 20, 42

字解 형성. 言^(말씀 언)이 의미부이고 敬^(공경할 경)이 소리부로, '경계하다'는 뜻인

데, 말^(言)은 언제나 공경^(敬)함을 유지해야 하는 경계^(警)의 대상임을 반영했다. 이후 警告^(경고)하다, 매우 급한 상황이나 소식 등의 뜻이 나왔고, 警察^(경찰)을 줄여 부르는 말로도 쓰인다.

(字形) 𧩙 說文小篆

●예● 警戒(경계), 警察(경찰), 警告(경고)

051

鏡(거울 경): 镜, jìng, 金-11, 19, 40

(字解) 형성. 金^(쇠 금)이 의미부이고 竟^(다할 경)이 소리부로, 거울을 말하는데, 존재물을 남김없이^(竟) 그대로 보여주는 청동^(金)으로 된 물건이라는 뜻을 반영했다. 이후 광학 원리에 의한 광학실험 도구 전체를 지칭하게 되었고, 평면이 맑게 빛나는 것의 비유로도 사용되었다. 중국의 간화자에서는 镜으로 쓴다.

(字形) 鏡 說文小篆

●예● 眼鏡(안경), 望遠鏡(망원경), 顯微鏡(현미경), 色眼鏡(색안경), 內視鏡(내시경)

052

頃(밭 넓이 단위 경): 顷, [傾], qīng, 頁-9, 11, 32

(字解) 회의. 匕^(변할 화, 化의 원래 글자)와 頁^(머리 혈)로 구성되었는데, 匕는 바로 선 사람^(人·인)의 거꾸로 된 모습을 그린 글자이다. 이로부터 머리^(頁)를 거꾸로^(匕) '기울이다'의 뜻이 나왔고, 잠시 '기울어지다'는 뜻에서 다시 짧은 시간을 지칭하게 되었다. 이후 가차되어 면적의 단위를 지칭하게 되었으며, 그러자 원래의 '기울이다'는 뜻을 나타낼 때에는

다시 人을 더해 傾으로 분화했다.

字形 **㬰** 古陶文 **頃 頃** 簡牘文 **傾** 說文小篆

•예• 頃刻(경각)

계

053

係(걸릴 계): 系, xì, 人-7, 9, 42

字解 형성. 人^(사람 인)이 의미부이고 系^(이을 계)가 소리부로, 사람^(人)들 사이를 서로 묶다(系)는 뜻으로, 인간 서로 간에 얽히고설킨 關係^(관계)를 말한다. 중국의 간화자에서는 系에 통합되었다.

字形 **係** 甲骨文 **係** 說文小篆

•예• 關係(관계)

054

啓(열 계): 启, [啟 啔], qǐ, 口-8, 11, 32

字解 회의. 원래 戶^(지게 호)와 又^(또 우)로 구성되어, 손^(又)으로 문^(戶)을 열어젖히는 모습에서 '열다'의 뜻을 그렸고, 이로부터 열다, 개척하다, 통하다, 알리다, 啓導^(계도)하다, 가르치다 등의 뜻까지 나왔다. 이후 소리를 지르며 문을 열어 달라고 요구한다는 뜻에서 口^(입 구)를 더했고, 又가 攵^(支·칠 복)으로 변해 의미가 더욱 구체화되었다. 중국의 간화자에서는 攵을 생략한 启로 쓴다.

字形 **啓** 甲骨文 **啟** 簡牘文 **啟** 說文小篆

•예• 啓蒙(계몽), 啓發(계발)

055

契(맺을 계·사람 이름 설): qì, 大-6, 9, 32

字解 회의. 丰^(예쁠 봉)과 刀^(칼 도)와 大^(큰 대)로 구성되었는데, 大는 廾^(두 손으로 받들 공)이 변한 결과이다. 두 손^(廾)으로 칼^(刀)을 쥐고 칼집을 내 부호^(丰)를 '새기는' 것을 말했으며, 여기서부터 '새기다'는 뜻이 나왔다. 문자가 만들어지기 전 기억의 보조수단으로 나무에 홈을 파는 방식을 사용했는데 이를 書契^(서계)라 했다. 이후 서로 간의 약속이나 이행해야 할 의무 등을 나무에 새겨 표시했고, 이후 문자가 만들어지면서 문서로 기록했기에 다시 '契約^(계약)'이라는 뜻이 나왔다. 또 상나라 선조의 이름으로 쓰이는데 이때에는 '설'로 읽힌다.

字形 **契** 簡牘文   **契** 說文小篆

●예● 契約(계약), 契員(계원)

056

戒(경계할 계): jiè, 戈-3, 7, 40

字解 회의. 戈^(창 과)와 廾^(두 손 마주잡을 공)으로 구성되어, 두 손^(廾)으로 창^(戈)을 들고 警戒^(경계)를 서는 모습을 그렸으며, 이로부터 경계를 서다, 준비하다, 재계하다 등의 뜻이 나왔다.

字形 **戒 戒 戒** 甲骨文 **戒 戒 戒** 金文 **戒** 帛書 **戒** 簡牘文 **戒** 說文小篆

●예● 警戒(경계), 戒律(계율), 訓戒(훈계), 一罰百戒(일벌백계)

057

桂(계수나무 계): [筆], guì, 木-6, 10, 32

🔲字解 형성. 木⁽ᴸᴬᴸ 목⁾이 의미부이고 圭⁽ᴴᴼᴸ 규⁾가 소리부로, 나무⁽ᴸᴬᴸ⁾의 일종인 '계수나무'를 말하며, 달에 계수나무가 있다는 전설 때문에 달의 비유로도 쓰였다. 또 광서 壯族⁽ᴬᴸᴬ⁾자치구를 줄여 부르는 말로도 쓰인다.

🔲字形 **桂**簡牘文 **桂**古璽文 **桂**說文小篆

●예● 月桂樹(월계수), 桂皮(계피)

058

械(형틀 계): xiè, 木-7, 11, 32

🔲字解 형성. 木⁽ᴸᴬᴸ 목⁾이 의미부이고 戒⁽경계할 계⁾가 소리부로, 나무⁽ᴸᴬᴸ⁾로 만든 형벌 도구를 말한다. 『설문해자』에서는 "장강 이남에서 나는 나무⁽ᴸᴬᴸ⁾로 최고의 약재로 쓰인다"라고 했다.

🔲字形 **械**說文小篆

●예● 機械(기계), 器械(기계)

059

系(이을 계): xì, 糸-1, 7, 40

🔲字解 회의. 원래 손⁽ᴸᴬᴸ 조⁾으로 실⁽糸 멱⁾을 잡은 모습을 그렸는데, 爪가 삐침획⁽ノ⁾으로 줄어 지금처럼 되었다. 누에고치를 삶고 거기서 실을 뽑아내는 모습이며, 고치에서 나온 실들이 서로 연이어진 모습에서 '이어지다'의 뜻이 나왔다. 현대 중국에서는 繫⁽맬 계⁾나 係⁽걸릴 계⁾의 중국의 간화자로도 쓰인다.

🔲字形 **系**甲骨文 **系**金文 **系**古陶文 **系**獃說文小篆 **系**說文或

體 𣪠 說文籒文

●예● 體系(체계), 系列(계열), 系統(계통)

060

繫(맬 계): 系, jì, 糸-13, 19, 30

字解 형성. 㲉^(부딪힐 격)이 의미부이고 系^(이을 계)가 소리부로, 굴대의 끝 연결 부분^(㲉)을 실로 잡아매다^(系)는 뜻으로부터 '묶다'는 의미를 그렸다. 이로부터 매다, 마음에 넣어 두다, 구금하다 등의 뜻도 나왔다. 중국의 간화자에서는 系에 통합되었다.

字形 繫 說文小篆

●예● 連繫(연계), 繫留(계류)

061

繼(이을 계): 继, [繼], jì, 糸-14, 20, 40

字解 형성. 糸^(가는 실 멱)이 의미부이고 㡭^(이을 계)가 소리부로, '잇다'는 뜻이다. 이는 칼^(刀도)로 실^(幺작을 요)을 끊는 모습을 그린 𢇍^(끊을 단·斷의 원래 글자)의 반대 모양(㡭)으로 써 '끊어짐'의 반대 의미를 그렸고, 여기에 다시 糸을 더해 끊어진 것을 '실로 잇다'는 뜻을 나타냈다. 중국의 간화자에서는 继로 쓴다.

字形 𢇍 金文 𢇍 簡牘文 繼 說文小篆

●예● 繼續(계속), 繼承(계승)

062

階(섬돌 계): 阶, [堦], jiē, 阜-9, 12, 40

字解 형성. 阜^(언덕 부)가 의미부이고 皆^(다 개)가 소리부로, 흙 언덕^(阜)에 일정한 높이로 나란히^(皆) 만들어진 '階段^(계단)'을 말하며, 이로부터 계단, 오르다, 사다리, 관직의 品階^(품계) 등을 뜻하게 되었다. 중국의 간화자에서는 소리부인 皆를 介^(끼일 개)로 바꾼 阶로 쓴다.

字形 階 說文小篆

●예● 階段(계단), 階級(계급), 階層(계층)

고

063

姑(시어미 고): gū, 女-5, 8, 32

字解 형성. 女^(여자 여)가 의미부이고 古^(옛 고)가 소리부로, 남편의 어머니를 말하는데, 시집에 원래부터 있던 오래된^(古) 어머니^(女)라는 뜻을 담았다. 이후 고모나 남편의 여형제를 뜻하였고 또 여성의 통칭으로도 쓰였으며, '잠시'라는 부사로도 가차되어 쓰였다.

字形 金文 簡牘文 帛書 姑 說文小篆

●예● 姑母(고모), 姑婦(고부)

064

孤(외로울 고): gū, 子-5, 8, 40

字解 형성. 子^(아들 자)가 의미부이고 瓜^(오이 과)가 소리부로, 孤兒^(고아)를 말하는데, 어린 나이에 아버지를 여의고 홀로 달린 오이^(瓜)처럼 혼자 남은 아이^(子)와 같이 '외로운' 존재라는 뜻을 담았다. 이후 혼자라는 뜻이 나왔고, 나라를 위해 죽은 사람의 자손을 뜻하기도 했다.

字形 𤓯 𤓰 簡牘文 𤓠 說文小篆

•예• 孤立(고립), 孤獨(고독), 孤兒(고아)

065

庫(곳집 고): 库, kù, 广-7, 10, 40

字解 회의. 广⁽집 엄⁾과 車⁽수레 거차⁾로 구성되어, 전차나 수레⁽車⁾를 넣어두는 집⁽广⁾이라는 뜻으로부터 무기를 넣어두던 무기고라는 뜻이 나왔다. 이후 倉庫⁽창고⁾나 감옥의 뜻이 나왔고, 송나라 때에는 술집을 뜻하기도 했다. 중국의 간화자에서는 库로 쓴다.

字形 庫 金文 庫 簡牘文 庫 軍 軍 古璽文 庫 說文小篆

•예• 金庫(금고), 車庫(차고), 書庫(서고), 冷藏庫(냉장고)

066

枯(마를 고): kū, 木-5, 9, 30

字解 형성. 木⁽나무 목⁾이 의미부이고 古⁽옛 고⁾가 소리부로, 오래된⁽古⁾ 나무⁽木⁾를 말하며, 이로부터 마르다의 뜻이 나왔다. 나무⁽木⁾를 비롯한 모든 사물은 오래되면⁽古⁾ 마르기 마련이고, 마르면 죽고 만다는 불변의 이치를 반영했다.

字形 枯 簡牘文 枯 𩵋 古璽文 枯 說文小篆

•예• 枯死(고사), 枯木(고목), 枯葉(고엽)

067

稿(볏짚 고): [稾], gǎo, 禾-10, 15, 32

字解 형성. 禾⁽벼 화⁾가 의미부이고 高⁽높을 고⁾가 소리부로, 탈곡을 위해 높이⁽高⁾

쌓아 놓은 볏단^(禾)을 말했는데, 이후 가공이 필요한 것이라는 뜻에서 '草稿^(초고)'의 의미가 나왔고, 다시 原稿^(원고)나 글 등을 지칭하게 되었다.

字形 𥲅 𥳐 簡牘文 𥻌 說文小篆

●예● 原稿(원고), 原稿紙(원고지), 投稿(투고)

068

顧(돌아볼 고): 顾, gù, 頁-12, 21, 30

字解 형성. 頁^(머리 혈)이 의미부이고 雇^(품 살 고)가 소리부로, 머리^(頁)를 돌려^(雇) 되돌아봄을 말하며, 이로부터 살피다, 생각하다, 반성하다 등의 뜻이 나왔다. 중국의 간화자에서는 顾로 쓴다.

字形 𠙹 金文 𩒹 𩑝 顧 𩒊 簡牘文 顧 說文小篆

●예● 顧客(고객), 回顧(회고), 四顧無親(사고무친)

069

鼓(북 고): gǔ, 鼓-0, 13, 32

字解 회의. 壴^(악기이름 주)와 攴^(칠 복)으로 구성되었는데, 壴는 윗부분이 술로 장식된 대 위에 놓인 북을 그렸고 攴^(攵)은 북채를 쥔 손을 그려, 북을 치는 모습을 그렸다. 여기에서 북은 들고 다니거나 매달아 쓰는 북이 아니라, 굽이 높은 받침대 위에 올려놓은 북이다. 전쟁터에서는 받침대에 바퀴를 달아 이동하기 쉽게 했을 것이다. 북은 鼓吹^(고취)에서처럼 전쟁터에서 군사들의 사기를 북돋우는 주요한 악기였으며, 시계가 없던 시절에 시간을 알려주던 도구이기도 했다. 그래서 성에는 鼓樓^(고루)가 설치되었다.

字形 甲骨文 金文 古陶文 簡

牘文 說文小篆

●예● 鼓吹(고취), 鼓舞(고무)

곡

070

哭(울 곡): kū, 口-7, 10, 32

字解 회의. 吅^(부르짖을 훤)과 犬^(개 견)으로 이루어져, 너무나 슬픈 나머지 인간의 이성을 상실한 채 짐승^(犬)처럼 슬피 울부짖다^(吅)는 뜻을 담았다. 『설문해자』에서는 "슬퍼하는 소리를 말한다. 吅이 의미부이고 犬은 獄^(옥 옥)의 생략된 모습으로 소리부로 쓰였다."라고 했는데, 믿기 어렵다.

字形 古陶文 簡牘文 說文小篆

●예● 痛哭(통곡)

공

071

供(이바지할 공): gōng, 人-6, 8, 32

字解 형성. 人^(사람 인)이 의미부이고 共^(함께 공)이 소리부로, 함께^(共) 할 수 있는 사람^(人)을 뜻하는데, 함께 할 수 있는 사람이려고 하면 자신보다는 남을 먼저 배려하고 가진 것을 남에게 나누어주고 인류의 발전에 '이바지할' 수 있는 존재여야하기 때문이다. 이로부터 모시다, 提供^(제공)하다 등의 뜻이 나왔다.

字形 芇簡牘文　佛說文小篆

●예● 供養(공양), 提供(제공)

072

孔(클 공): kǒng, 子-1, 4, 40

字解 회의. 子^(아이 자)와 乙^(새 을)로 구성되었는데, 乙은 원래 젖을 그린 것이 소전체에 들면서 바뀐 것이다. 그래서 원래 아이^(子)가 젖을 빠는 모습을 그렸고, 아이를 키우는 위대한 존재라는 뜻에서 '크다'는 뜻이, 젖이 나오는 구멍이라는 뜻에서 '구멍'의 뜻까지 나왔다.

字形 𠃌 𠃌 𠃌 𠃌 𠃌 𠃌 金文 孔孔 簡牘文 孔 說文小篆

●예● 毛孔(모공), 孔子(공자)

073

恐(두려울 공): kǒng, 心-6, 10, 32

字解 형성. 心^(마음 심)이 의미부이고 巩^(알 공)이 소리부로, 흙을 다질 때^(巩) 나는 큰 소리처럼 마음^(心)이 쿵덕거리며 놀라거나 두려운 상태를 말한다. 갑골문에서 心^(마음 심)이 의미부이고 工^(장인 공)이 소리부이던 구조가 금문에 들면서 손에 공구를 쥔 모습을 그린 巩으로 바뀌어 이러한 의미를 더욱 형상적으로 그렸다. 이로부터 놀라다, 무서워하다, 걱정하다 등의 뜻이 나왔으며, 혹시, '아마도'라는 뜻으로도 쓰였다.

字形 𢀲 金文 𢀲 古陶文 𢀲 𢀲 簡牘文 𢀲 說文小篆 𢀲 說文古文

●예● 恐龍(공룡), 恐妻家(공처가)

074

恭(공손할 공): gōng, 心-6, 10, 32

字解 형성. 心^(마음 심)이 의미부이고 共^(함께 공)이 소리부로, 함께^(共)할 수 있는 마음^(心)을 뜻하는데, 모두가 함께할 수 있으려면 상대를 존중하고 자신을 낮추는 겸허하고 '恭遜^(공손)한' 마음이 필요하기 때문이다. 이후 존중하다, 뜻을 받들어 시행하다 등의 뜻이 나왔다.

字形 🐚金文 🐚帛書 🐚石刻古文 🐚說文小篆

●예● 恭敬(공경)

075

攻(칠 공): gōng, 攴-3, 7, 40

字解 형성. 攴^(칠 복)이 의미부이고 工^(장인 공)이 소리부로, 절굿공이 같은 도구^(工)로 내려치는^(攴) 것을 말하며, 이로부터 상대를 攻擊^(공격)하고 侵攻^(침공)하다는 뜻이 나왔으며, 남의 잘못을 지적하다, 열심히 연구하다의 뜻도 나왔다.

字形 🔨金文 🔨古陶文 🔨簡牘文 🔨帛書 🔨古璽文 🔨說文小篆

●예● 攻擊(공격), 專攻(전공), 攻守(공수)

076

貢(바칠 공): 贡, gòng, 貝-3, 10, 32

字解 형성. 貝^(조개 패)가 의미부이고 工^(장인 공)이 소리부로, 백성이 그 지방에서 나는 특산물을 조정에 바치던 일^(貢納공납)을 말하는데, 공납으로 바치던 것이 노동력^(工)과 각지에서 나는 돈^(貝) 되는 중요 산물이었음을

말해 준다. 이로부터 공물, 바치다 등의 뜻이 나왔다.

(字形) 🐚🐚 簡牘文　貢 說文小篆

●예● 貢獻(공헌), 貢納(공납)

과

077

寡(적을 과): guǎ, 宀-11, 14, 32

(字解) 회의. 宀(집 면)과 頁(머리 혈)과 分(나눌 분)으로 구성되어, 집(宀)에 나누어져(分) 홀로 남은 사람(頁)을 그려, '홀로'라는 의미를 형상화했다. 일부 금문에서는 分이 없었으나 이후 分이 더해져 의미를 더욱 명확하게 했다. 이로부터 홀로 남다, '적다'는 뜻이 나왔다. 鰥寡孤獨(환과고독)에서처럼 寡는 나이가 들어 남편이 없는 寡婦(과부)를 말하며, 寡人(과인)에서처럼 임금이 자신을 낮추어 쓰는 말로도 쓰인다.

(字形) 宲宲宲 金文 宲宲 簡牘文　宲 說文小篆

●예● 獨寡占(독과점), 寡婦(과부)

078

誇(자랑할 과): 夸, kuā, 言-6, 13, 32

(字解) 형성. 言(말씀 언)이 의미부이고 夸(자랑할 과)가 소리부로, 말(言)을 높이 올려(夸) 자랑하거나 과장함을 말하며, 이로부터 칭찬하다는 뜻도 나왔다. 중국의 간화자에서는 夸에 통합되었다.

(字形) 夺 甲骨文 夸夸夸 金文 夸 夸 古陶文 夸 簡牘文　誇 說文小篆

●예● 誇示(과시), 誇張(과장)

곽

079

郭(성곽 곽): guō, 邑-8, 11, 30

字解 회의. 享⁽누릴 향⁾과 邑⁽ᵝ, 고을 읍⁾으로 구성되었는데, 享⁽⁼亯⁾은 종묘 같이 높게 지은 건물을 말하고, 邑은 성을 말한다. 그래서 郭은 종묘 등 중요 건물을 에워싼 '城郭⁽성곽⁾'을 말한다. 갑골문에서 주위에 설치된 망루를 가진 네모꼴의 성을 그려, '외성'의 모습을 구체적으로 표현했는데, 이후 邑을 더해 지금의 郭이 되었다. 그래서 郭은 내성의 바깥으로 다시 만들어진 넓은 외성을 말하며, 이로부터 '바깥'이나 '넓다'는 뜻도 나왔다.

字形 ⟨갑골문 자형들⟩ 甲骨文 ⟨금문 자형들⟩ 金文 ⟨자형⟩ 簡牘文 ⟨자형⟩ 說文小篆

•예• 城郭(성곽)

관

080

冠(갓 관): guān, guàn, 冖-7, 9, 32

字解 회의. 冖⁽덮을 멱⁾과 元⁽으뜸 원⁾과 寸⁽마디 촌⁾으로 구성되어, 사람의 머리⁽元⁾에다 손⁽寸⁾으로 '갓'을 씌워 주는⁽冖⁾ 모습을 그렸으며, 이로부터 갓을 뜻하게 되었고 모자의 총칭이 되었다. 또 옛날에는 남자가 성년이 되는 20살이면 갓을 썼으므로, 성년이나 20살의 비유로도 쓰였다. 또 모자를 씌워 주다는 뜻으로부터 '일등'이라는 뜻도 나왔다.

字形 ⟨자형들⟩ 簡牘文 ⟨자형⟩ 說文小篆

•예• 月桂冠(월계관), 王冠(왕관), 衣冠(의관), 金冠(금관)

081

寬(너그러울 관): 宽, kuān, 宀-12, 15, 32

字解 형성. 宀⁽집 면⁾이 의미부이고 莧⁽꿰모 한⁾이 소리부로, 화려하게 화장을 한 제사장⁽見⁾이 종묘⁽宀⁾에서 천천히 춤추는 모습을 그렸고, 이로부터 느긋하다, 寬待⁽관대⁾하다, 넓다 등의 뜻이 나왔다. 중국의 간화자에서는 宽으로 쓴다.

字形 𡩋 𡩀 簡牘文 𡩋 石刻古文 𡩋 說文小篆
•예• 寬容(관용), 寬大(관대)

082

慣(버릇 관): guàn, 心-10, 14, 32

字解 형성. 心⁽마음 심⁾이 의미부이고 貫⁽꿸 관⁾이 소리부로, 習慣⁽습관⁾을 말하는데, 일관되어⁽貫⁾ 지속적으로 이어지는 마음⁽心⁾이 바로 버릇이자 慣習⁽관습⁾임을 보여준다.
•예• 習慣(습관), 慣行(관행), 慣用語(관용어)

083

管(피리 관): [筦, 琯], guǎn, 竹-8, 14, 40

字解 형성. 竹⁽대 죽⁾이 의미부이고 官⁽벼슬 관⁾이 소리부로, 대⁽竹⁾로 만든 악기의 하나인 피리를 말하며, 이로부터 관악기 전체를 뜻하게 되었으며, 피리처럼 생긴 관⁽파이프⁾도 뜻하게 되었다. 또 옛날의 열쇠가 파이프처럼 생겨 '중요하다'는 뜻이, 다시 管轄⁽관할⁾하다, 관리하다는 뜻도 나왔다. 달리 옥으로 만들기도 한다는 뜻에서 玉이 들어간 琯⁽옥관 관⁾,

또 완벽한 음을 낸다는 뜻에서 官 대신 完^(완전할 완)이 들어간 箔^(피리 관) 등으로 쓰기도 한다.

字形 **𥳑** 簡牘文 **管** 說文小篆 **瑌** 說文古文

●예● 管理(관리), 血管(혈관), 管樂器(관악기), 主管(주관)

084

貫(꿸 관): 贯, guàn, 貝-4, 11, 32

字解 형성. 貝^(조개 패)가 의미부이고 毌^(꿰뚫을 관)이 소리부로, 조개 화폐^(貝)를 꿰어 놓은^(毌) 모습을 그렸다. 이로부터 다른 물건을 꿰는 끈이나 동전 꾸러미 등을 뜻하게 되었으며, 꿰다, 연속되다, 연관되다는 뜻도 나왔다. 또 여럿을 하나로 꿰다는 뜻에서 '一貫^(일관)되다'는 뜻이 나왔다.

字形 **𢆮𢆮𢆮貫** 甲骨文 **貫** 說文小篆

●예● 一貫(일관), 初志一貫(초지일관), 貫通(관통)

085

館(객사 관): 馆, [舘], guǎn, 食-8, 17, 32

字解 형성. 食^(밥 식)이 의미부이고 官^(벼슬 관)이 소리부로, 음식^(食)을 제공하며 손님을 접대하는 관공서^(官)라는 의미로, 『설문해자』에서는 "客舍^(객사)를 말한다. 『주례』에 의하면 50리마다 시장이 있고 시장에는 객사가 마련되었는데, 거기서는 음식을 준비해두어 손님을 맞았다."라고 했다. 食은 임시로 만들어진 집이라는 뜻에서 舍^(집 사)로 바꾸어 舘^(객사 관)으로 쓰기도 한다. 이후 손님을 접대하는 집이나 외국의 公館^(공관), 旅館^(여관), 문화적 장소 등을 뜻하게 되었다.

●예● 圖書館(도서관), 會館(회관), 映畫館(영화관)

광

086

狂(미칠 광): kuáng, 犬-4, 7, 32

字解 형성. 犬^(개 견)이 의미부이고 王^(임금 왕)이 소리부로, '미치다'는 뜻인데, 狂犬病^(광견병)에서와 같이 미친 것은 개^(犬)가 최고^(王)이자 대표적이라는 의미를 담았다. 이로부터 '미치다'는 일반적인 뜻으로 확장되었고, 맹렬하다, 대담하다는 뜻도 나왔다.

字形 🦴🦴甲骨文 🦴簡牘文 🦴古璽文 🦴說文小篆 🦴說文古文

●예● 熱狂(열광), 狂人(광인), 狂亂(광란)

087

鑛(쇳돌 광): 矿, [礦], kuàng, 金-15, 23, 40

字解 형성. 金^(쇠 금)이 의미부이고 廣^(넓을 광)이 소리부로, 구리나 철과 같은 금속^(金)이 든 쇳돌을 말하며, 근대에 들어서는 硫黃^(유황)을 지칭하기도 했다. 달리 의미부인 金을 石^(돌 석)으로 바꾸고 소리부인 廣^(넓을 광)을 黃으로 바꾸어 礦^(쇳돌 광)으로 쓰기도 한다. 중국의 간화자에서는 소리부 廣을 厂^(기슭 엄)으로 줄여 矿으로 쓴다.

字形 🦴 說文小篆

●예● 鑛山(광산), 鑛物(광물), 鑛夫(광부), 鐵鑛石(철광석), 炭鑛(탄광)

괘

掛(걸 괘): 挂, guà, 手-8, 11, 30

字解 형성. 手^(손 수)가 의미부이고 卦^(점괘 괘)가 소리부로, 손^(手)을 이용해 그림 등을 '내걸다'는 뜻이며, 이로부터 마음속에 두다, 등기하다 등의 뜻이 나왔다. 중국의 간화자에서는 挂^(그림족자 괘)에 통합되었다.

字形 ～ 說文小篆

•예• 掛圖(괘도), 掛鐘時計(괘종시계)

괴

塊(흙덩이 괴): 块, kuài, 土-10, 13, 30

字解 형성. 土^(흙 토)가 의미부이고 鬼^(귀신 귀)가 소리부인 구조로, 커다란^(鬼) 흙^(土)덩어리가 원래 뜻이다. 이후 덩어리처럼 뭉쳐진 것이나 그런 것을 헤아리는 단위사로도 사용되었으며, 또 응어리진 마음을 뜻하기도 한다. 『설문해자』에서는 土^(흙 토)와 凵^(입 벌릴 감)으로 된 凷^(흙덩이 괴)로 써, 구덩이^(凵) 속의 흙덩이^(土)를 그렸는데, 凵이 鬼로 변해 지금의 자형이 되었다. 중국의 간화자에서는 새로운 형성구조인 块로 쓰는데, 떼어낸^(夬·쾌) 흙덩이^(土)라는 뜻을 담았다.

字形 凷 說文小篆 塊 說文或體

•예• 金塊(금괴)

090

壞(무너질 괴): 坏, huài, 土-16, 19, 32

(字解) 형성. 土(흙 토)가 의미부이고 襄(품을 회)가 소리부로, 흙(土)이 '무너지다'는 뜻이며, 이로부터 붕괴, 파괴, 실패 등의 뜻이 나왔고, 다시 변질되다, 나쁘다, 심하다는 뜻까지 나왔다. 중국의 간화자에서는 회의구조인 坏로 쓰는데, 잘못된(不·불) 흙(土)이라는 뜻을 담았다.

(字形) 塚 簡牘文 壞 說文小篆 𡏢 說文古文 𡓨 說文籀文

●예● 崩壞(붕괴), 破壞(파괴)

091

怪(기이할 괴): [恠], guài, 心-5, 8, 32

(字解) 형성. 心(마음 심)이 의미부이고 圣(힘쓸 골)이 소리부로, 이상하게 느끼다(心)는 뜻이며, 이로부터 놀라다, 이상하다, 怪異(괴이)한 것 등의 뜻이, 다시 '비난하다', 대단하다 등의 뜻이 나왔다. 달리 圣을 在(있을 재)로 바꾼 恠로 쓰기도 한다.

(字形) 怪 恠 簡牘文 惟 說文小篆

●예● 怪物(괴물), 怪奇(괴기), 怪聲(괴성), 怪力(괴력)

092

愧(부끄러워할 괴): [媿], kuì, 心-10, 13, 30

(字解) 형성. 心(마음 심)이 의미부이고 鬼(귀신 귀)가 소리부로, 마음(心)으로 '부끄러워함'을 말하며, 이로부터 수치감을 느끼다의 뜻이 나왔다. 『설문해자』에서는 女(계집 녀)가 의미부이고 鬼가 소리부인 媿(창피줄 괴)로 썼다.

●예● 自愧感(자괴감)

교

093

巧(공교할 교): qiǎo, 工-2, 5, 32

字解 형성. 工^(장인 공)이 의미부이고 丂^(공교할 교)가 소리부로, 훌륭한 솜씨를 말하며, 이로부터 技巧^(기교), 기능, 영민하다, 훌륭하다, 마침맞다 등 의 뜻이 나왔다. 황토 평원을 살았던 고대 중국인들에게 집터나 담 이나 성은 정교하고 튼튼하게 다지고 쌓아야만 무너지지 않을 수 있었다. 工은 그러한 황토를 다지는 절굿공이를 그렸고, 丂^(공교할 교)도 어떤 물체를 바치는 지지대나 괭이와 같이 자루가 긴 도구를 그린 것으로 추정된다.

字形 𢼸 丂 丂 簡牘文 丂 說文小篆

●예● 技巧(기교)

094

矯(바로잡을 교): 矫, jiǎo, 矢-12, 17, 30

字解 형성. 矢^(화살 시)가 의미부이고 喬^(높을 교)가 소리부로, 화살^(矢)이 곧바르게 ^(喬·교) 펴질 수 있도록 바로잡는 도구를 말하며, 이로부터 바로 잡다 ^(矯正·교정), 억제하다, 격려하다 등의 뜻이 나왔다. 중국의 간화자에서 는 喬를 乔로 줄인 矫로 쓴다.

字形 𥎵 說文小篆

•예• 矯正(교정), 矯角殺牛(교각살우), 矯導所(교도소)

095

較(견줄 교): 较, jiào, 車-6, 13, 32

字解 형성. 車^(수레 거차)가 의미부이고 交^(사귈 교)가 소리부로, 원래는 찻간^(車箱) 양쪽으로 댄 가름 목을 말했다. 이후 比較^(비교)하다, 겨루다 등의 뜻이 나왔는데, 수레^(車)가 앞서거니 뒤서거니 교차하면서^(交) 달리는 모습을 담았다. 중국의 간화자에서는 较로 쓴다.

字形 ⾞⾞⾞⾞⾞金文 較 玉篇

•예• 比較(비교)

096

郊(성 밖 교): jiāo, 邑-6, 9, 30

字解 형성. 邑^(고을 읍)이 의미부이고 交^(사귈 교)가 소리부로, 郊外^(교외)를 말하는데, 그곳은 거주의 중심부인 邑과 바깥 지역인 鄙가 교차하는^(交) 지역^(阝)임을 보여 준다. 『설문해자』에서는 "왕성에서 1백 리 떨어진 지역을 말한다"라고 했다.

字形 ⾇簡牘文 ⾇說文小篆

•예• 近郊(근교), 郊外(교외)

구

097

丘(언덕 구): [坵], qiū, 一-4, 5, 32

字解 상형. 갑골문에서 언덕과 언덕 사이의 움푹 들어간 丘陵也^(구릉지)를 그

려 커다란 언덕을 말했는데, 산봉우리가 두 개 그려져 산봉우리가
세 개인 산지^(山)보다 작은 규모의 구릉지임을 반영했다. 이로부터 丘
陵^(구릉), 무덤, 전답, 거주지 등의 뜻이 나왔다. 또 면적이나 행정 단
위로 쓰여, 9夫^(부)를 1井^(정)이라 하고 4井을 1邑^(읍)이라 하며 4邑을
1丘라 했으며 4방 4리 되는 땅을 지칭하기도 했다. 달리 북쪽^(北·북)
에 자리한 땅^(一)이라는 뜻의 北로도 쓰며, 의미를 강조하기 위해 土
^(흙 토)나 阜^(언덕 부)를 더해 坵^(언덕 구)나 邱^(땅이름 구) 등으로 분화했다.

字形 ᐯᐯ ᐯᐯᐯ 甲骨文 ᐯᐯ ᐯᐯ ᐯᐯ 金文

ᐯᐯ ᐯᐯ ᐯᐯ ᐯ ᐯ ᐯ ᐯᐯ ᐯ 古陶文 ᐯᐯ 簡牘文 ᐯᐯ ᐯᐯ ᐯᐯ 古璽文

ᐯᐯ 石刻古文 ᐯᐯᐯ 說文小篆 ᐯᐯ 說文古文

●예● 丘陵^(구릉), 沙丘^(사구), 首丘初心^(수구초심)

098

俱(함께 구): jū, 人-8, 10, 30

字解 형성. 人^(사람 인)이 의미부이고 具^(갖출 구)가 소리부로, 두 손^(廾)으로 솥^(鼎)
을 들듯 힘을 모아 함께^(具) 하는 사람^(人)이라는 뜻으로부터 함께하다,
함께, 모두 등의 뜻이 나왔다.

字形 ᐯᐯ 金文 ᐯᐯ 簡牘文 ᐯᐯ 說文小篆

●예● 俱存^(구존)

099

具(갖출 구): jù, 八-6, 8, 52

字解 회의. 갑골문에서 鼎^(솥 정)과 廾^(두 손 마주잡을 공)으로 구성되어, 두 손^(廾)으
로 솥^(鼎)을 드는 모습으로, 가장 대표적인 음식 그릇^(鼎)을 갖추었음^{(具}

備^(구비)을 그렸고, 이로부터 갖추다, 완비하다, 옷 등을 갖추어 입다, 기물, 기구 등의 뜻이 나왔다. 이후 鼎이 모습이 유사한 貝^(조개 패)로 변해 지금의 자형이 되었는데, 재산^(貝)을 갖춘다는 의미를 부각시켰다.

字形 𤔔 𤕝 甲骨文 𤕌 𤕎 𤕏 𤕐 𤕑 𤕒 金文 𤕓 𤕔 簡牘文 𤕕 古璽文

𤕖 唾說文小篆

●예● 具備(구비), 具體的(구체적), 道具(도구), 家具(가구), 器具(기구)

100

區(지경 구): 区, qū, ōu, 匚-9, 11, 60

字解 회의. 品^(물건 품)과 匚^(상자 방)으로 구성되었는데, 많은 물품^(品)들이 상자^(匚) 속에 든 모습으로부터 물건을 감춘다는 뜻을 그렸고, 이로부터 물건을 감추어 두는 곳이라는 뜻이 나왔다. 갑골문에서는 여러 기물^(品)에 선을 그어 그곳을 다른 곳과 구분해 둠으로써 '區別^(구별)하다', '區域^(구역)'이라는 의미를 강조했다. 이후 지역의 뜻이, 다시 행정 단위까지 지칭하게 되었으며, 성으로도 쓰인다. 중국의 간화자에서는 品을 간단한 부호로 줄인 区로 쓴다.

字形 𤕗 𤕘 𤕙 甲骨文 𤕚 金文 𤕛 盟書 𤕜 簡牘文 𤕝 古璽文 𤕞 說文小篆

●예● 區域(구역), 區別(구별), 區分(구분)

101

懼(두려워할 구): 惧, jù, 心-18, 21, 30

字解 형성. 心^(마음 심)이 의미부이고 瞿^(볼 구)가 소리부로, 마음^(心)이 놀라 눈이

동그래져^(瞿) 두려워하는 모습을 그렸다. 이후 瞿는 소리부를 具^(갖출 구)로 바뀌어 懼^(두려워할 구)로 쓰기도 했는데, 중국의 간화자에서도 惧로 쓴다.

字形 🐛金文 瞿簡牘文 瞿說文小篆 瞿說文古文

●예● 疑懼心(의구심)

102

拘(잡을 구): jū, 手-5, 8, 32

字解 형성. 手^(손 수)가 의미부이고 句^(글귀 구)가 소리부로, 손^(手)을 얽어 굽혀놓은^(句) 모습에서 拘束^(구속)의 의미가 나왔고, 다시 제한하다, 제지하다, 구금하다 등의 의미가 생겼다.

字形 拘說文小篆

●예● 拘束(구속)

103

構(얽을 구): 构, [搆], gòu, 木-10, 14, 40

字解 형성. 木^(나무 목)이 의미부이고 冓^(짤 구)가 소리부로, 나무^(木)로 얽은^(冓) 구조물을 말하며, 이로부터 구조, 집, 구조물을 만들다, 구성하다 등의 뜻이 나왔다. 중국의 간화자에서는 소리부인 冓를 勾^(굽을 구)로 바꾼 构로 쓴다.

字形 構說文小篆

●예● 構造(구조), 構成(구성), 構想(구상), 虛構(허구)

104

狗(개 구): gǒu, 犬-5, 8, 30

字解 형성. 犬^(犭·개 견)이 의미부이고 句^(글귀 구)가 소리부로, 개^(犬)를 말하는데, 등이 굽은^(句) 짐승^(犭)이라는 의미를 담았다. 이후 나쁜 사람, 욕 등의 비유로도 쓰인다. 혹자는 수입 개^(犬)의 번역어라고도 하고 방언의 차이라고도 여기지만, 『예기』에서의 주석처럼 "큰 개를 犬, 작은 개를 狗라고 한다."라는 것이 일반적인 해석이다.

字形 狗盟書 猫 狗簡牘文 猗 㺃古璽文 㺃說文小篆

●예● 泥田鬪狗(이전투구)

105

球(공 구): [毬], qiú, 玉-7, 11, 60

字解 형성. 玉^(옥 옥)이 의미부이고 求^(구할 구)가 소리부로, 옥^(玉)을 깎거나 털 달린 가죽^(求, 裘의 원래 글자)을 뭉쳐 둥글게 만든 '공'을 말했는데, 달리 玉 대신 毛^(털 모)가 들어간 毬^(공 구)로 써 옥이 아닌 털로 만들었음을 강조하기도 했다. 이후 둥글게 만든 것을 두루 부르게 되었으며, 공으로 하는 운동^(球技·구기)이나 地球^(지구)와 星體^(성체) 등을 지칭하기도 한다.

字形 球說文小篆

●예● 地球(지구), 野球(야구), 球技(구기), 電球(전구)

106

苟(진실로 구): gǒu, 艸-5, 9, 30

字解 형성. 艸^(풀 초)가 의미부이고 句^(글귀 구)가 소리부로, 『설문해자』에서 풀

^(艸)의 이름이라고 했다. 하지만, 갑골문에서는 양을 토템으로 삼던 중국 서북쪽의 羌族^(강족)이 꿇어앉은 모습을 그려, 은나라의 강력한 적이었던 그들이 '진정으로' 굴복하는 모습을 그렸고, 이로부터 진실하다, 구차하다 등의 뜻이 나온 것으로 추정된다. 또 '정말로 …… 하다면'의 의미를 나타내는 문법소로도 쓰인다.

字形 ^苟古陶文 ^苟簡牘文 ^苟說文小篆

●예● 苟且(구차)

107

驅(몰 구): 驱, [駈, 敺], qū, 馬-11, 21, 30

字解 형성. 馬^(말 마)가 의미부이고 區^(지경 구)가 소리부로, 말^(馬)을 정해진 어떤 구역^(區)으로 몰아감을 말하며, 이로부터 짐승을 몰다, 몰아내다, 나아가다 등의 뜻이 나왔다. 달리 소리부를 丘^(언덕 구)로 바꾼 駈^(몰 구)로 쓰기도 하며, 몰아낸다는 의미를 강조하기 위해 攵^(칠 복)을 사용한 敺^(몰구)로 쓰기도 한다. 중국의 간화자에서는 驱로 쓴다.

字形 ^敺睡虎秦簡 ^驅說文小篆 ^駈說文古文

●예● 先驅者(선구자), 驅動(구동)

108

局(판 국): [侷, 跼], jú, 尸-4, 7, 51

字解 형성. 『설문해자』에서는 口^(입 구)가 의미부이고 尺^(자 척)이 소리부로, '재촉하다^(促)'는 뜻이라고 풀이했다. 하지만, 간독문을 보면 시^(尸)가 의미부이고 구^(句)가 소리부인데, 시^(尸)는 시신의 다리를 굽혀 묻던 '굴

신장'을 반영해 '굽다'는 뜻이 있고, 구^(句)에도 어떤 '물체'를 구부린 다는 뜻이 있어, '굽다'는 뜻이 담기게 되었다. 어떤 물체를 굽힌다 는 것은 본성을 변형시키는 것이고, 이 때문에 '局限^(국한)하다'의 뜻 이, 다시 국한된 '일부분'이라는 뜻이 나왔을 것이고, 다시 전체 조 직이나 행정 기관의 일부 단위를 지칭하는 말로도 쓰였다. 이후 장 기나 바둑놀이를 뜻하기도 했는데, 이로부터 '판'이나 '局面^(국면)', '정 세' 등의 뜻도 나왔다.

字形 局 簡牘文 同 說文小篆

●예● 結局(결국), 當局(당국), 政局(정국), 局面(국면)

109

菊(국화 국): jú, 艸8, 12, 32

字解 형성. 艸^(풀 초)가 의미부이고 匊^(움켜 뜰 국)이 소리부로, 국화를 말하는데, 동그란^(匊) 모양의 꽃을 피우는 식물^(艸)이라는 뜻을 담았다.

字形 菊 說文小篆

●예● 菊花(국화), 水菊(수국)

110

群(무리 군): [羣], qún, 羊-7, 13, 40

字解 형성. 羊^(양 양)이 의미부이고 君^(임금 군)이 소리부로, 무리지어 생활하는 양^(羊)으로부터 '무리'의 의미를 그렸으며, 이로부터 집단, 집체 등의 뜻이 나왔다. 원래는 상하구조인 羣^(무리 군)으로 썼는데, 좌우구조로 바뀌어 지금처럼 되었다.

字形 金文 盟書 簡牘文 帛書 說文小篆

●예● 群鷄一鶴(군계일학), 群衆(군중)

굴

111

屈(굽을 굴): qū, 尸-5, 8, 40

字解 형성. 尸^(주검 시)가 의미부이고 出^(날 출)이 소리부로, 집을 나설 때^(出) 몸을 굽힌 시신^(尸)처럼 몸체를 굽히다는 뜻에서부터 굽다, 굽히다는 뜻이 나왔고, 다시 屈服^(굴복)하다, 위축되다 등의 뜻이 나왔다. 금문 등에서는 尾^(꼬리 미)가 의미부였는데, 이후 尸로 변해 지금의 자형이 되었다.

字形 金文 古陶文 簡牘文 說文小篆

●예● 屈曲(굴곡), 屈服(굴복), 屈辱(굴욕), 屈指(굴지)

궁

112

宮(집 궁): 宫, gōng, 宀-7, 10, 42

字解 회의. 갑골문에서 창문을 낸 집^(宀)을 그려 '가옥'이라는 의미를 그렸는데, 두 개의 창문이 呂^(음률 려)로 변해 지금의 자형이 되었다. 진시황 때 이르러 자신이 사는 궁궐을 宮이라 하고, 일반인들이 사는 집은 家^(집 가)로 구분하여 썼고, 이후 궁궐이라는 의미로 축소 사용되었다. 달리 五音^(오음, 궁상각치우)의 하나를 지칭하기도 했다. 중국의 간화자에서는 宫으로 써, 원래의 자형으로 되돌아갔다.

字形 甲骨文 金文 古陶文 簡牘文 說文小篆

●예● 王宮(왕궁), 宮殿(궁전), 景福宮(경복궁), 迷宮(미궁)

113

窮(다할 궁): 穷, [窮], qióng, 穴-10, 15, 40

字解 형성. 穴^(구멍 혈)이 의미부이고 躬^(몸 궁)이 소리부로, 『설문해자』의 해설처럼 동굴^(穴) '끝까지' 몸소^(躬) 들어가 보다는 의미를 그렸다. 여기서 '끝'이나 窮極^(궁극), 끝까지 가다 등의 뜻이 나왔으며, 다시 궁핍함이나 열악한 환경 등을 뜻하게 되었다. 원래는 穴과 躬^(躬몸 궁)으로 이루어졌고, 躬은 다시 身^(몸 신)과 呂^(등뼈·음률 려)의 결합으로 '몸'을 나타냈으나, 이후 呂가 소리부인 弓^(활 궁)으로 바뀐 글자이다. 중국의 간화자에서는 소리부인 躬을 力^(힘 력)으로 바꾼 穷으로 써, 회의구조로 변했다.

字形 簡牘文 說文小篆

●예● 窮極(궁극), 無窮花(무궁화), 窮地(궁지), 窮理(궁리)

권

114

券(문서 권): quàn, 刀-6, 8, 40

字解 형성. 소전체에서 廾^(두 손으로 받들 공)과 刀^(칼 도)가 의미부이고 釆^(분별할 변)이 소리부였는데, 자형이 변해 지금처럼 되었다. 자세히 살펴가며^(釆) 두 손^(廾)으로 칼^(刀)로 새겨 넣다는 뜻이고, 이로부터 새겨 넣은 것이 바

로 '契約書^(계약서)'이자 '문서'임을 나타냈으며, 증명서를 지칭하기도
했다.

字形 券 券 券 簡牘文 券 說文小篆

•예• 旅券(여권), 證券(증권), 商品券(상품권), 福券(복권)

115

拳(주먹 권): [捲], quán, 手-6, 10, 32

字解 형성. 手^(손 수)가 의미부이고 卷^(굽을 권)이 소리부로, 손^(手)을 말아^(卷) 놓은
모습의 '주먹'을 말한다. 이후 짐승의 손발도 지칭하였고, 힘이나 拳
術^(권술) 등의 뜻이, 다시 구부리다의 뜻도 나왔다. 달리 手를 추가한
捲으로 쓰기도 한다.

字形 拳 簡牘文 拳 說文小篆

•예• 拳鬪(권투), 拳銃(권총)

궐

116

厥(그 궐): jué, 厂-10, 12, 30

字解 형성. 厂^(기슭 엄)이 의미부이고 欮^(그 궐)이 소리부로, 큰 바윗덩어리^(厂)를
뽑아냄을 말했는데, 이후 '그 (것)'이라는 의미로 가차되었으며, 突厥
^(돌궐)에서처럼 음역자로도 쓰였다.

字形 厥 金文 厥 帛書 厥 簡牘文 厥 石刻古文 厥 說文小篆

•예• 厥者(궐자), 厥女(궐녀)

궤

117

軌(바퀴사이 궤): 轨, guǐ, 車-2, 9, 30

字解 형성. 車^(수레 거차)가 의미부이고 九^(아홉 구)가 소리부로, 수레^(車)의 폭을 말했으며, 이로부터 전국 각지^(九州구주)로 달려갈 수 있는 도로, 軌道 ^(궤도), 길의 뜻이 나왔고, 정해진 수레의 폭으로부터 법칙, 고상한 도 덕 등을 뜻하게 되었다. 중국의 간화자에서는 轨로 쓴다.

字形 軌 金文　軌 說文小篆

●예● 軌跡(궤적), 軌道(궤도), 無限軌道(무한궤도)

귀

118

鬼(귀신 귀): guǐ, 鬼-0, 10, 32

字解 상형. 원래 얼굴에 커다란 가면을 쓴 사람을 그린 글자다. 곰 가죽에 다 눈이 네 개 달린 커다란 쇠 가면을 덮어쓴 『주례』에 등장하는 方相氏^(방상씨)의 모습처럼, 鬼는 역병이나 재앙이 들었을 때 이를 몰 아내는 사람의 모습에서 형상을 가져왔다. 그래서 鬼는 두 가지 의 미를 동시에 가진다. 첫째는 재앙이나 역병과 관련된 부정적 의미가 하나요, 둘째는 인간이 두려워하고 무서워해야 할 인간보다 위대한 어떤 존재를 칭하는 의미이다. 고대 한자에서 여기에다 제단^(示시)을 더한 모습은 후자의 의미로 '鬼神^(귀신), 이 제사의 대상임을 나타내었 고, 攴^(칠 복)이나 戈^(창 과)를 더해 내몰아야 하는 대상이라는 전자의 의 미를 표현하기도 했다. 그래서 鬼는 '귀신'과 관련된 의미가 있는데,

귀신은 단지 몰아내어야만 하는 존재이기도 했지만, 동시에 인간이
두려워해야 할 위대한 존재이기도 했으며, 그래서 嵬^(높을 외)에서처럼
'높다'는 뜻을 가진다. 아울러 인간의 조상으로 섬겨야 할 대상, 제
사의 대상이기도 했다.

字形 ![갑골문자형들]甲骨文 ![금문자형들]金文 ![맹서자형들]盟書 ![간독자형들]簡

牘文 ![설문소전]說文小篆 ![설문고문]說文古文

●예● 鬼神(귀신), 雜鬼(잡귀), 惡鬼(악귀)

119

龜(거북 구·갈라질 균·나라 이름 구): 龟, [亀], guī, jūn, qiū, 龜-0, 16

字解 상형. 거북을 그대로 그렸는데, 갑골문에서는 측면에서 본 모습을 금
문에서는 위에서 본 모습을 그렸다. 볼록 내민 거북의 머리^(龜頭·귀두),
둥근 모양에 갈라진 무늬가 든 등딱지, 발, 꼬리까지 구체적으로 잘
그려졌다. 소전체와 예서체에서 거북의 측면 모습이 정형화되었고
지금의 龜가 되었다. 거북은 수 천 년을 산다고 할 정도로 장수의
상징이었기 때문에 그 어떤 동물보다 신비한 동물로, 그래서 신의
계시를 잘 전해줄 수 있다고 생각했다. 게다가 중앙을 중심으로 동
서남북의 네 방향으로 튀어나와 모가 진 모습은 당시 사람들이 생
각했던 땅의 모형과 유사했기 때문에, 이 지상 세계에서 일어나는
모든 일을 신과 교통시킬 수 있다고 생각했으며, 그것이 거북 딱지
를 가지고 점을 치게 된 주된 이유였을 것이다. 거북 딱지를 점복에
사용할 때에는 먼저 홈을 파, 면을 얇게 만들고 그곳을 불로 지지면
卜^(점 복)자 모양의 균열이 생기는데, 이 갈라진 모습을 보고 길흉을
점친다. 그래서 龜는 '거북'이 원래 뜻이지만 龜裂^(균열)에서처럼 '갈라

지다'는 뜻도 가지는데, 이때에는 '균'으로 읽힘에 유의해야 한다. 또 지금의 庫車^(고차) 부근의 실크로드 상에 있던 서역의 옛 나라 이름인 '쿠짜^(龜玆·구자)'를 표기할 때도 쓰이며, 이때와 같이 지명으로 쓰이면 '구'로 읽힌다. 중국의 간화자에서는 龟로 쓴다.

字形 甲骨文 金文 古陶文 簡牘文 說文小篆 說文古文

●예● 龜頭(귀두), 龜裂(균열)

규

120

叫(부르짖을 규): [叫], jiào, 口-2, 5, 30

字解 형성. 口^(입 구)가 의미부이고 니^(얽힐 규)가 소리부로, 입^(口)으로 큰 소리를 내어 부르다는 뜻이며, 이로부터 부르짖다, 시키다, 새가 울다, 악기를 연주하다 등의 뜻이 나왔다.

字形 說文小篆

●예● 絶叫(절규)

121

糾(얽힐 규): 纠, [紏], jiū, 糸-2, 8, 30

字解 형성. 糸^(가는 실 멱)이 의미부이고 니^(얽힐 규)가 소리부로, 실^(糸)이 서로 얽혀^(니) '꼬인' 것을 말하며, 이로부터 얽히다, 紛糾^(분규) 등의 뜻이 나왔고, 다시 얽힌 것은 풀어야 한다는 뜻에서 '풀다'의 뜻도 나왔다.

字形 簡牘文 說文小篆

•예● 糾明(규명), 糾彈(규탄), 糾合(규합)

122

規(법 규): 规, guī, 見-4, 11, 50

字解 회의. 夫^(지아비 부)와 見^(볼 견)으로 구성되어, 法規^(법규)나 規則^(규칙)을 말하는데, 성인 남성^(夫)이 보는^(見) 것이 바로 당시 사회의 잣대이자 '법규'였음을 말해 준다. 일찍부터 정착 농경을 시작해 경험이 중시되었던 고대 중국에서는 나이 든 성인의 지혜를 최고의 판단 준거로 인식했다. 그래서 성인이 된 남성^(夫)이 보고^(見) 판단하는 것, 그것을 당시 사람들은 그들이 따라야 할 사회의 法度^(법도)이자 규범으로 생각되었으며, 그 결과 規에는 法度나 典範^(전범)이라는 뜻이 생겼고, 이후 일정한 규격대로 정확하게 원을 그려 내는 '그림쇠'를 뜻하기도 했다.

字形 規 說文小篆

•예● 規定(규정), 法規(법규), 規則(규칙), 規範(규범), 規律(규율)

123

菌(버섯 균): jùn, 艸-6, 12, 32

字解 형성. 艸^(풀 초)가 의미부이고 囷^(곳집 균)이 소리부로, 식물^(艸)의 일종인 '버섯'을 말한다.

字形 菌 說文小篆

•예● 細菌(세균), 殺菌(살균), 病菌(병균)

극

124

克(이길 극): kè, 儿-5, 7, 32

字解 상형. 갑골문에서 머리에는 투구를 쓰고 손에는 창을 쥔 사람의 모습을 그렸으며, 완전하게 무장한 병사는 전쟁에서 이길 수 있다는 뜻에서 '이기다'는 의미가 생겼다. 이후 의미를 더욱 강화하기 위해 刀^(칼 도)를 더한 剋^(이길 극)을 만들었다.

字形 ~~(갑골문·금문·간독문·석각고문·설문소전·설문고문 자형)~~ 甲骨文 金文 簡牘文 石刻古文 說文小篆 說文古文

●예● 克服(극복), 克己(극기)

125

劇(심할 극): 剧, [劇], jù, 刀-13, 15, 40

字解 형성. 刀^(칼 도)가 의미부이고 豦^(원숭이 거)가 소리부인데, 호랑이^(虎·호)와 멧돼지^(豕·시)가 서로 극렬하게 싸움^(刀)을 말한다. 원래는 力^(힘 력)과 豦의 결합으로, 호랑이^(虎)와 멧돼지^(豕)가 서로 있는 힘^(力)을 다해 싸우는 모습에서 "極烈^(극렬)"함의 의미를 그려냈는데, 이후 싸움의 상징인 刀로 바뀌어 지금의 자형이 되었다. 극렬한 싸움을 주로 소재 삼아 하는 무대 공연이라는 뜻에서 '극'을 뜻하게 되었고, 다시 희극이나 연극 등을 지칭하게 되었다. 중국의 간화자에서는 소리부인 豦를 居^(있을 거)로 바꾼 剧으로 쓴다.

字形 ~~(설문소전 자형)~~ 說文小篆

•예• 劇場(극장), 悲劇(비극), 演劇(연극)

僅(겨우 근): 仅, jǐn, 人-11, 13, 30

字解 형성. 人(사람 인)이 의미부이고 堇(노란 진흙 근)이 소리부인데, 정성을 다해 堇 노력하는 사람(人)으로부터 '재주'라는 뜻이 나왔고, 온 정성을 다해 노력해야만 '겨우' 사람 노릇을 할 수 있다는 의미에서 '간신히'라는 뜻까지 나왔다. 중국의 간화자에서는 소리부인 堇을 간단한 부호 又(또 우)로 바꾼 仅으로 쓴다.

字形 ![簡牘文] 簡牘文 ![說文小篆] 說文小篆

•예• 僅僅(근근)

斤(도끼 근): jīn, 斤-0, 4, 30

字解 상형. '도끼'를 그렸다고 풀이하지만, 갑골문을 보면 '자귀'를 그렸다는 것이 더 정확해 보인다. 도끼는 날이 세로로 되었지만 자귀는 가로로 되었으며, 나무를 쪼개거나 다듬을 때 사용하던 대표적 연장이다. 그래서 斤에는 도끼가 갖는 일반적 의미 외에도 쪼아 다듬거나 끊다는 의미까지 함께 들어 있다. 이후 斤이 무게의 단위로 가차되자, 원래 뜻은 金(쇠 금)을 더한 斫(자귀 근)으로 분화했다.

字形 ![甲骨文] 甲骨文 ![金文] 金文 ![古陶文] 古陶文 ![簡牘文] 簡牘文 ![說文小篆] 說文小篆

•예• 千斤萬斤(천근만근), 斤數(근수)

128

謹(삼갈 근): jǐn, 言-11, 18, 30

字解 형성. 言^(말씀 언)이 의미부이고 堇^(노란 진흙 근)이 소리부로, 신중하다, 정중하다, 공경하다, 삼가다는 뜻인데, 말^(言)은 사람을 제물로 바쳐 지내는 제사^(堇)처럼 항상 정성스럽고 신중하고 삼가야 함을 말한다.

字形 𦦮𦥑 古陶文 𦥑 𦥑 簡牘文 𦥑 說文小篆

●예● 謹愼(근신), 謹弔(근조)

금

129

琴(거문고 금): [珡, 琹], qín, 玉-8, 12, 32

字解 형성. 소전체에서 줄이 여럿 달린 '거문고'를 그린 상형자였지만, 『설문해자』의 고문에서는 여기에 소리부인 金^(쇠 금)이 더해진 모습을 했다. 이후 소리부인 金이 今^(이제 금)으로, 윗부분의 거문고가 玉^(옥 옥)이 두 개 합쳐진 모습으로 변해 지금의 자형이 되었다.

字形 𤨾𤨾 簡牘文 珡 說文小篆 𤨾 說文古文

●예● 心琴(심금), 風琴(풍금)

130

禽(날짐승 금): qín, 内-8, 13, 32

字解 형성. 禺^(긴 꼬리 원숭이 우)가 의미부이고 今^(이제 금)이 소리부로, 날짐승을 말하지만, 원래는 손잡이와 그물이 갖추어진 '날짐승'을 잡을 수 있는 뜰채를 그렸으며, 이후 소리부인 今이 더해지고 자형이 변해 지금처

럼 되었다. 사로잡다가 원래 뜻이며, 이후 날짐승을 뜻하게 되었고, 짐승의 통칭으로도 쓰였다. 그러자 원래 의미는 다시 手^(손 수)를 더해 擒^(사로잡을 금)으로 분화했다.

字形 ♥ ♥ 甲骨文 ♥ ♥ 金文 禽 說文小篆

●예● 禽獸(금수), 猛禽(맹금), 家禽(가금)

131

錦(비단 금): 锦, jǐn, 金-8, 16, 32

字解 형성. 帛^(비단 백)이 의미부이고 金^(쇠 금)이 소리부로, 찬란한 금빛을 내는 청동^(金)처럼 여러 가지 화려한 무늬가 놓인 비단^(帛)을 말하며, 여기서 '아름답다'는 뜻이 나왔다. 중국의 간화자에서는 锦으로 쓴다.

字形 錦 說文小篆

●예● 錦上添花(금상첨화), 錦衣還鄉(금의환향), 錦衣夜行(금의야행)

급

132

級(등급 급): 级, jí, 糸-4, 10, 60

字解 형성. 糸^(가는 실 멱)이 의미부이고 及^(미칠 급)이 소리부로, 비단^(糸)의 등급을 말했는데, 이후에 비단으로 만든 옷으로 상징되는 관작의 '等級^(등급)'을 말하게 되었다.

字形 級 級 簡牘文 級 說文小篆

●예● 等級(등급), 階級(계급), 高級(고급), 進級(진급)

긍

肯(옳게 여길 긍): [肎], kěn, 肉-4, 8, 30

字解 회의. 원래 冎^(冎과, 뼈의 원래 글자)의 생략된 모습과 肉^(고기 육)으로 구성되어 '뼈^(冎)에 붙은 살^(肉)'을 말했는데, 冎가 止^(발 지)로 변해 지금처럼 되었다. 뼈에 붙은 살을 뜯는 즐거움이 쉬 상상이 되며, 이로부터 肯에 肯定^(긍정)의 뜻이 생겼다. 그러자 원래 뜻은 口를 더한 啃^(입 다시는 소리 삼)으로 분화했다.

字形 𒀫金文 肎簡牘文 肎古璽文 肎說文小篆 肎說文古文

●예● 肯定(긍정)

기

企(꾀할 기): qǐ, 人-4, 6, 32

字解 형성. 人^(사람 인)이 의미부이고 止^(발 지)가 소리부로, 사람^(人)이 발돋움^(止)을 한 채 무엇인가를 간절히 바라는 모습을 그렸고, 이로부터 발돋움을 하다, 바라보다, 企圖^(기도)하다 등의 뜻이 생겼다.

字形 𒀫甲骨文 企說文小篆 𒀫說文古文

●예● 企業(기업), 企劃(기획)

器(그릇 기): qì, 口-13, 16, 42

字解 회의. 犬(개 견)과 品(여러 사람의 입 집)으로 구성되어, 장독 같은 여럿 놓인 기물(品) 주위를 개(犬)가 어슬렁거리며 지키는 모습을 그렸다. 이로부터 『器物(기물)』이라는 뜻이 나왔고, 신체의 기관을 말하기도 한다. 옛날에는 관직이나 작위의 등급을 헤아리는 단위로도 쓰였으며, 이로부터 관직이나 작위를 뜻하기도 하였다. 또 구체적 사물을 뜻하여 형이상학적인 道(도)와 대칭되는 개념으로 쓰이기도 한다.

字形 𤔲 𤔲 𤔲 𤔲 𤔲 金文 𤔲 品 古陶文 𤔲 器 簡牘文 𤔲 說文小篆

●예● 武器(무기), 樂器(악기), 容器(용기), 器具(기구)

136

奇(기이할 기): qí, 大-5, 8, 40

字解 형성. 大(큰 대)가 의미부이고 可(옳을 가)가 소리부인데, 大는 두 팔을 벌리고 선 사람의 정면 모습이다. 사타구니를 크게 벌리고 선 사람의 모습(大)에서부터 『설문해자』의 해석처럼 외발로 선 '절뚝발이'의 이미지를 그린 것으로 추정된다. 여기서부터 일반사람보다 '奇異(기이)하고' 특이하다는 뜻이, 다시 짝수(偶數·우수)와 대칭하여 홀수(奇數·기수)의 뜻이 나왔으며, 이후 불완전함까지 뜻하게 되었다. 그러자 원래 뜻은 足(발 족)을 더하여 踦(절뚝발이 기)로 분화했다.

字形 奇 奇 奇 古陶文 奇 奇 奇 奇 簡牘文 奇 奇 古璽文 奇 說文小篆

●예● 好奇心(호기심), 奇人(기인), 奇怪(기괴)

137

寄(부칠 기): jì, 宀-8, 11, 40

字解 형성. 宀^(집 면)이 의미부이고 奇^(기이할 기)가 소리부로, 절름발이^(奇)가 불완전한 몸을 의지하듯 집^(宀)에 몸을 맡겨 '寄託^(기탁)'함'을 말하며, 이로부터 기탁하다, 의지하다, 맡기다 등의 뜻이 나왔다.

字形 寄 簡牘文 寄 說文小篆

•예• 寄宿舍(기숙사), 寄附(기부), 寄生(기생)

138

忌(꺼릴 기): [忌], jì, 心-3, 7, 30

字解 형성. 心^(마음 심)이 의미부이고 己^(몸 기)가 소리부로, 자신의 몸^(己)과 마음^(心)에서 꺼리고 싫어하는 것을 말하며, 이로부터 증오하다, 원한을 가지다, 시기하다 등의 뜻이 나왔고, 다시 피하다, 禁忌^(금기) 등의 뜻도 나왔다.

字形 忌 忌 忌 金文 忌 忌 古陶文 忌 忌 忌 忌 簡牘文 忌 說文小篆

•예• 禁忌(금기), 忌日(기일)

139

旗(기 기): [旂, 旗], qí, 方-10, 14, 70

字解 형성. 㫃^(깃발 날릴 언)이 의미부이고 其^(그 기)가 소리부로, 나부끼는 깃발^(㫃)을 말하며, 이로부터 표명하다, 표지, 호령하다 등의 뜻이 나왔다. 또 청나라 때에는 깃발의 명칭으로 병사와 백성의 구분하던 조직체를 지칭하기도 했으며, 내몽골 자치구의 행정단위로도 쓰인다.

字形 旗 旗 古陶文 旗 旗 簡牘文 旗 旗 旗 旗 旗 旗 旗 古璽文 旗 說文小篆

●예● 太極旗(태극기), 國旗(국기)

140

棄(버릴 기): 弃, qì, 木-8, 12, 30

字解 회의. 갑골문에서 윗부분은 피를 흘리는 아이^(云돌)를, 중간 부분은 키^(箕)를, 아랫부분은 두 손을 그려, 아이를 죽여 내다 버리는 모습을 형상했는데 자형이 변해 지금처럼 되었다. 이로부터 '버리다', 放棄^(방기)하다, 廢棄^(폐기)하다 등의 뜻이 나왔으며, 중국의 간화자에서는 아랫부분을 廾^(두 손으로 받들 공)으로 바꾼 弃로 쓴다.

字形 [갑골문] 甲骨文 [금문] 金文 [간독문] 簡牘文 [설문소전] 說文小篆 [설] 說

文古文 [설문주문] 說文籀文

●예● 廢棄(폐기), 投棄(투기), 棄權(기권)

141

機(기계 기): 机, jī, 木-4, 16, 40

字解 형성. 木^(나무 목)이 의미부이고 幾^(기미 기)가 소리부로, 나무^(木)로 만든 '베틀^(幾)'을 말했는데, 이후 모든 機械^(기계)의 총칭이 되었다. 중국의 간화자에서는 机^(책상 궤)에 통합되었다.

字形 [고새문] 古璽文 [설문소전] 說文小篆

●예● 機械(기계), 危機(위기), 機會(기회)

142

欺(속일 기): qī, 欠-8, 12, 30

字解 형성. 欠^(하품 흠)이 의미부이고 其^(그 기)가 소리부로, 입을 크게 벌려 침을 튀기며^(欠) 말을 하는 모습에서 '속이다'는 뜻을 그렸으며, 이로부터 은폐하다의 뜻도 나왔다.

字形 🖹 說文小篆

●예● 詐欺(사기)

143

畿(경기 기): jī, 田-10, 15, 32

字解 형성. 田^(밭 전)이 의미부이고 幾^(기미 기)가 소리부로, 임금이 사는 서울 주위의 토지^(田)를 말하는데, 임금이 직접 담당하여 경영할^(幾) 수 있는 땅^(田)이라는 뜻을 담았다.

字形 🖹 說文小篆

●예● 京畿(경기)

144

祈(빌 기): qí, 示-4, 9, 32

字解 회의. 원래는 單^(홑 단)과 斤^(도끼 근)의 결합으로 이루어져 사냥도구인 뜰채^(畢)와 도끼^(斤)를 놓고 순조로운 사냥을 비는 모습을 그렸다. 이후 示^(보일 시)와 斤의 구성으로 변해, 도끼^(斤)를 놓고 사냥의 성공을 빌다^(示)는 의미를 더욱 강조했다.

字形 🖹🖹🖹🖹🖹金文 🖹陶文 🖹簡牘文 🖹古璽文 🖹說文小篆

●예● 祈願(기원), 祈雨祭(기우제)

145

紀(벼리 기): 纪, jì, 糸-3, 9, 40

字解 형성. 糸^(가는 실 멱)이 의미부이고 己^(몸 기)가 소리부로, 끈을 그린 己가 일인칭 대명사로 가차되어 쓰이자 糸을 더해 분화한 글자이다. 새끼 매듭^(己)으로 사건을 기록할 수 있는 줄^(糸)을 말하며, 이로부터 사물의 뼈대나 중심이라는 뜻이 나왔다.

字形 甲骨文 己金文 古陶文 簡牘文 帛書 紀 說文小篆

●예● 世紀(세기), 西紀(서기), 紀元前(기원전), 紀行文(기행문)

146

豈(어찌 기): 岂, qǐ, 豆-3, 10, 30

字解 상형. 원래 받침대가 있는 술 달린 북을 그려, 군사들이 전쟁에서 이기고 돌아올^(凱旋·개선) 때 흥겨움에 겨워 연주하는 곡을 뜻했다. 이후 '어찌'라는 의문이나 반어를 나타내는 어기사로 쓰이게 되었으며, 그러자 원래 뜻은 발음부인 几^(안석 궤)를 더한 凱^(즐길 개)로 분화했는데, 金^(쇠 금)이나 心^(마음 심)을 더한 鎧^(갑옷 개)와 愷^(즐거울 개)도 여기서 파생했다.

字形 甲骨文 簡牘文 古陶文 豆 說文小篆

147

飢(주릴 기): 饥, jī, 食-2, 11, 30

字解 형성. 食^(밥 식)이 의미부이고 几^(안석 궤)가 소리부로, 굶주리다는 뜻이며, 饑^(주릴 기)와 같은 글자이다. 중국의 간화자에서는 饥로 쓴다.

字形 飢 簡牘文　飢 說文小篆

•예• 虛飢(허기), 飢餓(기아)

148

騎(말 탈 기): 骑, qí, 馬-8, 18, 32

字解 형성. 馬^(말 마)가 의미부이고 奇^(기이할 기)가 소리부로, 다리를 벌리고 걸 터앉아^(奇) 말^(馬)을 타는 것을 말하며, 이로부터 타다, 걸터앉다의 뜻 이 나왔고, 말이나 騎兵^(기병) 등을 뜻하게 되었다.

字形 騎 古璽文　騎 說文小篆

•예• 騎馬兵(기마병), 騎士(기사)

긴

149

緊(굳게 얽을 긴): 紧, jǐn, 糸-8, 14, 32

字解 형성. 糸^(가는 실 멱)이 의미부이고 臤^(굳을 간)이 소리부로, 실^(糸)로 단단하 게^(臤) 잡아매는 것을 말했고, 이로부터 緊要^(긴요)하다, 緊張^(긴장)하다, 緊急^(긴급)하다 등의 뜻이 나왔다. 중국의 간화자에서는 紧으로 줄여 쓴다.

字形 緊 說文小篆

•예• 緊張(긴장), 緊急(긴급), 緊要(긴요)

상나라 갑골문. 『갑골문합집』 제6057편. 10일 간의 안위에 대해
점을 쳤으며, 주변국의 침입과 피해 상황에 대해 기록했다.

ㄴ

나

150

那(어찌 나): nà, 邑-4, 7, 30

字解 회의. 원래는 冄^(가는 털 늘어질 염)과 邑^(고을 읍)으로 구성되었는데, 자형이 조금 변해 지금처럼 되었다. 『설문해자』에 의하면 중국 서쪽 지역^(邑)에 거주하는 이민족을 지칭하며, 지금의 감숙성 서북쪽인 安定^(안정)이라는 곳에 朝冄縣^(조나현)이 있었다고 한다. 아마도 그 지역에 사는 사람들이 털을 수북하게 길러 늘어뜨렸기^(冄) 때문에 붙여진 이름으로 추정된다. 이후 '어찌'라는 부사어로 가차되어 쓰였으며, '어느 것'이나 '어디'라는 의문 대명사로 쓰일 때에는 다시 口^(입 구)를 더하여 哪^(어느 나)로 분화했다.

낙

151

諾(대답할 낙): 诺, nuò, 言-9, 16, 32

字解 형성. 言^(말씀 언)이 의미부이고 若^(같을 약)이 소리부로, 말^(言)로 동의하여^(若) '허락^(허락)함'을 말하며, 이로부터 순종하다, 허락하다, 동의하다의 뜻이 나왔다. 또 옛날 공문의 마지막 부분에 쓰여 그 내용을 허락하고 결재하였음을 뜻하는 말로도 쓰였다.

●예● 受諾(수락), 許諾(허락), 承諾(승낙)

납

152

納(바칠 납): 纳, nà, 糸-4, 10, 40

字解 형성. 糸^(가는 실 멱)이 의미부이고 內^(안 내)가 소리부로, 비단^(糸)을 들여 오다^(內)는 뜻을 담았으며, 이로부터 받아들이다, 바치다, 收納^(수납)하다, 취하다 등의 뜻이 나왔다.

字形 甲骨文 金文 簡牘文 石刻古文 說文小篆

●예● 納付(납부), 納得(납득), 納稅(납세), 上納(상납), 受納(수납)

냥

153

娘(아가씨 낭): niáng, 女-3, 10, 32

字解 형성. 女^(여자 여)가 의미부이고 良^(좋을 양)이 소리부로, 젊은 여자를 말하는데, 좋은^(良) 여성^(女)이라는 뜻을 담았다. 이후 여성에 대한 총칭으로 쓰였고, 어머니라는 뜻까지 갖게 되었다.

●예● 娘子(낭자)

내

154

奈(어찌 내나): nài, 大-5, 8, 30

字解 회의. 원래는 木^(나무 목)과 示^(보일 시)로 구성되어, 나무(木)를 태워 하늘에 지내는 제사(示)라는 의미였는데, 나무를 태워 지내는 큰(大) 제사(示)라는 뜻에서 木을 大^(큰 대)로 바꾸어 지금의 자형이 되었다. 이후 어쩔 수 없음을 나타내는 부사나 어기사로 자주 사용되었다.

字形 柰 簡牘文 奈 玉篇

•예• 莫無可奈(막무가내)

155

耐(견딜 내): nài, 而-3, 9, 32

字解 회의. 而^(말 이을 이)와 寸^(마디 촌)으로 구성되어, 다른 사람의 손(寸)에 의해 수염(而)이 잘리는 모습을 그렸다. 고대의 형벌의 하나인 수염을 잘리는 모욕을 참고 견뎌내야 하는 데서 '견디다'는 뜻이 나왔다. 소전체에서는 而와 彡^(터럭 삼)의 결합으로 썼다.

字形 耐 耏 耐 耏 簡牘文 耏 說文小篆 耏 說文或體

•예• 忍耐(인내), 耐性(내성)

녕

156

寧(편안할 녕): 宁, [寍, 甯], níng, 宀-11, 14, 32

字解 형성. 宀^(집 면)과 心^(마음 심)과 皿^(그릇 명)이 의미부이고 丁^(넷째 천간 정)이 소리부인 구조로, 원래는 집안(宀)에 그릇(皿)이 놓인 모습으로부터 '먹을 것이 있어 편안하게 지낼 수 있음'을 그렸다. 금문에서 心^(마음 심)이 더해져 심리적 '편안함'을 강조하여 지금의 자형이 되었다. 이후 '차라리'라는 양보를 나타내는 부사로 가차되어 쓰였다. 중국의 간화자

에서는 宁^(쌓을 저)와 통합해 쓴다.

字形 𡧛 𡧢 𡧚 甲骨文   𡩋 𡩈 𡦇 𡦇 𡦇 金文   𡩄 𡩅 𡩄 古陶文

𡦆 𡦆 𡦆 𡩄 簡牘文   𡦆 石刻古文   𡦆 𡦆 說文小篆

●예● 安寧(안녕)

노

157

努(힘쓸 노): nǔ, 力-5, 7, 42

字解 형성. 馬^(말 마)가 의미부이고 奴^(종 노)가 소리부로, 힘을 쓰다는 뜻인데, 노비^(奴)처럼 힘^(力)을 다해 일하다는 뜻을 담았다. 또 서예 용어의 하나로 세로획을 지칭한다.

●예● 努力(노력)

158

奴(종 노): nú, 女-2, 5, 32

字解 회의. 女^(여자 여)와 又^(또 우)로 이루어져, 손^(又)으로 여자^(女)를 잡아 일을 시키는 모습을 그렸으며, 이로부터 '종'과 奴婢^(노비), 奴役^(노역) 등의 뜻이 나왔다. 이후 자신을 겸손하게 낮추어 부르는 말로도 쓰였다.

字形 𡚸 𡚸 𡚸 𡚸 金文   𡚸 𡚸 古陶文   𡚸 𡚸 𡚸 𡚸 簡牘文   𡚸 𡚸 𡚸 古璽

文   𡚸 說文小篆   𡚸 說文古文

●예● 奴隸(노예), 農奴(농노), 守錢奴(수전노)

뇌

159

惱(괴로워할 뇌): 恼, [懊], nǎo, 心-9, 12, 30

字解 형성. 心(마음 심)이 의미부이고 𡿺(뇌 뇌)가 소리부로, 마음(心)과 머리(𡿺)가
아파 괴로워하는 모습을 그렸으며, 이로부터 화를 내다, 번뇌하다,
귀찮다 등의 뜻이 나왔다. 중국의 간화자에서는 𡿺를 囟로 줄여 恼
로 줄여 쓴다.

•예• 苦惱(고뇌), 煩惱(번뇌)

160

腦(뇌 뇌): 脑, nǎo, 肉-9, 13, 32

字解 형성. 肉(고기 육)이 의미부이고 𡿺(뇌 뇌)가 소리부로, 육신(肉)의 일부인 뇌
(𡿺)를 말한다. 원래는 𡿺로 써 머리(囟신)에 머리칼(巛천)이 더해진 모습
이었으나, 이후 신체 부위라는 뜻에서 肉이 추가되어 지금의 자형이
되었다. 뇌는 고등동물의 전신운동과 감각을 주관하는 기관으로 신
경계통의 주요한 부분이다. 이 때문에 사물의 최고나 중심 부위의
비유로도 쓰였다. 중국의 간화자에서는 𡿺를 囟로 줄여 脑로 줄여
쓴다.

•예• 頭腦(두뇌)

니

161

泥(진흙 니): ní, 水-5, 8, 32

字解 형성. 水^(물 수)가 의미부이고 尼^(중 니)가 소리부로, 원래는 중원 북부의 郡郅^(군질)에서 발원하는 강 이름을 지칭했으나, 이후 물^(水)이 섞여 끈 적끈적한^(尼) '진흙'을 말했다.

字形 𣲖 說文小篆

•예• 泥田鬪狗(이전투구)

ㄷ

다

162

茶(차 다차): chá, 艸-6, 10, 32

字解 형성. 원래는 艸^(풀 초)가 의미부이고 余^(나 여, 途의 원래 글자)가 소리부인 茶^(씀바귀 도)로 써, 쓴맛을 내는 식물^(艸)인 씀바귀를 말했다. 이후 쓴맛을 내는 채소^(苦菜·고채)를 지칭하게 되었고, 그런 맛을 내는 '차^(tea)'까지 지칭하게 되었고 음료라는 의미까지 나왔다. 그러자 의미를 구분하기 위해 '차'는 획을 줄여 茶로 구분해 쓰게 되었다.

字形 說文小篆

●예● 茶道(다도), 茶器(다기), 茶飯事(다반사)

단

163

團(둥글 단): 团, tuán, 囗-11, 14, 52

字解 형성. 囗^(에워쌀 위)가 의미부이고 專^(오로지 전)이 소리부로, 성 둘레를 둥그렇게 에워싼^(囗) 모습에서 '둥글다'의 뜻이 나왔다. 또 많은 사람이 마음과 힘을 똘똘 뭉쳐 성을 지킨다는 뜻에서 團結^(단결)과 집체를 뜻하는 團體^(단체)의 의미가 나왔으며, 경단과 같이 동글동글하게 빚은 떡도 지칭하게 되었다. 다만, 경단은 米^(쌀 미)를 더한 糰^(경단 단)으로 구분해 표시하기도 한다. 중국의 간화자에서는 소리부인 專을 才^(재주 재)로

줄인 团으로 쓴다.

字形 [그림] 簡牘文 [그림] 說文小篆

•예• 團體(단체), 集團(집단), 財團(재단)

164

壇(단 단): 坛, tán, 土-13, 16, 50

字解 형성. 土^(흙 토)가 의미부이고 亶^(미쁠 단)이 소리부로, 신에게 제사를 드리려고 신실한 마음^(亶)으로 흙^(土)을 쌓아 높게 만든 '제단'을 말하며, 제사를 드리거나 신앙생활을 하는 장소를 뜻하기도 했고, 의화단의 기층조직을 지칭하기도 했다. 중국의 간화자에서는 소리부인 亶을 云^(이를 운)으로 바꾼 坛으로 쓴다.

字形 [그림] 說文小篆

•예• 文壇(문단), 敎壇(교단), 花壇(화단)

165

斷(끊을 단): 断, duàn, 斤-14, 18, 42

字解 회의. 원래는 斤^(도끼 근)과 𢇇^(끊을 절)로 이루어져, 끊는 도구^(斤)로 실을 끊음^(𢇇)을 말했으나, 𢇇이 㡭^(이을 계)로 변해 지금처럼 되었다. 𢇇은 네 개의 幺^(작을 요)와 한 개의 刀^(칼 도)로 이루어져, 칼^(刀)로 실^(幺)을 끊음을 말했으며, 이후 의미를 강화하고자 斤이 더해졌다. 끊다, 자르다가 원래 뜻이며, 이후 단정하다의 뜻도 나왔다. 𢇇을 뒤집어 반대의 의미를 그려낸 것이 㡭인데, 이후 다시 糸^(가는 실 멱)을 더해 繼^(이을 계)를 만들었는데, 실^(糸)로 잇다^(㡭)는 뜻이다. 중국의 간화자에서는 㡭를 간단하게 줄여 断으로 쓴다.

字形 🐾 金文 🐾 帛書 🐾 🐾 簡牘文 🐾 說文小篆 🐾 🐾 說文古文

斷 玉篇

•예• 判斷(판단), 分斷(분단), 中斷(중단), 決斷(결단), 斷面(단면)

166

旦(아침 단): dàn, 日-1, 5, 32

字解 지사. 해(日)가 지평선(一) 위로 떠오르는 모습을 그렸고, 이로부터 해가
떠오르는 아침의 이른 시간대를 지칭하게 되었으며, 날이 밝다, 새
벽, 초하루, 처음 등의 뜻이 나왔다.

字形 🐾 🐾 🐾 甲骨文 🐾 🐾 🐾 🐾 金文 🐾 🐾 🐾 盟書 🐾 🐾 🐾

簡牘文 旦 說文小篆

•예• 元旦(원단)

167

檀(박달나무 단): tán, 木-13, 17, 42

字解 형성. 木(나무 목)이 의미부이고 亶(미쁠 단)이 소리부로, '박달나무'를 말하
는데, 속이 가득 차(亶) 단단한 나무(木)라는 속성을 반영했다.

字形 🐾 說文小篆

•예• 檀君(단군), 檀紀(단기)

168

段(구분 단): duàn, 殳-5, 9, 40

字解 회의. 창과 유사한 모습을 한 갈고랑이 같은 도구(殳)로 언덕(厂·엄)에서

광석을 캐는 모습을 그렸는데, 캐낸 광물은 불로 녹이고 두드려 필
요한 연장을 만든다. 그래서 段은 '두드리다'는 뜻과 '잘라낸' 광석이
라는 뜻에서 어떤 구분된 사물이나 시간대의 段落^(단락)을 말하게 되
었다. 여기서 파생된 鍛^(鍛·쇠 불릴 단)은 연장을 만들고자 쇠^(金·금)를 불에
녹여 불리는 것을, 碫^(숫돌 단)은 숫돌^(石·석)로 쓰려고 잘라 놓은 돌을,
緞^(비단 단)은 일정한 길이로 재단해 놓은 비단^(糸·멱)을 말한다.

字形 金文　古陶文　說文小篆　說文古文

●예● 段階(단계), 手段(수단), 段落(단락)

담

169

擔(멜 담): 担, dān, dàn, 手-13, 16, 42

字解 형성. 手^(손 수)가 의미부이고 詹^(이를 첨)이 소리부로, 손^(手)으로 잡고 어깨
에 메는 것을 말하며, 이로부터 책임을 지다, 부담하다 등의 뜻이
나왔다. 중국의 간화자에서는 소리부인 詹을 旦^(아침 단)으로 바꾼 担^{(떨}
^{칠 단)}에 통합되었다.

●예● 負擔(부담), 擔當(담당), 擔任(담임), 專擔(전담)

170

淡(묽을 담): dàn, 水-8, 11, 32

字解 형성. 水^(물 수)가 의미부이고 炎^(불 탈 염)이 소리부로, 타오르는 불^(炎)에
물^(水)이 더해지면 식고 약해진다는 뜻에서 묽고 담백함과 담담함을
그렸다. 이로부터 싱겁다의 뜻이 나왔고, 손님이 많지 않은 비수기
를 뜻하기도 했다.

字形 甲骨文 說文小篆

●예● 淡水(담수), 冷淡(냉담)

답

171

畓(논 답): dá, 田-4, 9, 30

字解 회의. 水(물 수)와 田(밭 전)으로 구성되어, 논을 말하는데, 물(水)을 대어 농사지을 수 있는 농경지(田)라는 뜻이며, 한국에서 만들어진 고유한 자이다.

●예● 田畓(전답), 天水畓(천수답)

172

踏(밟을 답): tà, 足-8, 15, 32

字解 형성. 足(발 족)이 의미부이고 쭙(유창할 답)이 소리부로, 발(足)로 속련되게(쭙) 흙 등을 '밟아' 이기는 것을 말하며, 이로부터 안정되다는 뜻이, 다시 踏步(답보)에서처럼 '천천히'라는 뜻도 나왔다.

●예● 踏査(답사), 踏步(답보)

당

173

唐(당나라 당): táng, 口-7, 10, 32

字解 형성. 口(입 구)가 의미부이고 庚(일곱째 천간 경)이 소리부로, 악기(庚) 소리처럼 '크게 말하다(口)'가 원래 뜻이며, 큰 소리는 빈말이자 공허하기 일쑤라는 뜻에서 '허풍'과 '공허', 荒唐(황당) 등의 뜻이 나왔다. 또 사람

이름으로 쓰여 상나라 제1대 왕^(成湯·성탕)을 말했고, 나라 이름으로도 쓰여 중고 시대의 唐나라와 오대 때의 後唐^(후당)을 지칭하기도 한다.

字形 🖾🖾🖾🖾 甲骨文　🖾🖾 金文　🖾 簡牘文　🖾🖾🖾 古璽文　🖾

🖾 說文小篆　🖾 說文古文

●예● 唐詩(당시)

174

糖(사탕 당): [餹], táng, 米-10, 16, 32

字解　형성. 米^(쌀 미)가 의미부이고 庚^(일곱째 천간 경)이 소리부로, 쌀^(米)을 고아 만든 '엿'을 말하며, 탄수화물을 지칭하기도 한다. 지금처럼 사탕수수나 사탕무로 설탕을 만들기 전에는, 보통 쌀^(米)로 밥을 지어 엿기름으로 삭히고서 겻불로 밥이 물처럼 되도록 끓이고 그것을 자루에 넣어 짜낸 다음 진득진득해질 때까지 고아 '엿'을 만들었다. 달리 식용이라는 뜻에서 食^(밥 식)이 들어간 餹^(엿 당)으로 쓰기도 한다.

字形 🖾 說文小篆

●예● 糖分(당분), 血糖(혈당)

175

黨(무리 당): 党, dǎng, 黑-8, 20, 42

字解　형성. 黑^(검을 흑)이 의미부이고 尙^(오히려 상)이 소리부로, '무리지어' 나쁜 것^(黑)을 숭상^(尙)하는 무리나 집단을 말하며, 이로부터 무리, 친족, 朋黨^(붕당), 붕당을 짓다, 사적인 정에 치우치다 등의 뜻이 나왔다. 또 옛날의 기층 조직으로, 5家^(가)를 隣^(린), 5隣을 里^(리), 5백家를 黨이라 했다. 黨同伐異^(당동벌이)는 시비곡직을 불문하고 자기편 사람은 무조건

돕고 반대편 사람은 무조건 배격함을 말한다. 중국의 간화자에서는 의미부인 黑을 儿^(사람 인)으로 바꾼 党으로 쓰는데, 사람^(儿)을 숭상하고^(尙) 존중하는 것이 '(중국공산)당'임을 천명했다. 하지만, 혹자는 사람들이 숭상해야 할 것이 '(중국공산)당'임을 나타내는 것이라도 풀이하기도 한다.

字形 🀫黨 簡牘文 🀫 說文小篆

●예● 政黨(정당), 野黨(야당), 與黨(여당), 黨員(당원)

대

176

帶(띠 대): 带, dài, 巾-8, 11, 42

字解 상형. 허리띠 아래로 베^(巾)로 만든 술 같은 장식물이 드리운 모습으로 '허리띠'를 그렸다. 이로부터 매다는 뜻이 나왔고, 허리띠처럼 납작하고 길게 생긴 물체, 뱀 등도 지칭하게 되었다. 『설문해자』에서는 남자는 가죽으로 여자는 실로 띠를 만들었다고 했다. 중국의 간화자에서는 윗부분의 획을 줄여 带로 쓴다.

字形 帶 帶 簡牘文 帶 說文小篆

●예● 一帶(일대), 地帶(지대), 共感帶(공감대)

177

臺(돈대 대): 台, [檯], tái, 至-8, 14, 32

字解 형성. 高^(높을 고)의 생략된 모습이 의미부이고 至^(이를 지)가 소리부로, 높은 평지를 뜻하는 墩臺^(돈대)를 말한다. 『설문해자』에서는 高^(높을 고)의 생략된 모습과 之^(갈 지)가 의미부이고 至가 소리부인 구조라고 했는

데, 자형이 조금 변해 지금처럼 되었다. 사람들이 높은 곳 끝까지 올라가^(至) 사방을 살펴볼 수 있도록 높고 평탄하게 만든 樓臺^(누대)를 말했으며, 이로부터 舞臺^(무대), 플랫폼 등 그렇게 생긴 물체를 부르게 되었고, 정부의 관서나 정치 무대의 비유로 쓰이기도 했다. 중국의 간화자에서는 台^(별 태)에 통합되었다.

字形 🔲 古陶文 🔲 簡牘文 🔲 說文小篆

●예● 燈臺(등대), 舞臺(무대)

178

貸(빌릴 대): 贷, dài, 貝-5, 12, 32

字解 형성. 貝^(조개 패)가 의미부이고 代^(대신할 대)가 소리부로, 돈이나 재물^(貝)을 다른 사람에게 대신^(代) '빌려주다'는 뜻이며, 이로부터 주다, 빌리다, 빌려주다, 빚 등의 뜻이 나왔다.

字形 🔲 說文小篆

●예● 貸出(대출), 賃貸(임대), 貸與(대여)

179

隊(무리 대): 队, duì, zhuì, 阜-9, 12, 42

字解 형성. 阜^(언덕 부)가 의미부이고 㒸^(드디어 수)가 소리부로, 언덕^(阜)을 기어 오르며 공격하던 군사들이 거꾸로 떨어지는^(㒸) 모습을 그렸다. 원래 는 队로 써 언덕^(阜)을 오르며 공격하던 군사^(人)들이 거꾸로 떨어지는 모습을 그렸는데, 금문에 들면서 언덕^(阜)과 줄에 묶인 멧돼지^(㒸)를 그려 잡은 돼지^(㒸)를 언덕^(阜) 아래로 굴러 떨어지게 하는 모습을 형 상화 했다. 그래서 隊의 원래 뜻은 '떨어지다'인데, 이후 '무리', '隊

伍^(대오)'라는 뜻으로 쓰이게 되자 원래 뜻은 다시 土^(흙토)를 더해 墜^{(떨}^{어질추)}로 분화했다. 중국의 간화자에서는 원래의 队로 다시 돌아갔다.

字形 📿📿 📿 📿 📿 📿 甲骨文 **专** 毛公鼎 **戌** 金文 **㿝** 古陶文 **㿝** 說文 小篆

•예• 軍隊(군대), 部隊(부대), 入隊(입대), 隊員(대원)

도

180

倒(넘어질 도): dǎo, 人-8, 10, 32

字解 형성. 人^(사람 인)이 의미부이고 到^(이를 도)가 소리부로, 서 있던 사람^(人)이 '넘어져' 땅에 이르다^(到)는 뜻이며, 이로부터 '거꾸로' 뒤집어지다는 의미도 나왔다.

字形 𠊱 說文小篆

•예• 打倒(타도), 卒倒(졸도)

181

塗(진흙 도): 涂, tú, 土-10, 13, 30

字解 형성. 土^(흙토)가 의미부이고 涂^(도랑도)가 소리부로, 임시 막사^(余)가 지어진 길을 따라 물이 넘치지 않도록 흙^(土)을 쌓아 도랑^(涂)을 쌓을 때 쓰는 '진흙'을 말한다. 중국의 간화자에서는 土가 빠진 涂^(도랑도)에 통합되었다.

•예• 塗炭(도탄), 塗色(도색)

182

導(이끌 도): 导, dǎo, 寸-13, 16, 42

字解 형성. 寸^(마디 촌)이 의미부이고 道^(길 도)가 소리부로, 길^(道)을 가도록 잡아^(寸) 이끌어 인도하다는 뜻이며, 이로부터 교도하다, 유인하다, 개발하다 등의 뜻도 나왔다. 중국의 간화자에서는 윗부분의 道를 巳^(여섯째지지 사)로 줄인 导로 쓴다.

字形 金文 簡牘文 石刻古文 說文小篆

•예• 指導者(지도자), 導入(도입), 主導(주도), 引導(인도)

183

挑(휠 도): tiǎo, 手-6, 9, 30

字解 형성. 手^(손 수)가 의미부이고 兆^(조짐 조)가 소리부로, 挑發^(도발)이 원래 뜻인데, 손^(手)으로 남을 집적거려 일이 일어나게 하는 것을 말한다. 『설문해자』에서는 달리 손^(手)으로 잡고 때리는 것을 말한다고도 했다.

字形 說文小篆

•예• 挑戰(도전), 挑發(도발)

184

桃(복숭아나무 도): táo, 木-6, 10, 32

字解 형성. 木^(나무 목)이 의미부이고 兆^(조짐 조)가 소리부로, 나무^(木)의 일종인 '복숭아나무'를 말하며, 이로부터 복숭아, 복숭아꽃, 복숭아색, 복숭아꽃이 피는 때 등을 지칭하게 되었다.

字形 簡牘文 說文小篆

•예● 武陵桃源(무릉도원), 桃花(도화)

渡(건널 도): dù, 水-9, 12, 32

字解 형성. 水^(물 수)가 의미부이고 度^(법도 도·젤 탁)가 소리부로, 물^(水)을 '건너다'
는 뜻이며, 이로부터 나루터, 통과하다 등의 뜻도 나왔다.

字形 **渡**簡牘文 **濮** 說文小篆

•예● 賣渡(매도), 讓渡(양도)

盜(훔칠 도): 盗, dào, 皿-7, 12, 40

字解 회의. 次^(입 벌린 채 침을 흘릴 연)과 皿^(그릇 명)으로 구성되어, 값비싼 청동 그릇
^(皿)을 탐하다^(次)는 의미를 그렸고, 이로부터 훔치다는 뜻이 나왔다.
이후 부정한 방법으로 취하다, 겁탈하다 등의 뜻도 나왔고, 도둑이
나 침입자를 지칭하기도 했다. 중국의 간화자에서는 次을 次^(버금 차)로
줄인 盗로 쓴다.

字形 **盗** **盗**簡牘文 **盜** 說文小篆

•예● 強盜(강도), 盜賊(도적), 盜用(도용)

稻(벼 도): [稲], dào, 禾-10, 15, 30

字解 형성. 禾^(벼 화)가 의미부이고 舀^(퍼낼 요)가 소리부로, 일년생 초본식물인
벼를 말하는데, 절구에 찧어 껍질을 벗기고 퍼내는^(舀) 벼^(禾)를 그렸
다. 중국은 쌀을 주식으로 하였기에 생활의 필수품이라는 뜻도 생겼

다.

字形 甲骨文 金文 簡牘文 說文小篆

●예● 立稻先賣(입도선매), 稻熱病(도열병)

188

跳(뛸 도): tiào, 足-6, 13, 30

字解 형성. 足(발 족)이 의미부이고 兆(조짐 조)가 소리부로, 발(足)을 이용해 '뛰어오름'을 말하며, 이로부터 뛰다(跳躍·도약), 뛰어넘다, 질주하다 등의 뜻이 나왔다.

字形 說文小篆

●예● 跳躍(도약)

189

逃(달아날 도): táo, 辵-6, 10, 40

字解 형성. 辵(쉬엄쉬엄 갈 착)이 의미부이고 兆(조짐 조)가 소리부로, 멀리 가(辵) 도망쳐 '달아남'을 말하며, 이로부터 逃亡(도망)하다, 숨다, 이탈하다, 버리다 등의 뜻이 나왔다.

字形 金文 簡牘文 說文小篆

●예● 逃亡(도망), 逃走(도주)

190

途(길 도): tú, 辵-7, 11, 32

字解 회의. 辵(쉬엄쉬엄 갈 착)과 余(나 여)로 구성되었는데, 余는 여행객이 잠시 쉬었다 가도록 길가에 만들어진 집을 그린 舍(집 사)에서 아랫부분의 기

단이 빠진 모습이다. 그래서 途는 길을 갈^(辵) 때 쉬도록 만들어진 임시 막사^(余)를 그려 '길'의 이미지를 그려냈다.

●예● 途中(도중), 開發途上國(개발도상국), 中途下車(중도하차)

191

陶(질그릇 도): táo, 阜-8, 11, 32

字解 형성. 阜^(언덕 부)가 의미부이고 匋^(질그릇 도)가 소리부이다. 원래는 물레를 돌리며 그릇을 빚는 사람^(匋)을 그렸는데, 이후 의미를 더욱 강화하기 위해 흙을 뜻하는 阜가 더해져 형성구조로 변했다. 陶工^(도공), 陶瓷器^(도자기), 흙으로 굽다 등이 원래 뜻이며, 흙을 빚어 기물을 만든다는 뜻에서 陶冶^(도야), 기르다 등의 뜻도 나왔다. 또 도기를 구울 때 큰불이 필요하므로 불이 성하다, 왕성하다, 무성하다, 기쁘다 등의 뜻도 나왔다.

字形 說文小篆

●예● 陶工(도공), 陶器(도기)

독

192

毒(독 독): dú, 毋-4, 8, 42

字解 지사. 이의 자원에 대해서는 설이 분분하나, 자형을 보면 毒^(음란할 애)에 비녀를 뜻하는 가로획^(一)이 하나 더 더해진 모습임이 분명하다. 머리에 비녀를 여럿 꽂아 화려하게 장식한 여인^(毋모)에서부터 '농염하다'는 뜻을 그렸고, 그러한 여자는 남자를 파멸로 이끄는 '독' 같은 존재라는 뜻에서 '독'의 의미가 나왔다. 비녀를 꽂지 않은 모습이

면 母^(모)이고, 하나를 꽂은 모습이면 每^(매양 매)이고, 둘 꽂은 모습이면 毒이며, 여럿 꽂은 모습이 毒으로 표현되었다. 『설문해자』에서는 "屮^(떡잎 날 철)과 毒로 구성되어, 독초를 말한다."라고 했다.

字形 ⬥ 古陶文　⬥ 簡牘文　⬥ 說文小篆　⬥ 說文古文

●예● 中毒(중독), 毒性(독성), 毒感(독감), 毒藥(독약), 食中毒(식중독)

193

督(살펴볼 독): dū, 目-8, 13, 42

字解 형성. 目^(눈 목)이 의미부이고 叔^(아재비 숙)이 소리부로, 눈^(目)으로 자세히 '살펴봄'을 말하며, 이로부터 감시하다, 監督^(감독)하다, 바로잡다, 나무라다, 권하다 등의 뜻이 나왔다.

字形 ⬥ 說文小篆

●예● 監督(감독), 總督(총독), 基督敎(기독교)

194

篤(도타울 독): 笃, dǔ, 竹-10, 16, 30

字解 형성. 馬^(말 마)가 의미부이고 竹^(대 죽)이 소리부로, 대^(竹)로 만든 말^(馬)을 함께 타고 놀던 옛 친구^(竹馬故友·죽마고우)처럼 '敦篤^(돈독)하고 견고한' 관계를 말하며, 이로부터 '도탑다'는 뜻이 나왔다. 중국의 간화자에서는 笃으로 쓴다.

字形 ⬥ 簡牘文　⬥ 說文小篆

●예● 篤實(독실), 敦篤(돈독)

돈

敦(도타울 돈): dūn, 攴-8, 12, 30

字解 형성. 원래는 攴^(칠 복)이 의미부이고 盲^(익을 순)이 소리부였으나, 예서에서 盲이 享^(누릴 향)으로 바뀌어 지금의 자형이 되었다. 매질을 해가며 ^(攴) '심하게 야단치다'는 뜻이며, 이후 '심하다', '두텁다' 등의 뜻이 나왔다.

字形 金文 簡牘文 說文小篆

●예● 敦篤(돈독)

豚(돼지 돈): [独], tún, 肉-7, 11, 30

字解 회의. 豕^(돼지 시)와 肉^(고기 육)으로 구성되었는데, 고기^(肉)로 쓰이는 새끼 돼지^(豕)를 말하며, 이후 돼지의 통칭이 되었다. 갑골문에서는 돼지^(豕) 뱃속에 고기^(肉)가 든 모습으로써 '새끼돼지'를 형상했다. 달리 豕가 의미부이고 屯^(진칠 둔)이 소리부인 独으로 쓰기도 한다.

字形 甲骨文 金文 簡牘文 說文小篆 說文篆文

●예● 豚肉(돈육), 養豚(양돈)

돌

197

突(갑자기 돌): [宊], tū, 穴-4, 9, 32

字解 형성. 犬^(개 견)이 의미부이고 穴^(구멍 혈)이 소리부로, 개^(犬)가 동굴 집^(穴)에 서 '갑자기' 뛰어나오는 모습을 그렸으며, 이로부터 갑자기, 突發^(돌발) 적인, 突擊^(돌격)하다, 격파하다 등의 뜻이 나왔다.

字形 宊古陶文 宊 宊簡牘文 宊 說文小篆

•예• 衝突(충돌), 突然(돌연), 突風(돌풍), 突破口(돌파구), 突出(돌출), 突發(돌발)

동

198

凍(얼 동): 冻, [涷], dòng, 冫-8, 10, 32

字解 형성. 冫^(얼음 빙)이 의미부이고 東^(동녘 동)이 소리부로, 물이 얼어 얼음^{(冫,} ^{氷의 원래 글자)}이 되는 것을 말하며, 이로부터 얼음, 凍傷^(동상)을 입다 등 의 뜻이 나왔다. 중국의 간화자에서는 東을 东으로 줄여 쓴 冻으로 쓴다.

字形 凍 說文小篆

•예• 冷凍(냉동), 凍傷(동상), 凍土(동토)

199

銅(구리 동): 铜, tóng, 金-6, 14, 42

字解 형성. 金(쇠 금)이 의미부이고 同(한 가지 동)이 소리부로, 금속(金)의 일종인 구리(Cu)를 말하며, 구리로 만든 기물이나 단단함의 비유로도 쓰였다.

字形 銅 說文小篆

●예● 銅錢(동전), 銅像(동상), 靑銅(청동)

둔

200

屯(진칠 둔): zhūn, tún, 屮-1, 4, 30

字解 지사. 屮(떡잎 날 철)과 가로획(一)으로 구성되어, 싹(屮)이 단단한 지면(一)을 힘겹게 뚫고 올라오는 모습을 그렸다. 이로부터 '단단하다'와 '힘겹다'는 뜻이 생겼다. 대평원의 황토 지대를 살았던 고대 중국인들이 봄이 되어 새싹이 땅을 비집고 돋아나는 모습을 쉽게 관찰할 수 있었던 곳은 경사진 언덕이나 구릉이었을 것인데, 경사진 언덕은 평지보다 햇빛이 잘 비치기 때문이었다. 그래서 屯에 '언덕'이라는 뜻이 들게 되었고, 산지가 잘 발달하지 않았던 중원 지역에서 군대가 진을 치고 지형지물로 이용했던 곳도 '언덕'이었다. 이로부터 다시 군대의 진을 치다는 뜻도 나왔다.

字形 甲骨文 金文 古币文 簡牘文 古璽文 說文小篆

●예● 屯田(둔전)

鈍(무딜 둔): 钝, dùn, 金-4, 12, 30

字解 형성. 金^(쇠 금)이 의미부이고 屯^(진 칠 둔)이 소리부로, 쇠^(金)의 힘든^(屯) 상태인 '무딤'을 말하는데, 쇠^(金)의 정상적인^(兒·태) 상태인 銳^(날카로울 예)와 대칭적 의미를 가진다.

字形 說文小篆

●예● 鈍器(둔기), 鈍角(둔각), 愚鈍(우둔), 鈍感(둔감)

등

202

騰(오를 등): 腾, [騰, 驣], téng, 馬-10, 20, 30

字解 형성. 馬^(말 마)가 의미부이고 滕^(물 솟을 등)의 생략된 모습이 소리부로, 말^(馬)에 올라타고 달리는 것을 말하며, 이로부터 도약하다, 뛰어넘다, 올라가다, '…보다 낫다' 등의 뜻이 나왔다.

字形 簡牘文 說文小篆

●예● 急騰(급등), 反騰(반등), 暴騰(폭등)

ㄹ

라

203

羅(새그물 라): 罗, luó, 网-14, 19, 42

字解 형성. 糸^(가는 실 멱)이 의미부이고 羅^(어리 조)가 소리부로, 새를 잡는 그물을 말했다. 원래는 网^(그물 망)과 隹^(새 추)로 구성되어 새^(隹)를 잡는 그물^(网)을 그렸으나, 이후 糸이 더해져 지금의 羅가 되었다. 의미도 새뿐 아니라 짐승을 잡는 그물을 통칭하게 되었고, 이로부터 網羅^(망라)하다, 포함하다, 구속하다, 저지하다의 뜻도 나왔다. 중국의 간화자에서는 아랫부분의 維^(바 유)를 간단한 부호 夕^(저녁 석)으로 줄인 罗로 쓴다.

字形 甲骨文 古陶文 簡牘文 說文小篆

●예● 新羅(신라)

락

204

絡(헌 솜 락): 络, luò, 糸-6, 12, 32

字解 형성. 糸^(가는 실 멱)이 의미부이고 各^(각각 각)이 소리부로, 솜^(絮)을 뜻한다. 달리 아직 물에 불리지 않은 생사^(糸)를 말하기도 한다. 이후 經絡^(경락)이나 脈絡^(맥락)에서처럼 그물 모양으로 얽힌 사물을 지칭하게 되었다.

字形 **絡** 簡牘文 **絡** 說文小篆

●예● 連絡(연락), 脈絡(맥락)

란

205

亂(어지러울 난): 乱, luàn, 乙-12, 13, 40

字解 회의. 금문에서 두 손으로 엉킨 실을 푸는 모습을 그렸는데, 윗부분^(爪·조)과 아랫부분^(又·우)은 손이고, 중간 부분은 실패와 실^(幺·요)을 그렸다. 이후 秦^(진)나라와 楚^(초)나라의 竹簡^(죽간)에서는 의미의 정확성을 위해 다시 손을 나타내는 又가 더해졌는데, 소전체에 들면서 乙^(새 을)로 잘못 변해 지금처럼 되었다. 엉킨 실만큼 복잡하고 풀기 어려운 것도 없을 것이다. 이 때문에 亂은 뒤엉키고 混亂^(혼란)한 것의 대표가 되었다. 하지만, 엉킨 실은 반드시 풀어야만 베를 짤 수 있기에 亂은 '정리하다', '다스리다'의 뜻으로도 쓰였다. 중국의 간화자에서는 왼쪽 부분을 간단하게 줄여 乱으로 쓴다.

字形 金文 簡牘文 帛書 石刻古文 說文小篆

●예● 亂入(난입), 亂動(난동), 騷亂(소란), 狂亂(광란), 民亂(민란)

206

欄(난간 란): 栏, lán, 木-17, 21, 32

字解 형성. 木^(나무 목)이 의미부이고 闌^(가로 막을 란)이 소리부로, 欄干^(난간)을 말하는데, 층계나 다리나 마루 따위의 가장자리에 일정한 높이로 더는

나가지 못하도록^(闌) 막아 세우는 나무^(木) 구조물이라는 뜻을 담았다. 중국의 간화자에서는 闌을 兰으로 줄여 栏으로 쓴다.

•예• 空欄(공란), 意見欄(의견란), 欄干(난간)

207

欄(난초 란): 兰, lán, 艸-17, 21, 32

字解 형성. 艸^(풀 초)가 의미부이고 闌^(가로 막을 란)이 소리부로, 식물^(艸)의 하나인 '난초'를 말하며, 난초의 은은한 향기 때문에 훌륭함이나 군자의 비유로 쓰였다. 중국의 간화자에서는 초서체로 간단하게 줄여 쓴 兰으로 쓴다.

字形 ▨ 古璽文 ▨ 說文小篆

•예• 蘭草(난초)

람

208

濫(퍼질 람): 滥, làn, 水-14, 17, 30

字解 형성. 水^(물 수)가 의미부이고 監^(볼 감)이 소리부로, 물^(水)이 氾濫^(범람)함을 말하며, 이로부터 만연하다, 제멋대로 하다, 질이 낮다 등의 뜻이 나왔다. 중국의 간화자에서는 滥으로 줄여 쓴다.

字形 ▨ 簡牘文 ▨ 說文小篆

•예• 濫用(남용)

209

覽(볼 람): 览, lǎn, 見-14, 21, 40

字解 형성. 見^(볼 견)이 의미부이고 監^(볼 감)이 소리부로, '보다'는 뜻이다. 원래 는 큰 그릇에 물을 담아 얼굴을 비추어 보는 모습을 그린 監으로 썼으나, 監이 '監視^(감시)'의 뜻으로 쓰이게 되자, 다시 見을 더해 '보 다'는 의미를 강조한 글자이다. 이후 높은 곳에서 먼 곳을 바라보다, 현시하다, 열독하다, 조망하다, 시선 등의 뜻이 나왔다. 중국의 간화 자에서는 監을 간단하게 줄여 览으로 쓴다.

字形 說文小篆

●예● 觀覽(관람), 遊覽(유람), 博覽會(박람회)

랑

210

廊(복도 랑): láng, 广-10, 13, 32

字解 형성. 广^(집 엄)이 의미부이고 郎^(사나이 랑)이 소리부로, 궁궐 등에 중요한 시설을 둘러싸고자 만든, 바깥쪽은 벽이나 연자 창을 만들고 안쪽은 기둥만 세워 개방한 긴 길^(郎)을 가진 건축물^(广)의 일종인 '回廊^(회랑)' 을 말한다.

字形 甲骨文 簡牘文 說文新附字

●예● 行廊(행랑), 舍廊(사랑), 畵廊(화랑)

략

211

掠(노략질할 략): lüě, lüè, 手-8, 11, 30

字解 형성. 手^(손 수)가 의미부이고 京^(서울 경)이 소리부로, 빼앗는 행위^(手) 즉

노략질을 말하며, 이로부터 고문하다, 베다 등의 뜻도 나왔다.

字形  說文新附字

•예• 攻掠(공략), 侵掠(침략)

212

略(빼앗을 략): lüè, 田-6, 11, 40

字解 형성. 田(밭 전)이 의미부이고 各(각각 각)이 소리부로, 바로 남의 농경지(田)에 들어가서(各) 제 것인 양 측정하고 경영하는 행위를 말한다. 이때에는 침략자의 이해관계에 맞지 않는 것은 모조리 생략하고 대략으로 처리해 버리기 마련이었기에, 이로부터 侵略(침략)이라는 뜻 이외에도 省略(생략)의 뜻이 생겼다.

字形 簡牘文  說文小篆

•예• 戰略(전략), 省略(생략), 計略(계략)

량

213

梁(들보 량): liáng, 木-7, 11, 32

字解 형성. 木(나무 목)과 水(물 수)가 의미부이고 刅(다칠 창)이 소리부로, 나무(木)로 된 '들보'를 말한다. 금문에서는 의미부인 水(물 수)와 소리부인 刅(다칠 창)으로 구성되었으나, 이후 의미를 더 구체화하기 위해 木이 더해져 梁이 되었다. 『설문해자』에서 "물에 설치한 다리(水橋 · 수교)"라고 한 것처럼 '물(水)을 건너가게 나무(木)로 만든 다리'가 원래 뜻이다. 이후 허공을 가로질러 걸쳐 놓은 '들보'까지 뜻하게 되었는데, '들보'는 다시 木을 더한 樑(들보 량)으로 구분해 표기하기도 했다.

字形 〰 說文小篆 〰 說文古文

●예● 橋梁(교량), 梁上君子(양상군자)

214

糧(양식 량): 粮, liáng, 米-12, 18, 40

字解 형성. 米(쌀 미)가 의미부이고 量(헤아릴 량)이 소리부로, 쌀(米) 등 곡식을 용기에 담아 재는(量) 모습에서 '양식'이라는 의미를 그렸으며, 곡물의 총칭, 세금 등의 뜻으로 쓰였다. 달리 소리부인 量을 良(좋을 량)으로 바꾼 粮으로 쓰기도 했는데, 중국의 간화자에서는 粮(양식 량)에 통합되었다.

字形 〰 簡牘文 〰 說文小篆

●예● 食糧(식량), 糧食(양식)

215

諒(믿을 량): 谅, liàng, 言-8, 15, 30

字解 형성. 言(말씀 언)이 의미부이고 京(서울 경)이 소리부로, 신실함을 말하는데, 말(言)에 믿음이 있음을 뜻한다. 이후 '믿다', 확실하다, 諒解(양해)하다 등의 뜻이 나왔다.

字形 〰 簡牘文 〰 說文小篆

●예● 諒解(양해)

려

216

勵(힘쓸 려): 励, lì, 力-15, 17, 32

字解 형성. 力^(힘 력)이 의미부이고 厲^(갈 려)가 소리부로, 숫돌에 칼을 갈아^(厲) 날을 세우듯 온 힘^(力)을 다해 노력하고 격려함을 말한다. 중국의 간화자에서는 厲를 厉로 줄인 励로 쓴다.

●예● **激勵**(격려), **獎勵**(장려), **督勵**(독려)

217

慮(생각할 려): 虑, lǜ, 心-11, 15, 40

字解 형성. 思^(생각할 사)가 의미부이고 虍^(범 호)가 소리부로, 무슨 일을 꾸미려고 생각하다는 뜻인데, 호랑이^(虍)를 만나 빠져나갈 궁리를 생각하다^(思)는 뜻을 담았다. 금문에서는 思가 의미부이고 呂^(등뼈·음률 려)가 소리부인 구조로 쓰기도 했다. 중국의 간화자에서는 思를 心^(마음 심)으로 줄인 虑로 쓴다.

字形 金文 簡牘文 說文小篆

●예● **憂慮**(우려), **念慮**(염려), **考慮**(고려), **配慮**(배려), **千慮一失**(천려일실)

218

麗(고울 려): 丽, lì, 鹿-8, 19, 42

字解 형성. 鹿^(사슴 록)이 의미부이고 丽^(고울 려)가 소리부로, 쌍을 이루어^(丽) 가는 사슴^(鹿)이라는 의미에서 '짝'의 뜻이 나왔고^{(이후 儷(짝 려)로 분화함)}, 아름다운 뿔^(丽)을 가진 사슴^(鹿)이라는 뜻에서 '아름답다'의 뜻이 나왔다.

사슴의 뿔을 부각시켜 사슴뿔의 화려한 모습을 그려냈고, 이로부터 '곱다', '멋지다' 등의 뜻이 나왔다. 중국의 간화자에서는 鹿을 생략하고 나머지만을 남겨 丽로 쓴다.

字形 金文 古陶文 簡牘文 說文小篆 說文古
文 說文篆文

●예● 高麗(고려), 高句麗(고구려), 華麗(화려)

력

219

曆(책력 력): 历, lì, 日-12, 16, 32

字解 형성. 日^(날 일)이 의미부이고 厤^(다스릴 력)이 소리부로, 책력을 말한다. 책력은 일 년 동안의 월일, 해와 달의 운행, 월식과 일식, 절기, 특별한 기상 변동 따위를 날의 순서에 따라 적은 책을 말하며, 이는 고대 사회에서 다스림^(厤)에 관한 일정표^(日)라 할 수 있다. 중국의 간화자에서는 歷^(지낼 력)에 통합되어 历으로 쓴다.

字形 簡牘文 說文新附

●예● 陽曆(양력), 陰曆(음력), 太陽曆(태양력)

련

220

憐(불쌍히 여길 련): 怜, lián, 心-11, 15, 30

字解 형성. 心^(마음 심)이 의미부이고 㷠^(도깨비 불 린)이 소리부로, 가련하게 여기는 마음^(心)을 말하며, 이로부터 불쌍히 여기다, 아끼다, 사랑하다 등

의 뜻이 나왔다. 중국의 간화자에서는 소리부 粦를 令^(명령 령)으로 대체한 怜로 쓴다.

字形 說文小篆

•예• 憐憫(연민), 可憐(가련), 同病相憐(동병상련)

221

戀(사모할 련): 恋, liàn, 心-19, 22, 32

字解 형성. 心^(마음 심)이 의미부이고 䜌^(어지러울 련)이 소리부로, 서로의 마음^(心)이 이어지도록^(䜌) '그리워함'을 말한다. 이로부터 그리워하는 감정, 남녀 간의 사랑, 애호 등의 뜻이 나왔다. 중국의 간화자에서는 䜌을 亦^(또 역)으로 간단하게 줄인 恋으로 쓴다.

字形 金文 說文小篆

•예• 戀愛(연애), 戀人(연인), 戀慕(연모), 戀情(연정), 悲戀(비련)

222

聯(잇닿을 련): 联, lián, 耳-11, 17, 32

字解 회의. 원래는 耳^(귀 이)와 絲^(실 사)로 구성되었는데, 絲가 䜌으로 변해 지금처럼 되었다. 『설문해자』에서는 "귀가 뺨에 붙어 있다"라고 했는데, 얼굴의 양끝에 실^(絲)처럼 '연결된' 귀라는 이미지를 그렸다. 이로부터 연결되다는 뜻이, 다시 對聯^(대련)에서처럼 쌍을 이루다는 뜻도 나왔다. 중국의 간화자에서는 䜌을 줄인 联으로 쓴다.

字形 古璽文 說文小篆

•예• 關聯(관련), 聯合(연합), 聯盟(연맹), 聯想(연상)

223

蓮(연밥 련): 莲, lián, 艸-11, 15, 32

字解 형성. 艸^(풀 초)가 의미부이고 連^(잇닿을 련)이 소리부로, 연꽃^(艸)의 열매를 말하며, '연'을 지칭하기도 한다. 중국의 간화자에서는 連을 连으로 줄여 莲으로 쓴다.

字形 𧀍古璽文 𧂄 說文小篆

●예● 木蓮(목련), 蓮根(연근)

224

鍊(불릴 련): 炼, liàn, 金-9, 17, 32

字解 형성. 金^(쇠 금)이 의미부이고 柬^(가릴 간)이 소리부로, 금속^(金)을 포대에 넣고 물에 불려^(柬) 불순물을 제거함을 말했는데, 이후 쇠^(金)를 달구어 두드리는 것도 말했다. 중국의 간화자에서는 煉^(불릴 련)에 통합되어 炼으로 쓴다.

字形 𨥏 說文小篆

●예● 訓練(훈련), 洗鍊(세련), 老鍊(노련), 修鍊(수련)

렬

225

劣(못할 렬): liè, 力-4, 6, 30

字解 회의. 少^(적을 소)와 力^(힘 력)으로 구성되어, 힘^(力)이 적어^(少) 남보다 못하고 남에게 뒤지는 劣等^(열등)함을 말하며, 이로부터 나쁘다는 뜻도 나왔다.

字形 劣 說文小篆

•예• 優劣(우열), 劣惡(열악), 劣等感(열등감)

226

裂(찢을 렬): liè, 衣-6, 12

字解 형성. 衣^(옷 의)가 의미부이고 列^(벌일 렬)이 소리부로, 뼈를 갈라내듯^(列) 베^(衣)를 잘라내는 것을 말하며, 이로부터 자르다, 잘라내다, 획분하다, 分裂^(분열) 등의 뜻이 나왔다.

字形 裂 說文小篆

•예• 龜裂(균열), 分裂(분열), 決裂(결렬)

렴

227

廉(청렴할 렴): [亷, 磏], lián, 广-10, 13, 30

字解 형성. 广^(집 엄)이 의미부이고 兼^(겸할 겸)이 소리부로, 집의 처마^(广)가 한 곳으로 모이는^(兼) 곳이라는 의미에서 '모서리'의 뜻이 나왔다. 이후 모서리는 집에서 각진 곳이며, 각이 지다는 것은 품행이 올곧음을 상징하여 '淸廉^(청렴)'이라는 뜻까지 나왔다.

字形 廉 簡牘文 廉 說文小篆

•예• 淸廉(청렴), 廉恥(염치)

렵

228

獵(사냥 렵): 猎, liè, 犬-15, 18, 30

字解 형성. 犬^(개 견)이 의미부이고 巤^(목 갈길 렵)이 소리부로, 개^(犬)를 풀어놓고 털 달린 짐승^(巤)을 잡는 행위를 말하며, 이로부터 사냥하다, 탈취하다, 학대하다 등의 뜻이 나왔다. 중국의 간화자에서는 巤을 昔^(예 석)으로 바꾸어 猎으로 쓴다.

字形 🐾金文 🐾簡牘文 🐾說文小篆

●예● 密獵(밀렵), 獵奇(엽기), 獵銃(엽총)

령

229

嶺(재 령): 岭, lǐng, 山-14, 17, 32

字解 형성. 山^(뫼 산)이 의미부이고 領^(옷깃 령)이 소리부로, 산^(山)의 목덜미^(領령)에 해당하는 '고개'를 말한다. 중국의 간화자에서는 소리부 領을 令^(우두머리 령)으로 줄인 岭^(산 이름 령)으로 통합해 쓴다.

字形 🐾說文小篆

●예● 嶺南(영남), 分水嶺(분수령), 大關嶺(대관령)

230

零(조용히 오는 비 령): [霝], líng, 雨-5, 13, 30

字解 형성. 雨^(비 우)가 의미부이고 令^(우두머리 령)이 소리부로, 조용히 내리는

비^(雨)를 말하며, 이로부터 빗방울이나 눈물이 떨어지다, 잎이 지다는 뜻이 나왔고, 다시 죽음이나 말년의 비유로도 쓰였다.

字形 零 說文小篆

●예● 零細(영세), 零上(영상), 零下(영하), 零點(영점)

231

靈(신령 령): 灵, líng, 雨-16, 24, 32

字解 형성. 巫^(무당 무)가 의미부이고 霝^(비올 령)이 소리부로, 입을 모아 비가 내리기를 기원하는 기우제^(霝)가 무당^(巫)에 의해 치러지는 모습이다. 『설문해자』에서는 원래 玉^(옥 옥)과 霝으로 구성되어, 주술 도구인 玉을 갖고서 비 내리기를 비는 행위를 구체화했다. 이후 신을 내리는 무당이나 신령, 영혼 등의 뜻이 생겨나게 되었으며, 무당의 주술행위에 의해 靈驗^(영험)이나 효험이 나타나기도 했기에 영험^(靈驗)을 뜻하게 되었다. 중국의 간화자에서는 霝을 단단하게 줄이고 巫를 火^(불 화)로 바꾼 灵으로 쓰는데, 火는 불을 지펴 기우제를 지내던 이후의 관습이 반영된 것으로 보인다.

字形 霝 金文 靈 古陶文 零 靈 簡牘文 靈 石刻古文 靈 霝 古璽文 靈 說文小篆 靈 說文或體

●예● 神靈(신령), 魂靈(혼령), 妄靈(망령)

례

232

隷(종 례·노예 예): 隶, lì, 隶-8, 16

🔵字解 형성. 隶$^{(미칠 이)}$가 의미부이고 柰$^{(奈어찌 내)}$가 소리부로, 손에 잡힌 짐승$^{(隶)}$이란 뜻에서 '隸屬$^{(예속)}$'의 뜻이 나왔고, 제사에 쓰도록 이를 손질하던 천한 계층인 '奴隸$^{(노예)}$'나 '종'을 지칭하게 되었다. 하지만, 소리부로 쓰인 柰도 향을 사르며 올리는 오늘날의 제사처럼 원래는 나무$^{(木\cdot목)}$를 태워 하늘에 지내는 제사$^{(示\cdot시)}$나 그런 큰$^{(大\cdot대)}$ 제사$^{(示)}$였음을 고려하면 의미부의 기능도 함께 하고 있다. 진나라 때 초기 모습을 보이고 한나라 때 크게 유행했던 서체의 이름인 隸書$^{(예서)}$는 '종속적인 서체'라는 뜻이다. 진시황 때 獄事$^{(옥사)}$를 관리하던 程邈$^{(정막)}$이라는 사람이 늘어나는 獄事의 효율적인 처리를 위해 당시의 표준 서체였던 小篆$^{(소전)}$체를 줄여 만든 글자체로서, 아직 正體$^{(정체)}$로 자리 잡기 전 소전체에 종속된 보조적 서체를 말한다. 혹자는 옥관처럼 미관말직의 별 볼일 없는 관리$^{(隸)}$들이 쓰던 서체$^{(書)}$라 해서 隸書라는 이름이 붙여졌다고도 하지만, 隸書를 달리 '보조적인$^{(佐\cdot좌)}$ 서체$^{(書)}$'라 불렀음을 상기해 보면 소전체를 보조해 쓰던 서체라는 뜻이 더 맞을 것이다. 중국의 간화자에서는 隶$^{(미칠 이)}$에 통합되었다.

🔵字形 🉐🉐🉐簡牘文 🉐 說文小篆 🉐 說文篆文

●예● 奴隸(노예)

로

233

爐(화로 로): 炉, [鑪], lú, 火-16, 20, 32

🔵字解 형성. 火$^{(불 화)}$가 의미부이고 盧$^{(성 로)}$가 소리부로, '화로'를 말하며, 불$^{(火)}$을 담아두는 그릇$^{(盧)}$이라는 뜻이다. 달리 쇠$^{(金)}$로 만들었다는 뜻에서 鑪$^{(화로 로)}$로 쓰기도 한다. 중국의 간화자에서는 소리부인 盧를 戶$^{(지게}$

^{호)}로 줄인 炉로 쓴다.

字形 金文 ^{▲▨} 說文小篆

●예● 暖爐(난로)

록

234

祿(복 록): 禄, lù, 示-8, 13, 32

字解 형성. 示^(보일 시)가 의미부이고 彔^(나무 깎을 록)이 소리부로, 제사^(示)를 드려 비는 복을 말하며, 이로부터 복의 뜻이 나왔다. 또 관리들의 봉급^(祿俸·녹봉)을 뜻하기도 한다. 중국의 간화자에서는 禄으로 쓴다.

●예● 國祿(국록), 官祿(관록)

235

錄(기록할 록): 录, [録], lù, 金-8, 16, 42

字解 형성. 金^(쇠 금)이 의미부이고 彔^(나무 깎을 록)이 소리부로, 원래는 쇠^(金)의 색깔을 말했으나, 이후 쇠^(金)에다 파 넣어^(彔) 영원히 변치 않도록 기록해 둠을 말했다. 중국의 간화자에서는 彔^(나무 깎을 록)에 통합되어 录으로 쓴다.

字形 甲骨文 金文 說文小篆

●예● 記錄(기록), 登錄(등록), 收錄(수록), 錄音(녹음)

236

鹿(사슴 록): lù, 鹿-0, 11, 30

字解 상형. 사슴을 그렸는데, 화려한 뿔과 머리와 다리까지 사실적으로 그

려졌다. 그래서 '사슴'이 원래 뜻인데, 이후 사슴의 종류는 물론 사슴과에 속하는 짐승을 통칭하거나 사슴의 특징과 관련된 의미를 표시하게 되었다.

字形 🦌🦌🦌🦌🦌甲骨文 🦌🦌🦌金文 🦌🦌🦌鹿 簡牘文 🦌 說文小篆

●예● 指鹿爲馬(지록위마)

<h1 style="text-align:center">롱</h1>

237

弄(희롱할 롱): nòng, 廾-4, 7, 32

字解 형성. 玉^(옥 옥)이 의미부이고 廾^(두 손 마주잡을 공)이 소리부로, 옥^(玉)을 두 손으로^(廾) '갖고 노는' 모습으로부터 '戱弄^(희롱)하다', 갖고 놀다, 감상하다의 뜻이 나왔다. 상해 지역에서는 작은 골목을 지칭하기도 한다.

字形 🪙🪙🪙甲骨文 🪙🪙🪙金文 🪙簡牘文 🪙說文小篆

●예● 弄談(농담), 愚弄(우롱), 戱弄(희롱)

<h1 style="text-align:center">뢰</h1>

238

賴(힘입을 뢰): 赖, [頼], lài, 貝-9, 16, 32

字解 형성. 貝^(조개 패)가 의미부이고 剌^(어그러질 랄)이 소리부로, 재산^(貝)이나 이익에 '기대다'는 뜻을 그렸으며, 이후 그러한 것에 기대어 오만하게 굴다는 뜻에서 '무례하다'는 의미가 나왔다.

字形 簡牘文 🪙說文小篆

●예● 信賴(신뢰), 依賴(의뢰)

雷(우레 뢰): léi, 雨-5, 13, 32

字解 회의. 雨^(비 우)와 田^(밭 전)으로 구성되었는데, 田은 천둥소리를 형상화한 것이 변한 자형이다. 원래는 번개 치는 모습을 그린 申^(아홉째 지지 신)과 그때 나는 우렛소리를 형상한 여러 개의 田으로 구성되었는데, 이후 번개는 주로 비가 올 때 치기 때문에 申이 雨로 바뀌고, 田도 하나로 줄어 지금처럼 되었다. 우렛소리를 말하며, 우렛소리처럼 큰 소리를 지칭하기도 한다.

字形 甲骨文 金文 簡牘文 說文小篆 說文古文 說文籒文

●예● 雷管(뇌관), 地雷(지뢰), 附和雷同(부화뇌동)

료

了(마칠 료): le, liǎo, 亅-1, 2, 30

字解 지사. 이의 자형을 두고 손을 굽힌 모습의 변형이라거나 子^(아들 자)의 다른 필사법으로 子에서 양손 부분을 제외한 모습이라고들 하지만, 자원이 분명하지 않다. 일찍부터 '분명하다'나 '完了^(완료)'의 뜻으로 쓰였는데, 이는 가차 의미이다. 또 부사어로 쓰여 '전혀'라는 의미로도 쓰인다. 현대 중국에서는 瞭^(밝을 료)의 중국의 간화자로도 쓰여 '알다', '이해하다'의 뜻으로도 쓰인다.

字形 𠂤 說文小篆

●예● 終了(종료), 完了(완료), 滿了(만료)

241

僚(동료 료): liáo, 人-12, 14, 30

字解 형성. 人^(사람 인)이 의미부이고 尞^(횃불 료)가 소리부로, 좋고 훌륭한 모습을 말하며 同僚^(동료)라는 뜻이 있는데, 제사^(祭)를 함께 지내는 사람^(人)이라는 의미를 담았다.

字形 僚 說文小篆

●예● 同僚(동료), 官僚(관료)

룡

242

龍(용 룡): 龙, lóng, 龍-0, 16, 40

字解 상형. 갑골문에서 龍을 그렸는데, 뿔과 쩍 벌린 입과 곡선을 이룬 몸통이 특징적으로 표현되었다. 금문에서는 입 속에 이빨이 더해졌고, 소전체에서는 입이 肉^(고기 육)으로 변해 지금의 자형이 대체로 갖추어졌다. 용을 두고 "비늘로 된 짐승의 대표이다. 숨어 몸을 드러내지 않을 수도 있고, 나타나 드러낼 수도 있다. 가늘게 할 수도 있고 크게 할 수도 있으며, 짧게 할 수도 있고 길게 할 수도 있다. 춘분이 되면 하늘로 올라가고, 추분이 되면 연못으로 내려와 잠긴다."라고 했다. 『설문해자』에서는 용을 이렇게 신비한 존재로 표현했는데, 용은 실존하는 동물이 아니라 상상 속의 동물이기 때문에 그랬을 것이다. 龍이 서구에서는 악의 화신으로 묘사되지만, 중국 등 동양에

서는 더 없이 귀하고 좋은 길상의 존재로 여겨져, 황제의 상징이기
도 하다. 임금의 얼굴을 龍顔^(용안), 임금이 입는 옷을 龍袍^(용포), 임금
이 앉는 의자를 龍床^(용상)이라 한다. 중국인들은 자신들을 스스로 '용
의 후예'라고 표현한다. 용은 물과 관련되어 비를 내려주는 존재로
알려졌는데, 瀧^(비올 롱)은 용이 내리는 비를 형상적으로 그렸다. 이 때
문에 기우제를 지낼 때 용을 만들어 강에 넣고, 虹^(무지개 홍)이 갑골문
에서 두 마리의 용이 연이어져 물을 빨아들이는 모습으로 표현되기
도 했다. 龍으로 구성된 한자들은 모두 '용'을 뜻하거나 '용'이 갖는
이미지와 관련되어 크고 높다는 뜻을 가진다. 중국의 간화자에서는
龍의 초서체를 해서체로 고친 龙으로 쓴다.

字形　[甲骨文]　[金文]　古陶文　[簡牘文]　[帛書]　古璽文　[說文小篆]

●예● 龍頭蛇尾(용두사미), 登龍門(등용문), 恐龍(공룡)

243

屢(창 루): 屡, lǚ, 尸-11, 14, 30

字解　형성. 尸^(주검 시)가 의미부이고 婁^(별 이름 루)가 소리부로, 집^(尸)에 층층이^(婁)
만들어 놓은 '창문'을 뜻했고, 이로부터 여러 차례, 자주 등의 뜻이
나왔다. 중국의 간화자에서는 婁를 娄로 줄인 屡로 쓴다.

字形　屢 [說文小篆]

●예● 屢次(누차)

244

樓(다락 루): 楼, lóu, 木-11, 15, 32

(字解) 형성. 木(나무목)이 의미부이고 婁(별 이름 루)가 소리부로, 다락을 말하는데, 겹쳐(婁) 만들어진 목조(木) 구조물이라는 뜻을 담았다. 중국의 간화자에서는 婁를 娄로 줄인 楼로 쓴다.

(字形) 𤖻簡牘文 樓說文小篆

•예• 望樓(망루), 門樓(문루)

245

淚(눈물 루): 泪, lèi, 水-8, 11, 30

(字解) 형성. 水(물수)가 의미부이고 戾(어그러질 려)가 소리부로, 눈물(水), 눈물을 흘리다, 눈물을 흘리는 모양 등을 말한다. 중국의 간화자에서는 水와 目(눈목)으로 구성되어 눈(目) 물(水)이라는 뜻의 회의구조인 泪로 쓴다.

•예• 催淚彈(최루탄)

246

漏(샐 루): [屚], lòu, 水-11, 14, 32

(字解) 형성. 水(물수)가 의미부이고 屚(샐 루)가 소리부로, 빗물(雨)이 집(尸) 아래로 떨어지듯(屚) 좁은 구멍으로 물을 일정한 속도로 떨어지게 하고 그 분량을 재어 시간을 계산하게 한 장치를 말한다. 『설문해자』에서는 "구리로 된 용기에 물을 받는데, 눈금이 새겨져 있고, 하루의 길이를 1백 개의 눈금으로 구분했다."라고 했다.

(字形) 屚 屚簡牘文 𤃛說文小篆

●예● 漏落(누락), 漏出(누출), 漏水(누수)

累(묶을 루): [絫], lěi, 糸-5, 11, 32

字解 형성. 원래는 糸^(가는 실 멱)이 의미부이고 厽^(담쌓을 루)가 소리부로, 실을 사용해 여러 겹으로 묶다는 뜻을 그렸고, 이로부터 중첩과 누적이라는 뜻이 나왔다. 예서 단계에서 厽가 畾^(밭 갈피 뢰)로 변했고, 다시 하나로 줄어 지금의 자형이 되었다. 달리 纍^(묶을 루)로 쓰기도 한다.

字形 簡牘文 說文小篆

●예● 累積(누적), 連累(연루), 累卵之危(누란지위)

류

類(무리 류): 类, lèi, 頁-10, 19, 52

字解 형성. 犬^(개 견)이 의미부이고 頪^(빠를 뢰)가 소리부로, '무리'를 말한다. 같은 종류끼리는 비슷하기 마련인데, 여러 동물 중 개가 특히 그러한 특징이 두드러지기에 犬이 의미부로 채택되었다. 이로부터 部類^(부류)나 種類^(종류) 등의 뜻이 나왔다. 중국의 간화자에서는 頁^(머리 혈)을 생략하여 类로 쓴다.

字形 類 類 類簡牘文 頪 說文小篆

●예● 種類(종류), 人類(인류), 書類(서류)

륜

249

輪(바퀴 륜): 轮, lún, 車-8, 15, 40

字解 형성. 車^(수레 거차)가 의미부이고 侖^(둥글 륜)이 소리부로, 회전할 수 있도록^(侖) 고안된 수레^(車)의 바퀴를 말하며, 이로부터 수레, 수레를 만드는 장인 등을 지칭하기도 했다. 수레바퀴는 여러 부속품으로 구성되어 그 장착에는 일정한 순서가 필요하기 때문에 侖이 소리부로 채택되었다. 중국의 간화자에서는 侖을 仑으로 줄여 轮으로 쓴다.

字形 ▨▨▨▨ 簡牘文 ▨ 說文小篆

•예• 五輪旗(오륜기), 三輪車(삼륜차)

률

250

栗(밤나무 률): lì, 木-6, 10, 32

字解 상형. 원래는 나무^(木)에 밤이 주렁주렁 열린 모습으로, 열매의 바깥으로는 뾰족한 침으로 되었고 속에는 알이 들어 그것이 밤송이임을 구체적으로 형상했다. 이후 소전체에 들면서 셋으로 되었던 밤송이가 하나로 줄었고, 예서체에서 西로 변해 지금의 자형이 되었다. 밤나무가 원래 뜻이며, 그 열매인 밤, 곡식이나 과식이 가득 여물다, 단단하다, 엄숙하다 등의 뜻도 나왔다.

字形 ▨▨▨ 甲骨文 ▨ 簡牘文 ▨ 古璽文 ▨ 石刻古文 ▨ 說文小篆 ▨ 說文古文

•예• 生栗(생률)

率(법률 률거느릴 솔): shuài, 玄-6, 11

字解 회의. 금문에서 중간은 실타래 모양이고 양쪽으로 점이 여럿 찍힌 모습이다. 중간의 실타래는 동아줄을 말하고 양쪽의 점은 동아줄에서 삐져나온 까끄라기를 상징한다. 동아줄은 비단실이 아닌 삼베나 새 끼줄로 만들 수밖에 없다. 그래서 비단 실과는 달리 양쪽으로 삐져 나온 까끄라기가 그려졌다. 그래서 率의 원래 뜻은 '동아줄'이다. 동아줄은 배를 묶거나 어떤 거대한 물체를 끄는 데 사용된다. 그래서 率에는 率先(솔선)에서처럼 이끌다는 뜻이, 또 이끄는 것에 따라가다는 뜻이 생겼다. 이때에는 輕率(경솔)에서처럼 '솔'로 읽는다. 한편, 동아줄의 이끌다는 의미를 살려 무리를 이끄는 지도자나 우두머리라는 의미에서 '장수'라는 뜻이 파생되었고, 이 경우에는 '수'로 읽히며 帥(준수할 솔장수 수)와 같이 쓰기도 한다. 지도자와 우두머리는 타인의 본보기가 되고 '모범'이 되어야 하며, 대중의 표본이 되어야 한다. 이러한 의미에서 率에는 다시 '표준'이라는 뜻이, 그리고 어떤 표준에 근거해 계산하다는 의미까지 생겼다. 이 경우에는 比率(비율)이나 換率(환률)에서처럼 '율'로 읽는다.

字形 甲骨文 金文 簡牘文 古璽文 率 說文小篆

•예• 比率(비율), 成長率(성장률), 換率(환율), 統率(통솔)

륭

252

隆(클 륭): lóng, 阜-9, 12, 32

字解 형성. 生^(날 생)이 의미부이고 降^(내릴 강·항복할 항)이 소리부인데, 자형이 줄어 隆으로 되었다. 간독문자에서는 生 대신 土^(흙 토)가 들어갔다. 만물을 생성해 내는^(生) 대지^(土)로부터 크고 위대함의 뜻이, 다시 많다, 융성하다는 뜻이 나왔다.

字形 說文小篆

●예● 隆起(융기), 隆盛(융성)

릉

253

陵(큰 언덕 릉): líng, 阜-8, 11, 32

字解 형성. 阜^(언덕 부)가 의미부이고 夌^(언덕 릉)이 소리부로, 높고 큰^(夌) 언덕^(阜)을 말한다. 갑골문에서 한쪽 발은 땅에 다른 한쪽 발은 흙 계단에 올려져, 흙 계단^(阜)을 오르는 모습을 그렸는데, 왕릉 같은 큰 언덕에 만들어진 계단일 것이다. '큰 언덕'이 원래 뜻이고, 이후 시신을 묻고 큰 언덕처럼 봉분을 만든 '무덤'까지 지칭하게 되었다.

字形 說文小篆

●예● 丘陵(구릉), 王陵(왕릉)

리

254

吏(벼슬아치 리): lì, 口-3, 6, 32

字解 회의. 장식된 붓을 손(又)에 쥔 모습을 그렸는데, 자형이 조금 변해 지금처럼 되었다. 붓을 쥐고 문서를 기록하는 일을 하는 '관리'의 뜻이 나왔고 관원에 대한 통칭으로 쓰였으며 다스리다는 뜻도 나왔다. 史(역사 사)와 事(일 사) 등과 같은 근원을 가지는 글자이다.

字形  甲骨文  金文  古璽文  說文小篆

•예• 官吏(관리), 淸白吏(청백리)

255

履(신 리): lǚ, 尸-12, 15, 32

字解 형성. 復(돌아올 복)이 의미부이고 尸(주검 시)가 소리부로, 신발을 말하는데, 발에 착용하고 왔다 갔다(復) 할 수 있게 하는 물건이라는 뜻이다. 소전체에서는 舟(배 주)가 더해져, 비 올 때 신는 신발이 배(舟) 같은 효용을 가짐을 강조하였다.

字形  簡牘文  說文小篆  說文古文

•예• 履歷書(이력서), 履修(이수)

256

梨(배나무 리): [棃], lí, 木-7, 11, 30

字解 형성. 木(나무 목)이 의미부이고 利(이할 리)가 소리부로, 배나무(木)의 열매, 즉 배를 말한다.

●예● 烏飛梨落(오비이락), 梨花(이화)

257

裏(속 리): 里, [裡], lǐ, 衣-7, 13, 32

字解 형성. 衣^(옷 의)가 의미부이고 里^(마을 리)가 소리부인 상하구조로, 옷^(衣)의 안쪽을 말했는데, 이후 안쪽이나 속, 어떤 시간의 안 등을 뜻하게 되었다. 裡^(속 리)로도 쓰며, 중국의 간화자에서는 里에 통합되었다.

字形 里 金文 古陶文 簡牘文 裏 說文小篆

●예● 腦裏(뇌리), 表裏不同(표리부동), 裏面(이면)

258

離(떼놓을 리): 离, lí, 隹-11, 19, 40

字解 형성. 隹^(새 추)가 의미부이고 离^(산신 리)가 소리부로, 원래는 꾀꼬리^(隹)를 말했으나 이후 떠나가다, 떨어지다의 뜻으로 쓰였다. 离는 윗부분이 새^(隹)이고 아랫부분이 새를 잡는 뜰채로 새를 잡는 모습을 형상화했는데 禽^(날짐승 금·擒의 원래 글자)에도 들어 있다. 뜰채로 새를 잡게 되면 새는 가능한 한 도망칠 것이고, 이 때문에 '도망하다'는 뜻이 나왔고, 다시 의미를 강조하고자 隹를 덧보태어 離가 되었다. 또 잡히는 새의 처지에서 보면 여간 걱정거리가 아니었을 것인데, 이는 心을 더해 罹^(근심 리)로 분화한 것으로 보인다. 중국의 간화자에서는 离에 통합되었다.

字形 離 簡牘文 離 說文小篆

●예● 離別(이별), 分離(분리)

린

259

隣(이웃 린): 邻, [鄰], lín, 阜-12, 15, 30

字解 형성. 阜^(언덕 부)가 의미부이고 粦^(도깨비불 린)이 소리부로, 鄰의 속자이다. 옛날에는 5집^(家)을 1隣이라 했는데, 이처럼 가까이 있는 '이웃'을 말하며, 이로부터 가깝다는 뜻도 나왔다. 중국의 간화자에서는 소리부인 粦을 令^(영 령)으로 대체한 邻으로 쓴다.

字形 縫 縫 簡牘文 粦 說文小篆

●예● 隣近(인근), 隣接(인접)

림

260

臨(임할 림): 临, lín, 臣-11, 17, 32

字解 형성. 원래 臣^(신하 신)과 人^(사람 인)이 의미부이고 品^(물건 품)이 소리부로, 눈^(臣)으로 물품^(品)을 '살피는' 사람^(人)을 그렸다. 이로부터 높은 곳에서 아래를 살피다는 뜻이, 다시 監視^(감시)하다와 다스리다의 뜻이 나왔으며, 만나다, 기대다 등의 뜻도 나왔다. 중국의 간화자에서는 臣과 品을 간단하게 줄여 临으로 쓴다.

字形 金文 古陶文 簡牘文 石刻古文 說文小篆

●예● 臨時(임시), 臨終(임종)

简 化 字 总 表

（1986年新版）

第一表

不作简化偏旁用的简化字

本表共收简化字350个，按读音的拼音字母顺序排列。本表的简化字都不得作简化偏旁使用。

A
碍[礙]　肮[骯]　袄[襖]

B
坝[壩]　板[闆]　办[辦]　帮[幫]　宝[寶]　报[報]　币[幣]　毙[斃]　标[標]　表[錶]　别[彆]　卜[蔔]　补[補]

C
才[纔]　蚕[蠶]①　灿[燦]　层[層]　搀[攙]　谗[讒]　馋[饞]　缠[纏]③　忏[懺]　偿[償]　厂[廠]　彻[徹]　尘[塵]　衬[襯]　称[稱]　惩[懲]　迟[遲]　冲[衝]　丑[醜]　出[齣]　础[礎]　处[處]　触[觸]　辞[辭]　聪[聰]　丛[叢]

D
担[擔]　胆[膽]　导[導]　灯[燈]　邓[鄧]　敌[敵]　籴[糴]　递[遞]　点[點]　淀[澱]　电[電]　冬[鼕]　斗[鬥]　独[獨]　吨[噸]　夺[奪]　堕[墮]

E
儿[兒]

F
矾[礬]　范[範]　飞[飛]　坟[墳]　奋[奮]　粪[糞]　凤[鳳]　肤[膚]　妇[婦]　复[復][複]

G
盖[蓋]　干[乾]②[幹]　赶[趕]　个[個]　巩[鞏]　沟[溝]　构[構]　购[購]　谷[穀]　顾[顧]　刮[颳]　关[關]　观[觀]　柜[櫃]

H
汉[漢]　号[號]　合[閤]　轰[轟]　后[後]　胡[鬍]　壶[壺]　沪[滬]　护[護]　划[劃]　怀[懷]　坏[壞]⑤　欢[歡]　环[環]　还[還]　回[迴]　伙[夥]③　获[獲][穫]

J
击[擊]　鸡[鷄]　积[積]　极[極]　际[際]　继[繼]　家[傢]　价[價]　艰[艱]　歼[殲]　茧[繭]　拣[揀]　硷[鹼]　舰[艦]　姜[薑]　浆[漿]④　桨[槳]　奖[奬]　讲[講]　酱[醬]　胶[膠]　阶[階]　疖[癤]　洁[潔]　借[藉]⑧　仅[僅]　惊[驚]　竞[競]　旧[舊]　剧[劇]　据[據]　惧[懼]　卷[捲]

K
开[開]　克[剋]　垦[墾]　恳[懇]　夸[誇]　块[塊]　亏[虧]　困[睏]

L
腊[臘]　蜡[蠟]　兰[蘭]　拦[攔]　栏[欄]　烂[爛]　累[纍]

간화자(簡化字). 간화자 총표. 1964년 중국문자개혁위원회에서 공포했던 것을 약간의 수정을 거쳐 1986년 10월 국가언어공작위원회에서 공포하였다. 모두 3개의 표로 되어 있는데, 제1표는 편방으로 쓰이지 아니하는 간화자 3백52자를, 제2표는 편방으로 쓰일 수 있는 간화자 1백32자와 간화 편방 14개를, 제3표에서는 편방의 간화를 유추하여 만든 간화자 1,754자를 수록하였다.

마

261

磨(갈 마): mò, 石-11, 16, 32

字解 형성. 石^(돌 석)이 의미부이고 麻^(삼 마)가 소리부로, 삼^(麻) 실을 만들고자 삼 껍질을 여러 가닥으로 쪼개고 이를 비벼 꼬아 만들 듯 돌^(石)을 갈아서 다듬다는 뜻이며, 이로부터 硏磨^(연마)하다, 연구하다의 뜻도 나왔다. 옛날에는 옥을 다듬는 것을 琢^(쫄 탁), 돌을 다듬는 것을 磨라 고 구분하여 사용했다.

字形 簡牘文 磨 玉篇

●예● 硏磨(연마)

262

麻(삼 마): [蔴], má, 麻-0, 11, 32

字解 회의. 广^(집 엄)과 두 개의 木^(나무 목)으로 구성되어, '삼'을 말한다. 이는 삼나무^(木)에서 벗겨 낸 삼 껍질을 작업장^(广)에 널어놓고 말리는 모습 을 그렸는데, 삼나무^(木)에서 껍질이 분리된 습이 사실적으로 표현되 었으며, 广은 금문에서 의미와 형체가 비슷한 厂^(기슭 엄)으로 표기되었 다. 삼은 인류가 일찍부터 사용했던 자연 섬유의 하나이다. 중국의 경우, 갑골문이 사용되었던 殷墟^(은허) 유적지에서 大麻^(대마)의 종자와

삼베의 조각이 발견됨으로써 당시 삼베가 이미 방직의 원료로 사용되었음을 알 수 있다. 삼은 키가 3미터 정도까지 쑥쑥 자란다. 그래서 麻中之蓬^(마중지봉)은 '삼^(麻)밭의 쑥^(蓬)'이라는 뜻으로, 곧게 자란 삼밭에서 자란 쑥은 저절로 곧게 자란다는 뜻이다. 이렇듯 큰 키로 곧게 자란 삼의 줄기를 삶은 물에 불려 껍질을 분리시키고 이를 잘게 찢어 실로 만들고 베를 짜서 사용한다. 달리 艸^(풀 초)를 더한 䔄^(삼 마)로 쓰기도 한다.

●字形● 麻金文　麻說文小篆

●예● 麻衣(마의), 快刀亂麻(쾌도난마)

막

263

幕(막 막): [帲], mù, 巾-11, 14, 32

●字解● 형성. 巾^(수건 건)이 의미부이고 莫^(없을 막)이 소리부로, 장막을 말하는데, 물체를 덮어 아무것도 보이지 않게 하는^(莫·막) 베^(巾)로 만든 설치물이라는 뜻을 담았다. 이후 덮다, 은폐하다의 뜻도 나왔다. 한국 속자에서는 入과 巾으로 구성된 帲으로 써, 속으로 들어갈 수 있도록^(入) 고안된 베^(巾)로 만든 장치를 말하였다.

●字形● 幕說文小篆

●예● 開幕(개막), 閉幕(폐막), 天幕(천막), 幕間(막간)

264

漠(사막 막): mò, 水-11, 14, 32

●字解● 형성. 水^(물 수)가 의미부이고 莫^(없을 막)이 소리부로, 사막을 말하는데,

물^(木)이 없는^(莫) 곳이라는 뜻을 담았다. 이후 넓고 크다, 적막하다, 냉담하다 등의 뜻도 나왔다.

字形 說文小篆

•예• 漠然(막연), 沙漠(사막)

만

265

慢(게으를 만): màn, 心-11, 14, 30

字解 형성. 心^(마음 심)이 의미부이고 曼^(끌 만)이 소리부로, 마음^(心)이 늘어져^(曼) 게으름을 말하며, 이로부터 가벼이 여기다, 교만하다, 느긋하다, 느슨하다 등의 뜻이 나왔다.

•예• 傲慢(오만), 自慢(자만)

266

漫(질펀할 만): màn, 水-11, 14, 30

字解 형성. 水^(물 수)가 의미부이고 曼^(끌 만)이 소리부로, 물^(木)이 질펀하게 넘쳐 대지를 덮친 채^(曼) 흐름을 말하며, 이로부터 길다, 장구하다, 물이 가득하다, 물로 뒤덮다 등의 뜻이 나왔다.

•예• 放漫(방만), 漫畫(만화), 漫評(만평)

망

267

妄(허망할 망): wàng, 女-3, 6, 32

字解 형성. 女^(여자 여)가 의미부이고 亡^(망할 망)이 소리부로, 어지럽고 虛妄^(허망)

하다는 뜻이며, 이로부터 불법의, 부실한, 평범한 등의 뜻이 나왔는데, 여자^(女)를 그런 존재로 인식했음을 반영했다.

字形 𡚾 金文 𡚾 說文小篆

●예● 妄言(망언), 妄想(망상), 妄靈(망령)

268

罔(그물 망): wǎng, 网-3, 8, 30

字解 형성. 网^(그물 망)이 의미부이고 亡^(망할 망)이 소리부로, 그물^(罔)을 말하는데, 그물을 그린 网에서 소리부인 亡을 더하여 분화한 글자이다. 网은 원래 물고기나 새를 잡는 데 쓸 손잡이와 그물망을 갖춘 '그물'을 그렸으나, 이후 소리부인 亡이 더해져 罔이 되었고, 다시 糸^(가는 실 멱)이 더해져 網^(그물 망)이 되었다.

字形 𦉆 𦉳 𦉯 𦉼 网 甲骨文 𦉳 金文 罔 罔 簡牘文 𦉻 石刻古文 网 說文小篆 𦉬 𦉺 說文或體 𦉾 說文古文 𦉹 說文籀文

●예● 罔極(망극)

269

茫(아득할 망): [汒], máng, 艸-4, 10, 30

字解 형성. 水^(물 수)가 의미부이고 芒^(까끄라기 망)이 소리부로, 물^(水)이 푸르고 아득히 넓음을 말하며, 어렴풋하거나 몽롱함을 말하기도 한다.

●예● 茫然自失(망연자실), 茫茫大海(망망대해)

매

270

埋(묻을 매): mái, 土-7, 10, 30

字解 형성. 土(흙 토)가 의미부이고 里(마을 리)가 소리부인데, 원래는 제사를 위해 소나 양 등 희생을 흙(土) 구덩이에 묻는 모양을 그렸다. 땅(土)에 묻다가 원래 뜻이고, 이로부터 숨기다, 은폐하다, 원한을 품다 등의 뜻이 나왔으며, 산림에 지내던 옛날의 제사를 지칭하기도 한다.

●예● 埋立(매립), 埋沒(매몰), 埋葬(매장)

271

媒(중매 매): méi, 女-9, 12, 32

字解 형성. 女(여자 여)가 의미부이고 某(아무 모)가 소리부로, 중매쟁이를 말하며, 이로부터 중매하다, 연결하다 등의 뜻이 나왔는데, 남녀를 연결키는 일을 하는(某, 謀의 원래 글자) 여자(女)라는 뜻을 담았다.

字形 𤕨 說文小篆

●예● 媒體(매체), 媒介(매개)

272

梅(매화나무 매): [栂, 楳, 槑], méi, 木-7, 11, 32

字解 형성. 木(나무 목)이 의미부이고 每(매양 매)가 소리부로, 매화나무(木)를 말하며 그 열매인 梅實(매실)을 지칭하기도 한다. 원래는 木이 의미부이고 某(아무 모)가 소리부인 구조였는데, 지금의 자형으로 바뀌었으며, 每는 달리 母(어미 모)로 바꾸어 栂로 쓰기도 한다.

字形 ❋金文 ❊簡牘文 ❋說文小篆 ❋說文或體

•예• 梅花(매화), 梅實(매실)

맥

273

脈(맥 맥): 脉, [衇 脈], mài, 肉-6, 10, 42

字解 형성. 肉^(고기 육)이 의미부이고 辰^(맥 맥)이 소리부로, 신체^(肉) 속을 물길^(派, 水를 뒤집은 글자)처럼 여러 갈래로 퍼져 흐르는 신체의 기운이나 힘을 말한다. 피^(血·혈)가 흐른다는 뜻에서 衇으로, 흘러가는 물길^(永, 泳의 본래 글자)과 같은 신체의 조직^(肉)이라는 뜻에서 脉^(맥 맥)으로 쓰기도 한다. 맥, 맥박을 말하며, 山脈^(산맥)이나 葉脈^(엽맥)에서처럼 혈관처럼 생긴 조직을 지칭하기도 한다. 중국의 간화자에서는 脉^(훑쳐볼 맥)으로 통합되었다.

字形 ❋說文小篆 ❋說文或體 ❋說文籀文

•예• 山脈(산맥), 文脈(문맥), 一脈相通(일맥상통), 氣盡脈盡(기진맥진)

맹

274

孟(맏 맹): mèng, 子-5, 8, 32

字解 형성. 子^(아들 자)가 의미부이고 皿^(그릇 명)이 소리부로, 큰아들^(子) 즉 장자를 말하는데, 아이^(子)를 그릇^(皿)에 담아 씻기는 모습을 그린 것으로 추정된다. 이후 항렬의 첫째, 우두머리, (계절의) 시작 등의 의미가 나왔으며, 성씨로도 쓰인다.

金文 古陶文 盟書 簡牘

文 古璽文 說文小篆 說文古文

•예• 孟子(맹자), 孟母三遷(맹모삼천)

275

猛(사나울 맹): měng, 犬-8, 11, 32

字解 형성. 犬^(개 견)이 의미부이고 孟^(맏 맹)이 소리부로, 크고 건장한^(孟) 개^(犬)를 말했고, 이로부터 건장하다, 사납다, 勇猛^(용맹)하다, 힘이 세다, 猛烈^(맹렬)하다의 뜻이 나왔다.

字形 說文小篆

•예• 猛烈(맹렬), 勇猛(용맹), 猛獸(맹수), 猛威(맹위)

276

盲(소경 맹): máng, 目-3, 8, 32

字解 형성. 目^(눈 목)이 의미부이고 亡^(망할 망)이 소리부로, 눈^(目)을 못쓰거나 없어^(亡) 보지 못하는 사람 즉 盲人^(맹인)을 말하며, 이로부터 사물이나 사태를 분간하지 못하다는 뜻도 나왔다.

字形 古璽文 說文小篆

•예• 盲人(맹인), 盲目的(맹목적), 文盲(문맹)

277

盟(맹세할 맹): méng, 皿-8, 13, 32

字解 형성. 皿^(그릇 명)이 의미부이고 明^(밝을 명)이 소리부로, 나라들끼리 서로

협약하여 맺는 약속 즉 盟約^(맹약)을 말했다. 원래는 그릇^(皿)에 피가 담긴 모습을 그렸으나 이후 피를 그린 부분이 소리부인 明^(밝을 명)으로 바뀌어 지금처럼 되었다. 盟誓^(맹서)라는 뜻으로부터 서약하다는 뜻이 나왔고, 맹약에 의해 맺어진 조직이나 연합체 등을 뜻하게 되었다. 몽골 등지에서는 집단 부락을 '盟'이라 하며, 행정 단위로도 쓰인다.

字形 甲骨文 金文 簡牘文 石刻古文 說文小篆 說文古文 說文篆文

•예• 同盟(동맹), 聯盟(연맹)

면

278

綿(이어질 면): 绵, [緜], mián, 糸-8, 14, 32

字解 회의. 糸^(가는 실 멱)과 帛^(비단 백)으로 구성되어, 가는 실^(糸)을 연결해 비단^(帛)을 짜다는 뜻에서, '연결하다', '이어지다' 등의 뜻이 나왔으며 달리 좌우로 위치를 바꾼 緜로 쓰기도 한다.

字形 簡牘文 說文小篆

•예• 綿織物(면직물), 石綿(석면), 綿絲(면사)

멸

279

滅(멸망할 멸): 灭, miè, 水-10, 13, 32

字解 형성. 水^(물 수)가 의미부이고 威^(멸망할 멸)이 소리부로, 물^(水)로 불을 꺼^(威)

완전히 불씨를 없앤다는 뜻으로부터 '완전히 없어지다', 끝나다 등의
뜻이 나왔다. 중국의 간화자에서는 灭로 쓰는데, 불^(火)의 위를 무엇
인가로 덮어버린 모습이다.

字形 [簡牘文] [石刻古文] [說文小篆]

•예• 消滅(소멸), 滅亡(멸망), 滅菌(멸균), 滅種(멸종)

명

280

冥(어두울 명): míng, 冖-8, 10, 30

字解 회의. 갑골문에서 윗부분은 자궁을, 중간 부분은 아이를, 아랫부분은
두 손을 그려, 자궁에서 나오는 아이를 두 손으로 받아내는 모습을
사실적으로 잘 그렸다. 그래서 갑골문 당시에는 '아이를 낳다'는 뜻
으로 쓰였는데, 이후 아이는 터인 공간이 아닌 밀폐된 캄캄한 곳에
서 받았기에 '어둡다'는 뜻을 갖게 되었다.

字形 [甲骨文] [說文小篆]

•예• 冥福(명복), 冥想(명상)

281

銘(새길 명): 铭, [名], míng, 金-6, 14, 32

字解 형성. 金^(쇠 금)이 의미부이고 名^(이름 명)이 소리부로, 견고한 쇠^(金)에다 이
름^(名)을 새겨 넣어 영원히 기록함을 말하며, 이로부터 기록하다는 뜻
이 나왔고, 기물이나 비석에 새겨진 글, 그런 곳에 새겨 공덕 등을
칭송하던 문체를 지칭하기도 하였다.

字形 銘 說文小篆

•예• 銘心(명심), 座右銘(좌우명)

모

282

侮(업신여길 모): wǔ, 人-7, 9, 30

字解 형성. 人^(사람 인)이 의미부이고 每^(매양 매)가 소리부로, 사람^(人)을 능멸하고 업신여김을 말하며, 이로부터 남을 속이다는 뜻도 나왔다.

字形 ![甲骨文] 甲骨文 ![金文] 金文 ![簡牘文] 簡牘文 ![說文小篆] 說文小篆 ![說文古文] 說文古文

•예• 侮辱(모욕), 受侮(수모)

283

冒(무릅쓸 모): mào, 冂-7, 9, 30

字解 형성. 目^(눈 목)이 의미부이고 冃^(쓰개 모)가 소리부로, 눈^(目) 위로 모자를 덮어쓴^(冃) 모습에서 '모자'와 '덮다'의 뜻을 그렸고, 눈까지 덮여 사물을 제대로 분간하지 못하다는 뜻에서 冒險^(모험)이나 '무모하다'는 뜻이 생겨났다. 이후 冒가 '무릅쓰다'는 뜻으로 자주 쓰이자 원래 뜻은 다시 巾^(수건 건)을 더한 帽^(모자 모)로 분화했다.

字形 ![金文] 金文 ![簡牘文] 簡牘文 ![說文小篆] 說文小篆 ![說文古文] 說文古文

•예• 冒險(모험)

284

募(부를 모): [劵], mù, 力-11, 13, 30

字解 형성. 力^(힘 력)이 의미부이고 莫^(없을 막)이 소리부로, 부르다, 모으다는 뜻인데, 있는 힘^(力)을 다해 제한을 두지 않고^(莫) '널리 구하다'는 의미를 담았다. 한국 속자에서는 윗부분의 莫을 入^(들 입)으로 줄여 인력^(力)을 불러들인다^(入)는 뜻을 담은 劳로 쓰기도 한다.

字形 募 簡牘文　募 說文小篆

●예● 募集(모집), 募金(모금), 公募(공모), 應募(응모), 募兵(모병)

285

慕(그리워할 모): [慕], mù, 心-11, 15, 32

字解 형성. 心^(마음 심)이 의미부이고 莫^(없을 막)이 소리부로, 어떤 일을 마음^(心)으로 무한정^(莫) 좋아해 그리워함을 말하며, 이로부터 欽慕^(흠모)하다, 그리워하다는 뜻이 나왔다.

字形 慕 慕 慕 金文　慕 說文小篆

●예● 追慕(추모), 思慕(사모), 戀慕(연모)

286

某(아무 모): mǒu, méi, 木-5, 9, 30

字解 회의. 甘^(달 감)과 木^(나무 목)으로 구성되어, 입속에 물고 있으면^(甘) 갈증이 해소되는 매실처럼 신맛이 나는 나무^(木) 열매를 말했는데, 이후 '아무개'라는 뜻으로 가차되었다. 그러자 원래 뜻은 다시 木을 더해 楳^(매화나무 매)로 분화했다.

字形 某 某 金文　某 某 某 某 古陶文　某 某 某 某 簡牘文　某 說文小篆 林 說文古文

•예• 某月某日(모월모일), 某處(모처)

287

模(법 모): mó, mú, 木-11, 15, 40

字解 형성. 木(나무 목)이 의미부이고 莫(없을 막)이 소리부로, 나무(木)로 만든 거 푸집을 말하며, 이로부터 법식이나 模範(모범)이라는 뜻이, 다시 模倣(모방)하다의 뜻까지 나왔다.

字形 𣎳 說文小篆

•예• 模範(모범), 模倣(모방), 模樣(모양), 模造品(모조품)

288

謀(꾀할 모): móu, 言-9, 16, 32

字解 형성. 言(말씀 언)이 의미부이고 某(아무 모)가 소리부로, 어려운 일을 깊이 의논하여(言) 도모함을 말하며, 이로부터 계략을 세우다, 깊이 생각하다, '꾀하다'는 뜻이 나왔다.

字形 𠻬 金文 𧮏 古陶文 𧮏𧮏 簡牘文 𧮏 說文小篆 𡗉𡗉 說文古文

•예• 圖謀(도모), 陰謀(음모), 謀議(모의)

289

貌(모양 모): 皃, mào, 豸-7, 14, 32

字解 형성. 豸(발 없는 벌레 치)가 의미부이고 皃(얼굴 모)가 소리부로 容貌(용모)를 뜻한다. 원래는 皃만 단독으로 썼는데, 윗부분은 머리를 묶어 올린 얼굴을 그렸고 아랫부분은 사람의 측면 모습(儿, 인)이다. 이로부터 容貌

라는 뜻이 만들어졌고 '모양'을 대표하는 글자가 되었고, 이후 의미를 강화하기 위해 豸를 더해 지금의 貌가 되었으나, 중국의 간화자에서는 다시 원래의 皃로 돌아갔다.

字形 恍 簡牘文　皃 說文小篆　貌 說文或體　貌 說文籀文

●예● 外貌(외모), 容貌(용모), 美貌(미모)

목

290

牧(칠 목): mù, 牛-4, 8, 42

字解 회의. 牛^(소 우)와 攵^(칠 복)으로 구성되어, 회초리로 치며^(攵) 소^(牛)를 모는 모습으로부터 소 기르는 모습을 그렸으며, 이로부터 牧畜^(목축)이라는 의미가 나왔는데, 이후 牧民^(목민)에서처럼 백성^(民)으로까지 그 대상이 확장되었다.

字形 牧牧牧牧牧牧牧牧牧 甲骨文　牧牧牧牧 金文　牧 簡牘文　牧牧 簡牘文　牧 說文小篆

●예● 牧童(목동), 牧場(목장)

291

睦(화목할 목): mù, 目-8, 13, 32

字解 형성. 目^(눈 목)이 의미부이고 坴^(언덕 륙)이 소리부로, 서로 부드러운 눈길^(目)을 줘 가며 함께 모여 사는 집^(坴)에서 서로 간에 和睦^(화목)하고 우애 있음을 그렸다.

字形 睦 說文小篆

•예• 和睦(화목), 親睦(친목)

몰

292

沒(가라앉을 몰): méi, 水-4, 7, 32

字解 형성. 水^(물 수)가 의미부이고 殳^(빠질 몰)이 소리부로, 물^(水)에 빠져^(殳) 죽다
가 원래 뜻이다. 이후 물에 잠기다, 沒落^(몰락)하다, 없어지다 등의 뜻
으로 확장되었고 다시 '없다'는 부정사로 쓰였다. 금문에서는 소용돌
이 모양의 回^(돌 회)로 구성된 洄^(거슬러 올라갈 회)로 썼으나 소전체부터 又
^(또 우)가 더해지고 자형이 조금 변해 지금처럼 되었다.

字形 𣲖金文 𣲖簡牘文 𣲖說文小篆

•예• 沒落(몰락), 沒頭(몰두), 日沒(일몰), 沈沒(침몰)

몽

293

夢(꿈 몽): 梦, [㝱], mèng, 夕-11, 14, 32

字解 형성. 夕^(저녁 석)이 의미부이고 瞢^(어두울 몽)의 생략된 모습이 소리부로,
밤^(夕)에 몽롱하게^(瞢) 꾸는 '꿈'을 말한다. 갑골문에서는 원래 침상^(爿·장)
위에 누워 자는 사람의 모습을 그렸으며, 눈과 눈썹이 생동적으로
표현되었다. 금문에 들면서 宀^(집 면)과 夕^(저녁 석)이 더해진 㝱으로 변함
으로써 밤^(夕)에 집^(宀) 안의 침대^(爿) 위에서 잠자는 모습을 더욱 구체
적으로 그려낼 수 있게 되었다. 하지만 漢^(한)나라 이후 㝱은 도태되
고 지금처럼 夢이 주로 쓰이게 되었다. 夢의 자형에서 특징적인 것
은 눈을 키워 그려 놓은 것인데, 눈의 모습이 見^(볼 견)에서와 같이 그

려졌다. 見이 눈을 크게 뜨고 무엇인가를 주시하는 모습을 그렸음을 고려할 때, 夢에 들어 있는 눈은 현실과 구분되지 않을 정도로 생생한 꿈속의 정황을 주시하고 있음을 나타낸다. 따라서 이것은 꿈을 꾸는 상태인 렘(rem) 수면상태에서의 움직이는 눈동자와도 관련성을 지닌다. 한국 속자에서는 윗부분을 入^(들 입)으로 바꾸어 夛으로 쓰며, 중국의 간화자에서는 윗부분을 林^(수풀 림)으로 줄인 梦으로 쓴다.

字形 〔甲骨文〕 〔簡牘文〕 〔帛書〕 〔說文小篆〕

●예● 解夢(해몽), 惡夢(악몽), 一場春夢(일장춘몽)

294

蒙(입을 몽): [濛, 矇], méng, 艸-10, 14, 32

字解 형성. 艸^(풀 초)가 의미부이고 冡^(덮어쓸 몽)이 소리부로, 풀^(艸)이나 거적을 돼지에게 덮어 주는^(冡) 모습을 말하며, 여기서 덮다, 덮히다의 뜻이 나왔다. 또 식물의 이름으로 兎絲^(토사)를 말하기도 한다.

字形 〔甲骨文〕 〔金文〕 〔古璽文〕 〔石刻古文〕 〔說文小篆〕

●예● 啓蒙(계몽)

295

墓(무덤 묘): [全], mù, 土-11, 14, 40

字解 형성. 土^(흙 토)가 의미부이고 莫^(없을 막)이 소리부로, 흙^(土) 속으로 모든 것을 남김없이^(莫) 묻고 봉분을 만들어 떼를 입혀 만든 '무덤'을 말한다. 한국 속자에서는 윗부분의 莫을 入^(들 입)으로 줄여 全로 쓰는데, 흙^(土) 속으로 들어간다^(入)는 의미의 형성구조로 변했다.

字形 墓 說文小篆

•예• 省墓(성묘), 墓地(묘지), 墓碑(묘비)

296

廟(사당 묘): 庙, [庿], miào, 广-12, 15, 30

字解 형성. 广(집 엄)이 의미부이고 朝(아침 조)가 소리부로, '사당'을 말하는데, 아침(朝)마다 찾아가 조상신께 문안을 드리고자 만든 건축물(广)이라는 의미를 담았으며, 일반 사대부들에게는 家廟(가묘)가, 국가에는 宗廟(종묘)가 설치되었다. 중국의 간화자에서는 소리부 朝를 由(말미암을 유)로 바꾼 庙로 쓴다.

字形 𠫟𠩳𠩎𠩏𠩐𠩑 𠩒金文 𠩓簡牘文 𠩔說文小篆 𠩕說文古文

•예• 宗廟(종묘), 文廟(문묘)

297

苗(모 묘): miáo, 艸-5, 9, 30

字解 회의. 艸(풀 초)와 田(밭 전)으로 이루어져, 논밭(田)에서 자라나는 어린 싹(艸)을 말한다. 이로부터 후손이나 후대라는 뜻도 나왔다.

字形 𦯉簡牘文 𦯈說文小篆

•예• 種苗(종묘), 苗木(묘목)

무

298

貿(바꿀 무): 贸, mào, 貝-5, 12, 32

字解 형성. 貝^(조개 패)가 의미부이고 卯^(넷째 지지 묘)가 소리부로, 재물^(貝)을 서로 바꾸다는 의미로부터 '교역'과 貿易^(무역)의 뜻이 나왔다. 이후 '경솔하다'는 뜻으로 가차되기도 했다.

字形 𤖕金文 𧶠古陶文 貿簡牘文 𧶠說文小篆

●예● 貿易(무역)

299

霧(안개 무): 雾, wù, 雨-11, 19, 30

字解 형성. 雨^(비 우)가 의미부이고 務^(힘쓸 무)가 소리부로, 안개를 말하는데, 『설문해자』에서는 땅의 기운으로부터 나와 아주 작은 물방울이 하늘로 올라가지 못하고 연기처럼 떠 있는 김^(雨)이라고 풀이했다. 중국의 간화자에서는 務를 务로 줄인 雾로 쓴다.

字形 𩁣說文小篆

●예● 霧散(무산), 雲霧(운무), 海霧(해무)

묵

300

黙(묵묵할 묵): mò, 黑-4, 16, 32

字解 형성. 犬^(개 견)이 의미부이고 黑^(검을 흑)이 소리부로, 『설문해자』에서 개^(犬)가 짖지 않고 사람을 쫓아가다는 뜻이라고 했는데, 짖어야 할 개가 짖지 않음으로부터 말을 하지 않다, '沈黙^(침묵)' 등의 뜻이 나왔다.

字形 ㄆㄣ 說文小篆

●예● 沈黙(침묵), 黙念(묵념), 黙黙不答(묵묵부답)

미

301

微(작을 미): wēi, 彳-10, 13, 32

字解 회의. 원래 산발을 한 노인^(長·장)과 攴^(칠 복)으로 이루어져 노인을 몽둥이로 때려죽이는 모습을 그렸는데, 이후 彳^(조금 걸을 척)이 더해져 지금의 자형이 되었다. 원시 시절 피를 통해 영혼이 육신으로부터 분리되는 것이 죽음이라 생각했던 탓에 아직 죽지 못한다고 생각했고, 생산력이 부족했던 때라 노인은 어린이와 마찬가지로 구성원의 생존에 부담을 주는 존재였기에 노인에 대한 타살이 이루어졌을 것이다. 나이가 든 노인에서 '미약함'의 뜻이 나왔고, 이후 彳이 더해져 이러한 행위가 길 등 공개적인 장소에서 행해졌음을 보여준다. 하지만, 사회의 발달로 이러한 습속은 숨겨진 곳에서 '몰래' '은밀하게' 진행되었다. 그리하여 미약하다, 작다, 쇠락하다, 숨다, 은밀하다, 몰래 등의 뜻이 나왔다. 또 단위로 쓰여 1백만 분의 일^(micro)을 지칭하기도

한다.

甲骨文 金文 簡牘文 說文小篆

•예• 微笑(미소), 微細(미세), 微生物(미생물), 稀微(희미), 微積分(미적분)

302

眉(눈썹 미): méi, 目-4, 9, 30

字解 상형. 눈(目)과 그 위로 난 눈썹을 사실적으로 그렸으며, 이로부터 눈썹을 뜻하게 되었다. 이후 다시 미인을 지칭하게 되었으며, 눈썹처럼 위쪽에 걸린 액자(題額·제액)를 뜻하기도 했고, 또 '위쪽'이라는 뜻까지 나왔다.

甲骨文 金文 說文小篆

•예• 白眉(백미), 眉間(미간)

303

迷(미혹할 미): mí, 辵-6, 10, 30

字解 형성. 辵(쉬엄쉬엄 갈 착)이 의미부이고 米(쌀 미)가 소리부로, 무엇에 홀려 정신을 차리지 못하거나 헷갈리어 갈팡질팡 제대로 가지(辵) 못하게 하는 것을 말한다. 이로부터 迷惑(미혹)되다, 어떤 것에 광적으로 빠지다는 뜻이 나왔고, 또 그런 사람을 지칭하기도 한다.

金文 簡牘文 古璽文 說文小篆

•예• 迷宮(미궁), 迷惑(미혹), 迷兒(미아), 迷信(미신), 迷路(미로)

민

304

憫(근심할 민): 悯, mǐn, 心-12, 15, 30

(字解) 형성. 心(마음 심)이 의미부이고 閔(위문할 민)이 소리부로, 閔(위문할 민)에서 파생되었으며, 마음(心)으로 백성들을 걱정하고 위로함(閔)을 말한다.

●예● 憐憫(연민)

305

敏(재빠를 민): mǐn, 攴-7, 11, 30

(字解) 회의. 每(매양 매)와 攴(칠 복)으로 구성되어, 자식을 가르치는 '어머니(每)의 회초리(攴)'를 형상화했으며, 이로부터 英敏(영민)하다, 재빠르다의 뜻이 나왔다. 이는 어머니에게 매를 맞아 가며 지혜와 지식을 전수받던 옛날의 교육 모습으로부터 영민하다, 민첩하다, 지혜롭다, 재능이 있다 등의 의미를 그려낸 것으로 보인다.

(字形) ![甲骨文] 甲骨文 ![金文] 金文 ![說文小篆] 說文小篆

●예● 敏感(민감), 過敏(과민), 英敏(영민), 銳敏(예민)

밀

306

蜜(꿀 밀): mì, 虫-8, 14, 30

(字解) 형성. 虫(벌레 충)이 의미부이고 宓(성 복)이 소리부로, 곤충(虫)의 하나인 벌이 만들어 내는 꿀을 말하며, 이후 감미롭다, 달다 등을 뜻하게 되었다. 달리 『설문해자』에서는 䖵(벌레 곤)이 의미부이고 鼏(소댕 멱)이

소리부인 𧖜(꿀 밀)로 쓰기도 하는데, 벌떼가 만들어 놓은 꿀을 솥에 받아내는 모습을 형상적으로 표현했다.

字形 𧖜 說文小篆 𧖜 說文或體

•예• 蜜月(밀월), 蜂蜜(봉밀), 蜜語(밀어)

금문(金文). 소극정(小克鼎) 명문. 소극정은 청나라 광서(光緖) 16
년(1890) 섬서성 부풍현 법문사(法門寺)의 임촌(任村)에서 출토되
었다. 오대징(吳大澂)이 소장하였으며 현재는 상해박물관에 소장되
었다. 명문은 8행, 총 72자(중복 글자가 2자)이며, 높이는 124㎝,
넓이는 59㎝이다. 위는 오대징의 탁본이며 현재 북경대학도서관에
소장되어 있다.

박

307

博(넓을 박): [博], bó, 十-10, 12, 42

字解 형성. 十^(열 십)이 의미부이고 尃^(펼 부)가 소리부인데, 尃는 갑골문에 근거할 때 專^(오로지 전)과 매우 닮았다. 專은 갑골문에서 윗부분의 세 가닥의 실, 중간 부분의 실패, 아래쪽의 원형으로 된 실패 추^(紡輪·방륜), 옆쪽의 이를 쥔 손^(寸·촌)으로 구성되어 베 짜는 모습을 상징화했고 이로부터 베 짜기와 같은 '專門的^(전문적)인 일을 상징한 글자이다. 尃는 專에 비해 실패 아랫부분의 실패 추만 빠졌을 뿐 나머지는 같아서 이 둘은 서로 연계지어 해석해야만 할 것이며, 베를 짜기 전 실을 실패에 감아 베틀에 걸고 베 짤 준비를 하는 모습을 그린 것으로 추정된다. 따라서 博은 베 짜기^(尃)처럼 專門的인 학식을 두루 갖춘^(十) 것을 말하며, 이로부터 넓다, 크다, 광범위하다, 많다, 깊다, 많이 알다^(博識·박식) 등의 뜻이 나왔다.

字形 🔣🔣 金文 🔣🔣 古陶文 🔣 簡牘文 🔣 說文小篆

●예● 博士(박사), 博物館(박물관), 博愛(박애), 博學多識(박학다식)

308

拍(칠 박): pāi, 手-5, 8, 40

字解 형성. 手^(손 수)가 의미부이고 白^(흰 백)이 소리부로, 손^(手)을 쳐서 '소리가 나도록^(白)' 치는 동작을 말하며, 이로부터 치다, 두드리다 등의 뜻이 나왔고 이로부터 '리듬'을 말하기도 했다. 또 가깝다, 충만하다, 사진을 찍다 등의 뜻으로도 쓰인다.

字形 簡牘文 拍 玉篇

•예• 拍手(박수), 拍子(박자)

309

泊(배 댈 박): bó, 水-5, 8, 30

字解 형성. 水^(물 수)가 의미부이고 白^(흰 백)이 소리부로, 물^(水)에서 배를 육지 '가까이^(白)' 대도록 하여 정박하는 것을 말하며, 이로부터 정박하다, 체류하다의 뜻이 나왔다. 또 淡泊^(담박)하다의 뜻으로도 쓰인다.

字形 簡牘文 泊 玉篇

•예• 宿泊(숙박), 一泊(일박)

310

薄(엷을 박): bó, 艸-13, 17, 32

字解 형성. 艸^(풀 초)가 의미부이고 溥^(넓을 보)가 소리부로, 『설문해자』에서는 초목^(艸)이 빽빽하게 우거진 곳이라고 하였고, 일설에는 누에를 칠 때 쓰는 채반을 말한다고도 한다. 이후 얇다는 뜻이 나왔고, 이로부터 엷다, 稀薄^(희박)하다, 약하다 등의 뜻이 나왔다.

簡牘文 古璽文 汗簡 設文小篆

•예• 稀薄(희박), 輕薄(경박), 淺薄(천박), 薄氷(박빙)

311

迫(다그칠 박): [廹], pò, 辵-5, 9, 32

字解 형성. 辵(쉬엄쉬엄 갈 착)이 의미부이고 白(흰 백)이 소리부로, 가까이(白) 가도록(辵) 다그치고 압박함을 말하며, 이로부터 다가가다, 壓迫(압박)하다, 逼迫(핍박)하다, 재촉하다, 緊迫(긴박)하다 등의 뜻이 나왔다.

字形 迫 說文小篆

•예• 壓迫(압박), 脅迫(협박), 急迫(급박)

반

312

伴(짝 반): bàn, 人-5, 7, 30

字解 형성. 人(사람 인)이 의미부이고 半(반 반)이 소리부로, 절반(半)으로 나눈 듯 서로를 합쳐야 완전함을 이루게 되는, 사람(人)의 '짝'을 말했다. 이로부터 伴侶者(반려자)의 뜻이, 다시 모시다, 隨伴(수반)하다, 伴奏(반주) 등의 뜻이 나왔다.

字形 伴 說文小篆

•예• 同伴者(동반자)

313

叛(배반할 반): pàn, 又-7, 9, 30

字解 형성. 半^(반 반)이 의미부이고 反^(되돌릴 반)이 소리부로, 『설문해자』에서의 말처럼 나누어지다^(半)가 원래 뜻이며, 이로부터 背叛^(배반)하다의 뜻이 나왔다. 혹자는 '배반하다'의 뜻에 중점을 두어 反을 의미부로 보기도 한다.

字形 簡牘文 說文小篆

●예● 叛逆(반역), 叛亂(반란), 背叛(배반)

314

班(나눌 반): bān, 玉-6, 10, 60

字解 회의. 刀^(칼 도)와 玨^(쌍옥 각)으로 구성되어, 증표로 쓰려고 옥^(玉)을 칼^(刀)로 쪼개어 나눔을 말했고, 이후 나누어진 부류나 그룹을 뜻하게 되었다.

字形 金文 古璽文 汗簡 說文小篆

●예● 班長(반장), 兩班(양반), 分班(분반)

315

盤(소반 반): 盘, pán, 皿-10, 15, 10, 32

字解 형성. 皿^(그릇 명)이 의미부이고 般^(돌 반)이 소리부로, 소반, 배^(般)처럼 바닥이 평평한 그릇^(皿)이라는 뜻을 담았으며, 이로부터 쟁반을 지칭하게 되었다. 달리 皿을 金^(쇠 금)이나 木^(나무 목)으로 대체한 鎜^(쟁반 반)이나 槃^(쟁반 반)으로 쓰기도 하며, 중국의 간화자에서는 盤을 舟^(배 주)로 줄여 盘으로 쓴다.

字形 甲骨文 金文 簡

籀文 石刻古文　　唐写本　　說文小篆　　說文古文

說文籀文 盤 廣韻

•예• 基盤(기반), 地盤(지반), 音盤(음반), 盤石(반석)

316

般(돌 반): pán, 舟-4, 10, 32

字解 회의. 舟^(배 주)와 殳^(창 수)로 구성되어, 상앗대를 손으로 잡고^(攴,복) 배^(舟)를 '돌리는' 모습이었는데, 攴이 殳^(창 수)로 변해 지금의 자형이 되었다. 돌리다가 원래 뜻이고, 이로부터 회전하다, 실어 나르다, 놀다 등의 뜻이 나왔다. 또 般若^(반야)에서처럼 불교의 음역자로도 쓰였다.

字形 甲骨文　　金文　　說文小篆　　說文古文

•예• 一般(일반), 全般(전반)

317

返(돌아올 반): fǎn, 辵-4, 8, 30

字解 형성. 辵^(쉬엄쉬엄 갈 착)이 의미부이고 反^(되돌릴 반)이 소리부로, 갔던^(辵) 길을 거꾸로^(反) 되돌아 오다는 뜻이며, 이로부터 귀환하다, 돌다, 바꾸다, 위배하다 등의 뜻이 나왔다.

字形 金文　　簡牘文　　說文小篆　　說文古文

•예• 返還(반환), 返納(반납), 返送(반송), 返品(반품)

발

318

拔(뺄 발): bá, 手-5, 8, 32

字解 형성. 手^(손 수)가 의미부이고 犮^(달릴 발)이 소리부로, 손^(手)을 이용해 '뽑(아내)다'는 뜻이며, 이로부터 골라내다, 拔擢^(발탁) 등의 뜻이, 다시 남보다 뛰어나다 등의 뜻이 나왔다.

字形 ![簡牘文] 簡牘文 ![說文小篆] 說文小篆

•예• 選拔(선발), 拔群(발군), 海拔(해발)

319

髮(터럭 발): 发, fà, 髟-5, 15, 40

字解 형성. 髟^(머리털 드리워질 표)가 의미부이고 犮^(달릴 발)이 소리부로, 머리칼을 말하며, 이로부터 가늘고 길다는 뜻이 나왔고, 1만분의 1을 나타내는 길이 단위로 쓰여 극히 작음을 나타냈고, 또 머리칼처럼 무성한 초목의 비유로도 쓰였다. 원래는 회의 구조인 髟로 썼으나 독음을 나타내고자 犮을 더해 지금의 글자가 되었고, 중국의 간화자에서는 發^(쏠 발)에 통합되었고, 이의 초서체인 发로 쓴다.

字形 ![金文] 金文 ![簡牘文] 簡牘文 ![說文小篆] 說文小篆 ![說文或體] 說文或體 ![說文古文] 說文古文

•예• 白髮(백발), 假髮(가발), 理髮(이발), 頭髮(두발)

방

320

倣(본뜰 방): 仿, fǎng, 人-8, 10, 30

字解 형성. 人^(사람 인)이 의미부이고 放^(놓을 방)이 소리부로, 模倣^(모방)하다는 뜻이며, 표준 글씨를 베껴 쓰거나 쓸 때 사용하는 교본을 말하기도 한

다. 중국의 간화자에서는 소리부 放을 方^(모 방)으로 쓴 仿^(헤맬 방)에 통합되었다.

•예• 模倣(모방)

321

傍(곁 방): bàng, 人-10, 12, 30

字解 형성. 人^(사람 인)이 의미부이고 旁^(곁 방)이 소리부로, 곁^(旁)에 있는 사람^(人)을 말했고, 이로부터 '가깝다'는 뜻이 나왔다.

字形 𠊱 說文小篆

•예• 傍觀(방관), 傍聽客(방청객)

322

妨(방해할 방): fáng, 女-4, 7, 40

字解 형성. 女^(여자 여)가 의미부이고 方^(모 방)이 소리부로, 방해하다, 걸림돌이 되다는 뜻인데, 여자^(女)가 줄지어^(方) 있음에서 '妨害^(방해)하여' 해롭다는 뜻을 담았다.

字形 𡚽 簡牘文 妨 說文小篆

•예• 妨害(방해)

323

芳(꽃다울 방): fāng, 艸-4, 8, 32

字解 형성. 艸^(풀 초)가 의미부이고 方^(모 방)이 소리부로, 향기로운 풀을 말하는데, 향기를 사방^(方)으로 퍼져 나가게 하는 식물^(艸)이라는 뜻을 담았다. 이후 훌륭한 덕이나 젊은 나이의 비유로 쓰였고, 芳名^(방명)에서

처럼 공경을 나타내는 접두어로도 쓰인다.

字形 說文小篆

●예● 芳年(방년), 芳香(방향), 芳名錄(방명록)

324

邦(나라 방): bāng, 邑-4, 7, 30

字解 형성. 邑^(고을 읍)이 의미부이고 丰^(예쁠 봉)이 소리부로, 읍^(邑)으로 둘러싸인 영토로 구성된 '나라'를 말했다. 갑골문에서는 밭^(田·전)에 초목이 무성한^(丰) 모습으로, 아직 개간되지 않은 새로운 땅을 의미했는데, 이후 田이 邑으로 변해 제후들에게 새로 개척하도록 제공된 땅^(封邑·봉읍)임을 상징했으며, 이로부터 封建^(봉건)이라는 뜻도 나왔다. 이후 邦은 의미가 확대되어 '나라'까지 뜻하게 되었으나, 한나라에 들면서 태조 劉邦^(유방)의 이름을 피하고자^(避諱·피휘) 같은 뜻인 國^(나라 국)으로써 邦을 대신했고 國이 邦보다 더 유행하게 되었다.

字形 甲骨文 金文 古陶文 盟書 簡牘文 帛書 古璽文 石刻古文 說文小篆 說文古文

●예● 聯邦(연방), 友邦(우방), 異邦人(이방인)

배

325

倍(곱 배): bèi, 人-8, 10, 50

字解 형성. 人^(사람 인)이 의미부이고 咅^(침 부)가 소리부로, 사람^(人)이 서로 등지

다는 뜻으로부터 '배반하다', '뒤집다'의 뜻이 나왔고, 뒤집으면 두 개의 면이 생기므로 '갑절'을 뜻하게 되었다.

(字形) 𥾼 簡牘文 𠊮 說文小篆

•예• 倍加(배가), 倍率(배율), 倍數(배수)

326

培(북돋울 배): péi, 土-8, 11, 32

(字解) 형성. 土^(흙 토)가 의미부이고 咅^(침 부)가 소리부로, 흙^(土)을 두텁게 하여 ^(音) '북돋움'을 말하며, 이후 培養^(배양)에서처럼 북돋우어 키우다는 뜻이 나왔다.

(字形) 𡎐 說文小篆

•예• 栽培(재배), 培養(배양)

327

排(밀칠 배): pái, 手-8, 11, 32

(字解) 형성. 手^(손 수)가 의미부이고 非^(아닐 비)가 소리부로, 자신과 다르거나 위배된다^(非)고 하여 손^(手)으로 '밀쳐내' 排斥^(배척)함을 말하며, 이로부터 밀다, 배척하다, 격리하다는 뜻이 나왔으며, 소통하다는 뜻도 가진다. 또 양쪽으로 나란히 줄을 세우다는 뜻으로부터 줄을 지우다, 줄, 군대의 편제단위, 줄을 지어 공연하다는 뜻에서 '공연하다'의 뜻도 나왔다.

(字形) 𣀔 說文小篆

•예• 排出(배출), 排除(배제), 排他的(배타적), 排斥(배척)

328

背(등 배): [揹], bèi, 肉-5, 9, 42

字解 형성. 肉(고기 육)이 의미부이고 北(북녘 북·달아날 배)가 소리부로, 몸(肉)의 등진(北) 쪽인 '등'을 뜻한다. 원래는 서로 등진 모습의 北으로 썼으나 北이 북쪽의 의미로 쓰이자 원래 뜻은 肉을 더해 분화했고, 이로부터 違背(위배)하다, 등지다, 위반하다, 순조롭지 못하다, 뒤쪽 등의 뜻이 나왔다. 그러자 등짐이나 등짐을 지다는 뜻은 手(손 수)를 더한 揹(질 배)로 분화했다.

字形 簡牘文  說文小篆

•예• 背後(배후), 背景(배경), 背恩忘德(배은망덕), 背山臨水(배산임수)

329

輩(무리 배): 辈, bèi, 車-8, 15, 32

字解 형성. 車(수레 거·차)가 의미부이고 非(아닐 비)가 소리부로, 출정할 때 나란히 줄지어 선(非, 排의 원래 글자) 전차(車)로부터 '무리'의 뜻이, 다시 어떤 특성으로 한데 묶인 그룹이라는 뜻에서 '부류'와 '등급'의 뜻이 나왔고, 다시 長幼(장유)나 尊卑(존비)의 구분까지 말하게 되었다. 중국의 간화자에서는 車를 车로 줄인 辈로 쓴다.

字形  說文小篆

•예• 先後輩(선후배), 暴力輩(폭력배), 同年輩(동년배), 不良輩(불량배)

330

配(아내 배): pèi, 酉-3, 10, 42

字解 형성. 酉(닭 유)가 의미부이고 己(몸 기)가 소리부인 구조인데, 갑골문에서

는 술독^(酉)을 마주하고 앉은 사람^(卩)의 모습을 그렸는데, 제사의 종류에 맞추어 술을 올리는 모습을 형상한 것으로 추정된다. 소전체에서부터 지금의 자형으로 변했는데, 『설문해자』에서 술^(酉)의 색깔을 말한다고 한 것으로 보아, 색깔에 맞는 술을 드리기 위한 모습으로 보인다. 알맞은 술을 配合^(배합)하다는 뜻에서부터 配匹^(배필)의 의미가 나왔으며, 한 사람의 배필이라는 뜻에서 '아내'의 뜻이, 다시 부족한 부분을 메우다, 적당한 표준으로 조화롭게 만들다의 뜻이 나왔다.

字形 〔그림〕 甲骨文 〔그림〕〔그림〕 金文 〔그림〕 說文解字

●예● 支配(지배), 配慮(배려), 分配(분배), 配偶者(배우자)

백

331

伯(맏 백): bó, 人-5, 7, 32

字解 형성. 人^(사람 인)이 의미부이고 白^(흰 백)이 소리부로, 사람^(人)에서 첫째^(白)인 '맏이'를 말하며, 이로부터 우두머리라는 의미도 나왔다.

字形 〔그림〕 甲骨文 〔그림〕 金文 〔그림〕 簡牘文 〔그림〕 石刻古文 〔그림〕 說文小篆

●예● 伯父(백부)

번

332

煩(괴로워 할 번): 烦, fán, 火-9, 13, 30

字解 회의. 頁^(머리 혈)과 火^(불 화)로 구성되어, 머리^(頁)에 열^(火)이 남을 뜻했는데, 이후 가슴이 답답함과 煩悶^(번민)을 그렸고, 괴로움과 번거로움까

지 말하게 되었다.

字形 煩 煩 簡牘文 煩 說文小篆

●예● 煩惱(번뇌), 煩雜(번잡)

333

繁(많을 번): [緐], fán, 糸-11, 17, 32

字解 형성. 糸^(가는 실 멱)이 의미부이고 敏^(재빠를 민)이 소리부인데, 금문에서는 비녀를 꽂은 여인^(每)과 실^(糸)로 만든 장식물을 꽂은 모습을 그렸으며, 이후 손동작^(攵)이 더해져 그러한 동작을 더욱 구체화했다. 비녀를 꽂은 데 다시 장식물을 더했다는 뜻에서 화려하고 '繁盛^(번성)함'을, 다시 번잡하다, 복잡하다는 뜻이 생겼다.

字形 𦅫 𦃺 𣫻 𦆯 𣫦 金文 𣪊 古陶文 𦆶 說文小篆 𦇚 說文或體

●예● 繁盛(번성), 繁榮(번영), 繁昌(번창), 農繁期(농번기)

334

飜(날 번): 翻, fān, 飛-12, 21, 30

字解 형성. 飛^(날 비)가 의미부이고 番^(순서 번)이 소리부로, 몸을 '뒤집으며' 마음껏 날아다니는^(飛) 새의 모습으로부터 '뒤집다'나 '바꾸다'의 뜻을 그렸으며, 해당 어휘를 다른 어휘로 '바꾸다'는 뜻에서 번역의 의미도 나왔다. 달리 飛 대신 羽^(깃 우)가 들어간 翻^(날 번)으로 쓰기도 하며, 중국의 간화자에서는 翻^(날 번)에 통합되었다.

字形 翻 說文小篆

●예● 飜譯(번역), 飜覆(번복)

벌

罰(죄 벌): 罚, [罸], fá, 网-9, 14, 42

字解 회의. 刀^(칼 도)와 詈^(꾸짖을 리)로 구성되었는데, 詈는 말로 질책한다는 뜻이고, 刀는 칼 모양으로 된 화폐^(刀錢도전)를 뜻한다. 그래서 옥에 갇힌 모습을 그린 刑^(형벌 형)이 체형에 해당하는 '엄한 형벌'을 뜻하는 데 반해 罰은 질책하거나 벌금을 내는 정도의 '약한 벌'을 말한다. 이로부터 刑과 결합하여 刑罰의 뜻이, 다시 處罰^(처벌)하다 등의 뜻도 나왔다. 중국의 간화자에서는 罚로 쓴다.

字形 罰 罰 罰 罰 金文　罰 篆 罰 罰 簡牘文　罰 石刻古文　罰 說文小篆

●예● 罰則(벌칙), 處罰(처벌), 罰金(벌금)

범

犯(범할 범): fàn, 犬-2, 5, 40

字解 형성. 犬^(개 견)이 의미부이고 弓^(꽃봉오리 함)이 소리부로, 개^(犬)로 대표되는 짐승을 굴복시켜 그 영역을 '침범하다'는 뜻을 그렸는데, 弓이 巳^(병부 절)로 변해 지금의 자형이 되었다. 『설문해자』에서는 犬이 의미부이고 巳^(뱀 사)가 소리부라고 했으나, 巳와 犯의 독음 차이가 너무 커 의심스럽다. 이 때문에 단옥재의 『설문해자주』에서는 巳이 소리부라고 수정했다. 이후 범하다, 잘못을 저지르다, 범죄자 등의 뜻이 나왔고, 다시 포위망을 깨트리다는 뜻도 나왔다.

字形 簡牘文 設文小篆

●예● 犯罪(범죄), 犯人(범인), 犯行(범행), 侵犯(침범)

337

範(법 범): 范, fàn, 竹-9, 15, 40

字解 형성. 車^(수레 거차)가 의미부이고 氾^(법 범)의 생략된 모습이 소리부로, 수레^(車)를 타고 길을 떠날 때 길의 신에게 지내던 제사 의식을 말했다. 이러한 제사는 정해진 절차와 규정대로 해야 했기에 '법도'라는 의미가 나왔고, 일정한 모양대로 기물을 만들어 내는 '거푸집'이라는 뜻도 나왔다. 또 지켜야 할 틀이나 범위라는 뜻에서 範疇^(범주), 範圍^(범위), 模範^(모범), 規範^(규범) 등의 뜻이 나왔다. 중국의 간화자에서는 范^(풀이름 범)에 통합되었다.

字形 設文小篆

●예● 範圍(범위), 示範(시범), 模範(모범), 規範(규범)

벽

338

壁(벽 벽): bì, 土-13, 16, 42

字解 형성. 土^(흙 토)가 의미부이고 辟^(임금 벽)이 소리부로, 어떤 영역을 서로 갈라놓은^(辟) 흙 담^(土)을 말하며, 이로부터 障壁^(장벽), 벽처럼 생긴 물체, 군대의 보루 등을 지칭하게 되었다.

字形 簡牘文 壁 設文小篆

●예● 壁紙(벽지), 壁畵(벽화), 防火壁(방화벽), 城壁(성벽)

339

碧(푸를 벽): bì, 石-9, 14, 32

^{字解} 형성. 玉^(옥 옥)과 石^(돌 석)이 의미부이고 白^(흰 백)이 소리부로, 청록색을 띠는 옥^(玉)이나 돌^(石)을 말하며, 그런 색깔을 지칭한다.

^{字形} **珸**陶文 **珤**古璽文 **碧**說文小篆

●예● 桑田碧海(상전벽해), 碧眼(벽안), 碧溪水(벽계수)

변

340

辨(분별할 변): biàn, 辛-9, 16, 30

^{字解} 형성. 刀^(칼 도)가 의미부이고 𦏧^(따질 변)이 소리부로, 칼^(刀)로 분명하게 나누듯^(𦏧) '분별함'을 말하며, 이로부터 판별하다, 구분하다, 분명하다, 명료하다, 표명하다 등의 뜻이 나왔다.

^{字形} **𡥀 𡥀**金文 **𣤏**簡牘文 **辨**說文小篆

●예● 辨別(변별), 辨償(변상), 辨明(변명)

341

辯(말 잘할 변): 辩, biàn, 辛-14, 21, 40

^{字解} 형성. 言^(말씀 언)이 의미부이고 𦏧^(따질 변)이 소리부로, 말^(言)로 분별해^(𦏧) 명확하게 기술함을 말하며, 이로부터 辯護^(변호)하다, 반박하다, 다스리다 등의 뜻이 나왔다. 중국의 간화자에서는 辩으로 쓴다.

簡牘文 說文小篆

●예● 辯護士(변호사), 代辯人(대변인), 答辯(답변)

342

邊(가 변): 边, [边], biān, 辵-15, 19, 42

字解 형성. 辵(쉬엄쉬엄 갈 착)이 의미부이고 臱(보이지 않을 면)이 소리부로, '가장자리'를 뜻하는데, 자원은 분명하지 않다. 그러나 辵은 어떤 곳으로의 이동을 의미하고, 臱은 시신의 해골만 따로 분리해 코(自)의 구멍(穴·혈)을 위로 향하게 하여 곁의 구석진 곳(方·방)에 안치해 두던 옛날의 髑髏棚(촉루붕)이라는 습속을 반영한 것으로 보인다. 그래서 邊은 시신의 해골만 분리해 구석진 곳으로 옮긴다(辵)는 뜻에서 '가'의 뜻이, 다시 '변두리'의 의미가 나왔다. 한국 속자에서는 소리부인 臱을 刀(칼 도)로 간단하게 줄인 边(가 변)으로 쓰며, 중국의 간화자에서는 臱을 力(힘 력)으로 간단하게 줄여 边으로 쓴다.

字形 金文 簡牘文 說文小篆

●예● 周邊(주변), 邊方(변방), 江邊(강변), 海邊(해변)

병

343

屏(병풍 병): píng, 尸-8, 11, 30

字解 형성. 尸(주검 시)가 의미부이고 幷(아우를 병)이 소리부로, '가리다'는 뜻인데, 시신(尸)을 가리도록 키를 나란하게(幷) 만든 '가림막'을 말하며, 이로부터 屛風(병풍)의 뜻이 나왔다.

字形 屛 屛簡牘文 羿石刻古文 屛 說文小篆

•예• 屛風(병풍)

344

竝(아우를 병): 并, [並, 并], bìng, 立-5, 10, 30

字解 회의. 두 개의 立^(설 립)으로 구성되어, 두 사람이 나란히 선^(立) 모습을 그렸고, 이로부터 나란하다, 竝列^(병렬), '아우르다', 합병 등의 뜻이 나왔다. 이후 속자에서는 필획을 합하여 並^(아우를 병), 并^(아우를 병)으로 쓰기도 한다. 중국의 간화자에서는 并으로 쓴다.

字形 甲骨文 金文 盟書 簡牘文 說文小篆

•예• 竝行(병행), 竝設(병설), 竝列(병렬)

보

345

寶(보배 보): 宝, [珤], bǎo, 宀-17, 20, 42

字解 형성. 宀^(집 면)과 玉^(옥 옥)과 貝^(조개 패)가 의미부이고 缶^(장군 부)가 소리부로, 집^(宀) 안에 옥^(玉)과 조개 화폐^(貝) 같은 보물이 가득 든 모습을 그렸고, 이로부터 寶物^(보물), 보배, 귀한 물건의 뜻이 나왔고, 돈, 미덕, 아끼는 물건 등을 지칭하게 되었다. 중국의 간화자에서는 宀과 玉으로 구성된 宝로 쓴다.

字形 甲骨文 金文 古陶文 簡牘文

寶 說文小篆　園 說文古文

•예• 國寶(국보), 寶物(보물), 寶石(보석)

346

普(널리 보): pǔ, 日-8, 12, 40

字解 형성. 日^(날 일)이 의미부이고 並^(아우를 병)이 소리부로, 『설문해자』에서는 햇빛^(日)이 없는 상태를 말한나고 했시만, 햇빛^(日)이 모든 것을 두루 ^(並) 비춘다는 뜻에서 普遍^(보편)의 뜻이 나왔고, 전면적인, '두루' 등을 뜻하게 된 것으로 보인다.

字形 普 說文小篆

•예• 普通(보통), 普及(보급), 普遍(보편)

347

補(기울 보): 补, bǔ, 衣-7, 12, 32

字解 형성. 衣^(옷 의)가 의미부이고 甫^(클 보)가 소리부로, 옷^(衣)을 기워 보완해 ^(甫) 완성하다는 뜻이며, 이로부터 깁다, 보완하다, 보수하다, 돕다, 보좌하다 등의 뜻이 나왔다. 중국의 간화자에서는 소리부 甫를 卜^(점 복)으로 바꾼 补로 쓴다.

字形 補 簡牘文　補 說文小篆

•예• 補充(보충), 補完(보완), 補藥(보약), 候補(후보)

348

譜(계보 보): 谱, pǔ, 言-12, 19, 32

字解 형성. 言^(말씀 언)이 의미부이고 普^(널리 보)가 소리부로, 사물의 소속을 보

편적인^(普) 속성에 따라 체계적으로 분류하여 적은 기록^(言)을 말하며, 이로부터 그런 책이나 표나 曲譜^(곡보) 등을 지칭하였고, 배치하다, 준칙 등의 뜻도 나왔다. 『설문해자』에서는 普 대신 並^(아우를 병)이 들어 갔는데, 사물의 공통된 특성을 두루^(並) 묶어 분류하여 기록한^(言) 것임을 구체화했다.

字形 譜 說文小篆

•예• 族譜(족보), 系譜(계보), 樂譜(악보)

복

349

卜(점 복): bǔ, 卜-0, 2, 30

字解 상형. 거북 딱지를 불로 지져 갈라진 모양을 사실적으로 그렸다. 상나라 때에는 거북 딱지에 홈을 파고 거기를 불로 지져 갈라지는 모습으로 길흉을 점치던 거북점이 유행했는데, 그 갈라진 모습이 卜이다. 이로부터 '점치다', 예측하다는 뜻이 나왔고, 갈라지는 금은 단단한 거북 딱지의 특성 때문에 직선으로 곧게 나타나기에 '곧다'는 의미도 생겼다. 현대 중국에서는 蔔^(무 복)의 중국의 간화자로도 쓰인다.

字形 卜 卜 卜 甲骨文 卜卜 金文 卜 古陶文 卜 盟書 卜 卜 簡牘文 卜 石刻古文 卜 說文小篆 卜 說文古文

•예• 卜債(복채), 占卜(점복)

350

腹(배 복): fù, 肉-9, 13, 32

字解 형성. 肉(고기 육)이 의미부이고 复(돌아올 복)이 소리부로, '배'를 말하는데, 포대 모양의 풀무처럼(复) 부풀어 있는 신체(肉) 부위라는 뜻을 담았다. 배가 몸의 중심이므로 해서 물체의 중심부분을 뜻하게 되었다.

字形 𩩍 𩪊 盟書 𦝫 簡牘文 𦝠 說文小篆

•예• 腹痛(복통), 腹部(복부), 心腹(심복)

351

複(겹옷 복): 复, [夏], fù, 衣-9, 14, 40

字解 형성. 衣(옷 의)가 의미부이고 复(돌아올 복)이 소리부로, 옷(衣) 위에 다시(复) 입는 '겹옷'을 말하며, 달리 솜을 누빈 옷을 뜻하기도 한다. 중국의 간화자에서는 复(돌아올 복)에 통합되었다.

字形 𧜣 簡牘文 𧝜 說文小篆

•예• 複雜(복잡), 重複(중복), 複合(복합), 複道(복도)

352

覆(뒤집힐 복): fù, 襾-12, 18, 32

字解 형성. 襾(덮을 아)가 의미부이고 復(돌아올 복다시 부)이 소리부로, 어떤 물체를 뒤덮다(襾), 가리다는 뜻이며, 이로부터 뒤엎다, 뒤집다, 뒤집히다 등의 뜻도 나왔다.

字形 𪋿 金文 𧟲 𧠣 簡牘文 𪏮 帛書 𪈯 說文小篆

•예• 飜覆(번복)

봉

封(봉할 봉): fēng, 寸-6, 9, 32

字解 회의. 圭^(홀 규)와 寸^(마디 촌)으로 구성되었는데, 원래는 손^(又)으로 나무를 잡고 흙^(土) 위에 심는 모습을 그렸다. 고대 사회에서 관할 지역의 경계를 표시할 때 주로 나무를 심어 표시했기에, 封은 임금이 제후들에게 작위의 수여와 함께 나누어 주는 땅^(封地봉지)을 뜻했고, 그런 행위를 分封^(분봉)이라 했다. 심은 나무가 잘 자라려면 나무를 중심으로 흙을 북돋워주어야 한다. 이로부터 封墳^(봉분)에서처럼 흙을 북돋우어 볼록하게 만든 것으로 뜻하게 되었고, 자형도 土가 중복된 圭와 寸의 결합으로 변했다.

字形 ￦￦￦￦￦金文 ￦￦古陶文 ￦簡牘文 ￦ ￦古璽文 ￦ 瘥說文小篆 ￦ 說文古文 ￦ 說文籀文

●예● 開封(개봉), 金一封(금일봉), 封建主義(봉건주의), 封墳(봉분)

峯(봉우리 봉): 峰, fēng, 山-7, 10, 32

字解 형성. 山^(뫼 산)이 의미부이고 夆^(끌 봉)이 소리부로, 높고 뾰족한^(夆) 산^(山)의 '봉우리'를 말하며, 봉우리처럼 생긴 것을 지칭하거나 사물의 정점을 뜻하기도 한다. 달리 좌우구조로 된 峰으로 쓰기도 하며, 중국의 간화자에서는 峰으로 쓴다.

字形 ￦ 說文小篆

•예• 最高峯(최고봉), 日出峯(일출봉)

355

蜂(벌 봉): [蠭], fēng, 虫-7, 13, 30

字解 형성. 虫^(벌레 충)이 의미부이고 夆^(끌 봉)이 소리부로, 뾰족한^(夆) 침을 가진 곤충^(虫)이라는 뜻에서 벌을 말하며, 벌떼처럼 많고 혼란스러움을 비유하기도 한다. 『설문해자』에서는 蚰^(벌레 곤)이 의미부이고 逢^(만날 봉)이 소리부인 蠭으로 썼다.

字形 蠭 說文小篆 蠭 說文古文

•예• 蜂起(봉기), 養蜂(양봉)

356

鳳(봉새 봉): 凤, fèng, 鳥-3, 14, 32

字解 형성. 鳥^(새 조)가 의미부이고 凡^(무릇 범, 帆의 원래 글자)이 소리부로, 바람을 일으키는 전설적인 새^(鳳)인 봉새를 말한다. 원래는 화려한 볏을 가진 전설상의 새인 '봉새'를 그렸는데, 이후 봉새가 鳥로 변하고 소리부인 凡이 더해져 지금의 자형이 되었다. 돛^(帆)은 바람에 의해 움직이는 대표적 장치였기에 凡이 더해진 것으로 보인다. 風^(바람 풍), 朋^(벗 붕), 鵬^(봉새 붕) 등은 모두 鳳과 같은 자원을 가지는 글자들인데, 風은 鳳의 鳥가 虫^(벌레 충)으로 대체되었고, 朋은 원래 봉새의 날개를 그렸으나 '벗'이라는 뜻으로 가차되자 鳥를 더해 鵬으로 분화했다. 중국의 간화자에서는 鳥를 간단한 부호 又^(또 우)로 고쳐 凤으로 쓴다.

字形 甲骨文 鳳 說文小篆 鳳 說文古文

•예• 鳳凰(봉황), 鳳仙花(봉선화)

부

付(줄 부): fù, 人-3, 5, 32

字解 회의. 人^(사람 인)과 寸^(마디 촌)으로 구성되어, 사람^(人)에게 손^(寸)으로 어떤 물건을 건네주다는 뜻이며, 이로부터 付託^(부탁)하다, 지불하다 등의 뜻도 생겼다.

字形 𠮷 𠩵 𠮷 金文 𠗉 𠩿 簡牘文 𠕋 說文小篆

●예● 當付(당부), 納付(납부), 發付(발부)

358

副(버금 부): fù, 刀-9, 11, 42

字解 형성. 刀^(칼 도)가 의미부이고 畐^(가득할 복)이 소리부로, 칼^(刀)로 잘라 두 쪽으로 만들다는 뜻이며, 이로부터 副本^(부본), 복제본, 두 번째의, 보조적 위치 등의 뜻이 나왔다.

字形 𠬝 說文小篆

●예● 副業(부업), 副作用(부작용), 副會長(부회장), 副社長(부사장)

359

府(곳집 부): fù, 广-5, 8, 42

字解 형성. 广^(집 엄)이 의미부이고 付^(줄 부)가 소리부로, 소장한 자료나 물건을 넣어두었다 꺼내 손으로 건네주는^(付) 건축물^(广)인 '창고'를 말했는데, 금문에서는 貝^(조개 패)가 더해져 보화^(貝)들이 보관된 곳임을 더욱 구체화하기도 했다. 이후 관청이나 저택 등을 뜻하게 되었다.

字形 金文 簡牘文 古璽文 說文小篆

•예• 政府(정부), 司法府(사법부), 行政府(행정부), 議政府(의정부)

360

符(부신 부): 符, fú, 竹-5, 11, 32

字解 형성. 竹^(대 죽)이 의미부이고 付^(줄 부)가 소리부로, 상대에게 줘서^(付) 신의를 나타내는 대^(竹)로 만든 증표 즉 符節^(부절)을 말한다. 한나라 때의 증표를 보면 6치 길이의 댓조각을 사용했고, 둘로 나누었다가 나중에 서로 합쳐 맞추어 볼 수 있게 되어 있었다.

字形 簡牘文 說文小篆

•예• 符合(부합), 符號(부호)

361

簿(장부 부): bù, 竹-13, 19, 32

字解 형성. 竹^(대 죽)이 의미부이고 溥^(클 부)가 소리부로, 죽간^(竹)을 널따랗게^(溥) 잘라 기록한 '帳簿^(장부)'를 말하며, 이로부터 등록하다, 문서 등의 뜻이 나왔고, 그런 일을 담당하던 관리를 지칭하기도 했다.

•예• 家計簿(가계부), 生活記錄簿(생활기록부)

362

腐(썩을 부): fǔ, 肉-8, 14, 32

字解 형성. 肉^(고기 육)이 의미부이고 府^(곳집 부)가 소리부인 상하구조로, 고기^(肉)가 창고^(府)에 쌓여 '썩어가는' 모습을 그렸고 여기에서 '썩다', 부패하

164 고등학교용 900한자

字形 金文 簡牘文 古璽文 說文小篆

•예• 政府(정부), 司法府(사법부), 行政府(행정부), 議政府(의정부)

360

符(부신 부): 符, fú, 竹-5, 11, 32

字解 형성. 竹(대 죽)이 의미부이고 付(줄 부)가 소리부로, 상대에게 줘서(付) 신의를 나타내는 대(竹)로 만든 증표 즉 符節(부절)을 말한다. 한나라 때의 증표를 보면 6치 길이의 댓조각을 사용했고, 둘로 나누었다가 나중에 서로 합쳐 맞추어 볼 수 있게 되어 있었다.

字形 簡牘文 說文小篆

•예• 符合(부합), 符號(부호)

361

簿(장부 부): bù, 竹-13, 19, 32

字解 형성. 竹(대 죽)이 의미부이고 溥(클 부)가 소리부로, 죽간(竹)을 널따랗게(溥) 잘라 기록한 '帳簿(장부)'를 말하며, 이로부터 등록하다, 문서 등의 뜻이 나왔고, 그런 일을 담당하던 관리를 지칭하기도 했다.

•예• 家計簿(가계부), 生活記錄簿(생활기록부)

362

腐(썩을 부): fǔ, 肉-8, 14, 32

字解 형성. 肉(고기 육)이 의미부이고 府(곳집 부)가 소리부인 상하구조로, 고기(肉)가 창고(府)에 쌓여 '썩어가는' 모습을 그렸고 여기에서 '썩다', 부패하

다는 뜻이 나왔다.

字形 腐 說文小篆

•예• 腐敗(부패), 豆腐(두부), 防腐(방부)

363

負(질 부): fù, 貝-2, 9, 40

字解 회의. 원래는 人^(사람 인)과 貝^(조개 패)로 구성되어, 자랑삼다는 뜻이었는데, 자형이 조금 변해 지금처럼 되었다. 사람^(人)이 재물^(貝)을 갖고 있으면서 거기에 기대고 자랑함을 말한다. 돈이 많을 때는 등이나 어깨에 짊어지기도 했는데, 이로부터 '짊어지다'의 뜻이, 다시 負擔^(부담)이나 책무의 뜻이 나왔다. 일설에는 대출을 받고 갚지 않는 것을 말하며, 이로부터 빚을 짊어지다와 책무의 뜻이 나왔다고도 한다. 이후 勝負^(승부)에서처럼 '지다'는 뜻도 나왔다.

字形 負 負 負 簡牘文 負 說文小篆

•예• 負擔(부담), 勝負(승부), 負債(부채), 自負心(자부심)

364

賦(구실 부): 赋, fù, 貝-7, 14, 32

字解 형성. 貝^(조개 패)가 의미부이고 武^(굳셀 무)가 소리부로, 거두어들인다는 뜻이며, 이로부터 세금이라는 뜻이 나왔는데, 각종 '구실'이나 무력^(武)을 동원해 세금^(貝)을 거두어들임을 말한다. 또 문체의 이름으로 쓰여 4자나 6자로 대구를 이룬 운율로 된 문체를 말하는데, 이로부터 詩^(시)의 뜻이, 다시 대구 되는 어휘들을 나열한다는 뜻에서 나열하다, 진술하다의 뜻까지 나왔다.

●예● 天賦的(천부적), 賦與(부여)

365

赴(알릴 부): fù, 走-2, 9, 30

字解 형성. 走^(달릴 주)가 의미부이고 卜^(점 복)이 소리부로, 점^(卜)의 결과를 빠른 걸음으로 달려가^(走) 알림을 말하며, 이로부터 일리다, 급하다, 달려가다 등의 뜻이 나왔다. 『설문해자』에서는 仆^(엎드릴 부)의 생략된 모습이 소리부라고 했다.

字形 赴 說文小篆
●예● 赴任(부임)

366

附(붙을 부): [坿], fù, 阜-5, 8, 32

字解 형성. 阜^(언덕 부)가 의미부이고 付^(줄 부)가 소리부로, 『설문해자』에서는 작은 흙^(阜) 산이라고 했으며, 『옥편』에서는 '달라붙다'는 뜻이라고 했다. 큰 산 곁에 붙은 작은 산이라는 뜻에서 곁, 붙다 등의 뜻이, 다시 덧붙이다, 附錄^(부록), 가깝다 등의 뜻이 나왔다. 달리 土^(흙 토)가 들어간 坿^(붙일 부)로 쓰기도 한다.

字形 附 說文小篆
●예● 附近(부근), 附着(부착), 寄附(기부), 添附(첨부), 附錄(부록)

분

367

墳(무덤 분): 坟, fén, 土-12, 15, 30

字解 형성. 土^(흙 토)가 의미부이고 賁^(클 분)이 소리부로, 흙^(土)을 쌓아 만든 분묘를 말하는데, 평평한 것은 墓^(묘), 높게 만든 것은 墳이라고 했다. 또 무덤에 넣은 부장품의 목록이라는 뜻에서 簡策^(간책)이나 전적을 뜻하기도 한다. 중국의 간화자에서는 소리부 賁을 文^(글월 문)으로 바꾼 坟으로 쓴다.

字形 墳 說文小篆

•예• 古墳(고분), 墳墓(분묘), 封墳(봉분)

368

奔(달릴 분): [犇], bēn, 大-6, 9, 32

字解 회의. 大^(큰 대)와 卉^(풀 훼)로 구성되어, 풀밭^(卉) 위를 사람^(大)이 손을 휘저으며 달려가는 모습을 그렸다. 금문에서는 팔을 크게 휘젓는 사람^(大)과 그 아래로 세 개의 발^(止·지)이 그려져, 팔을 크게 흔들며 '뛰어 달아나는' 모습을 그렸는데, 이후 자형이 변해 지금처럼 되었다. 속자에서는 세 개의 牛^(소 우)로 구성된 犇^(달아날 분)으로 써, 소^(牛)가 떼를 지어 힘차게 달려감을 표시하기도 했다. 이로부터 급히 달리다, 도망하다, 몰아내다 등의 뜻이 나왔다.

字形 金文 簡牘文 石刻古文 說文小篆

•예• 奔走(분주), 東奔西走(동분서주), 狂奔(광분)

369

奮(떨칠 분): 奋, fèn, 大-13, 16, 32

(字解) 회의. 금문에서 衣(옷 의)와 隹(새 추)와 田(밭 전)으로 구성되어, 잡은 새(隹)를 옷(衣) 속 품안에 넣어 두었으나 발버둥 쳐 탈출해 들판(田)으로 날아가 버린다는 의미를 그렸는데, 衣가 大(큰 대)로 변해 지금의 자형이 되었다. 이로부터 奮發(분발)이나 奮鬪(분투) 등의 뜻이 나왔다. 중국의 간화자에서는 隹를 생략한 奋으로 쓴다.

(字形) 𠔇 金文 𡙇 簡牘文 奮 說文小篆

•예• 興奮(흥분), 奮發(분발), 孤軍奮鬪(고군분투)

370

憤(성낼 분): fèn, 心-12, 15, 40

(字解) 형성. 心(마음 심)이 의미부이고 賁(클 분)이 소리부로, '성내다'는 뜻인데, 응어리진 마음(心)이 크게 분출하다(賁)는 뜻을 담았다.

(字形) 憤 說文小篆

•예• 憤怒(분노), 激憤(격분)

371

粉(가루 분): fěn, 米-4, 10, 40

(字解) 형성. 米(쌀 미)가 의미부이고 分(나눌 분)이 소리부로, 쌀(米)을 나누어(分) 만든 '가루'를 말하는데, 얼굴에 바르는 분을 뜻하기도 한다.

(字形) 粉 簡牘文 粉 說文小篆

•예• 粉筆(분필), 粉乳(분유), 粉末(분말)

372

紛(어지러워질 분): 纷, fēn, 糸-4, 10, 32

字解 형성. 糸^(가는 실 멱)이 의미부이고 分^(나눌 분)이 소리부로, 『설문해자』에서는 말꼬리를 잡아매는 데 쓰는 外皮^(외피)를 말한다고 했다. 이후 紛雜^(분잡)하다, 많다 등의 뜻이 나왔다.

字形 紛 簡牘文 紛 說文小篆

•예• 紛爭(분쟁), 紛亂(분란), 紛失(분실)

불

373

拂(떨칠 불): fú, 手-5, 8, 32

字解 형성. 手^(손 수)가 의미부이고 弗^(아니 불)이 소리부로, 손^(手)으로 떨쳐버려 없어지게^(弗) 만든다는 뜻이며, 이로부터 떨치다, 털어내다, 위배하다, 순조롭지 않다 등의 뜻이 나왔다.

字形 拂 說文小篆

•예• 支拂(지불), 滯拂(체불), 換拂(환불)

붕

374

崩(무너질 붕): bēng, 山-8, 11, 30

字解 형성. 山^(뫼 산)이 의미부이고 朋^(벗 붕)이 소리부로, 엄청난 굉음과 후폭

풍^(朋)을 일으키며 산^(山)이 무너져 내리다는 뜻이며, 이로부터 崩壞^(붕괴)되다, 파괴되다의 뜻이 나왔고, 다시 천자 죽음의 비유로 쓰였다.

●예● 崩壞(붕괴), 天崩地壞(천붕지괴)

비

375

卑(낮을 비): bēi, 十-6, 8, 32

字解 회의. 이의 자원은 아직 명확하지 않지만 왼손^(屮·좌)으로 사냥도구를 든 모습을 그린 것으로 추정된다. 일반적으로 田^(밭 전)과 攴^(攵·칠 복)으로 구성된 것으로 보고, 밭^(田)에서 일을 강제하는^(攵) 모습을 그렸으며 이 때문에 '시키다'의 뜻이 나왔고, 시키는 일을 해야 하는 사람의 의미로부터 지위가 '낮다'는 뜻이 생긴 것으로 풀이한다. 하지만, 금문을 더 자세히 살펴보면 왼손^(屮, 又의 반대 꼴)과 單^(홑 단)의 아랫부분처럼 뜰채 모양의 사냥 도구로 구성되어, 왼손으로 뜰채를 잡고 사냥하는 모습을 그린 글자로 풀이하는 것이 더 타당해 보인다. 고대의 여러 그림을 보면 사냥대열에 언제나 말을 탄 지휘자가 있고 그 아래로 뜰채를 들고 이리저리 뛰어다니며 열심히 짐승들을 생포하는 사람들이 보인다. 뜰채를 든 사람은 말 탄 사람보다 지위가 낮고 힘든 일을 하기에 卑에 '낮음'과 일을 '시키다'는 의미가 담기게 되었으며, 돕다 보좌하다의 뜻도 나왔다. 소전체에 들면서 卑는 甲^(첫째 천간 갑)과 왼손의 결합으로 변하는데, 뜰채를 그린 부분이 갑옷을 의미하는 甲으로 바뀌었는데, 이것은 자형의 유사성도 유사성이지만 사냥은 곧 전쟁이라는 고대인들의 심리적 무의식과도 연계되어 있음을 보여준다.

●예● 卑劣(비열), 卑俗(비속), 卑下(비하)

376

妃(왕비 비): fēi, 女-3, 6, 32

字解 형성. 女^(여자 여)가 의미부이고 己^(몸 기)가 소리부로, 자신^(己)의 배우자^(女)를 말하며 이로부터 '왕의 비'라는 뜻이 나왔는데, 남성 중심의 사고가 반영되었다. 혹자는 己가 남성을 뜻하여 남성^(己)과 여성^(女)이 서로 짝을 이룬 모습에서 '배필'의 뜻이 나온 것으로 풀이하기도 한다.

字形 𝓎 𝓎 甲骨文 𝓎 𝓎 𝓎 金文 妃 說文小篆

●예● 王妃(왕비)

377

婢(여자 종 비): bì, 女-8, 11, 32

字解 형성. 女^(여자 여)가 의미부이고 卑^(낮을 비)가 소리부로, 수고스런 일을 하는 지위가 낮은^(卑) 여자^(女) 종을 말하며, 이로부터 여자를 낮추어 부르거나 여자가 자신을 낮추어 부를 때 사용되기도 했다.

字形 𝓎 𝓎 甲骨文 婢 說文小篆

●예● 奴婢(노비), 官婢(관비)

378

批(칠 비): [掤], pī, 手-4, 7, 40

字解 형성. 手(손 수)가 의미부이고 比(견줄 비)가 소리부로, 손(手)으로 치다는 뜻이고, 저촉되다, 잘라내다, 배제하다 등의 뜻이 나왔다. 『설문해자』에서는 手가 의미부이고 毘(밝을 비)가 소리부인 㧙로 썼다.

字形 𤔲 說文小篆

●예● 批判(비판), 批評(비평), 非難(비난)

379

碑(돌기둥 비): bēi, 石-8, 13, 40

字解 형성. 石(돌 석)이 의미부이고 卑(낮을 비)가 소리부로, 하관할 때 관을 줄에 매어 내리도록(卑) 도와주는 돌(石) 기둥을 말했는데, 이후 묘지의 주인을 표기하는 용도로 변화되었다.

字形 𥓓 說文小篆

●예● 碑石(비석), 碑文(비문), 記念碑(기념비), 墓碑(묘비)

380

秘(숨길 비): [祕], mì, 禾-5, 10, 40

字解 형성. 禾(벼 화)가 의미부이고 必(반드시 필)이 소리부로, 원래는 祕(귀신 비)로 썼는데, 示(보일 시)와 禾가 비슷해 잘못 변한 결과이다. 神秘(신비)하다가 원래 뜻인데, 예측 불가하고 비밀스러워 알 수 없는 것이 '신(示)'의 필수적인(必) 속성'임을 반영했다.

字形 𥜻 說文小篆

●예● 秘密(비밀), 神秘(신비), 秘資金(비자금)

肥(살찔 비): féi, 肉-4, 8, 32

字解 형성. 肉^(고기 육)과 已^(병부 절, 節의 원래 글자)이 소리부로, 살^(肉)이 많음을 말하는데, 已이 巴^(땅이름 파)로 변해 지금의 자형이 되었다.

字形 〔갑골문〕 〔간독문〕 〔肥〕簡牘文 〔肥〕 說文小篆

●예● 肥滿(비만), 肥料(비료), 肥大(비대)

費(쓸 비): 费, fèi, 貝-5, 12, 50

字解 형성. 貝^(조개 패)가 의미부이고 弗^(아닐 불)이 소리부로, 화폐나 재화^(貝)를 마구 써 없애버려^(弗) 消費^(소비)함을 말하며, 이로부터 재물이나 마음을 쓰다, 소비하다, 수고하다 등의 뜻이 나왔다.

字形 〔甲骨文〕 〔金文〕 〔簡牘文〕 〔費〕 說文小篆

●예● 消費(소비), 費用(비용), 經費(경비), 學費(학비)

빈

賓(손 빈): 宾, bīn, 貝-7, 14, 30

字解 회의. 원래 宀^(집 면)과 人^(사람 인)과 止^(발 지)로 구성되어, 집^(宀)으로 찾아오는^(止) '손님^(人)'을 그렸다. 人은 때에 따라서 元^(으뜸 원)이니 兀^(우뚝할 올)이나 女^(계집 녀)로 표현되기도 했는데, 모두 '사람'을 지칭하여 같은 뜻이다. 방문에는 예물을 지참하는 것이 전통적인 예의였으므로 貝^(조개 패)가 더해져 지금의 자형인 賓이 되었다. 손을 맞아들이다는 뜻에서

접대하다, 모시다 등의 뜻도 나왔다. 중국의 간화자에서는 宀이 의미부이고 兵^(군사 병)이 소리부인 宾으로 쓴다.

字形 𝍵𝍵𝍵𝍵 甲骨文 𝍵𝍵𝍵𝍵𝍵 金文 𝍵 簡牘文 𝍵 說文小篆

●예● 國賓(국빈), 貴賓(귀빈), 賓客(빈객)

384

頻(자주 빈): 频, pín, 頁-7, 16, 30

字解 회의. 금문에서 涉^(건널 섭)과 頁^(머리 혈)로 구성되었는데, 소전체에서 涉이 步^(걸을 보)로 줄었다. 물을 건너갈^(涉) 때 물이 깊어 얼굴^(頁)을 찌푸리는 모습을 그려, 얼굴을 '찡그리다'가 원래 뜻이다. 이후 '자주'라는 부사로 가차되어 頻度^(빈도)라는 뜻이 나왔으며, 원래 뜻은 口^(입 구)를 더한 嚬^(찡그릴 빈)으로 분화했다.

字形 𝍵𝍵𝍵 金文 𝍵 說文小篆

●예● 頻發(빈발), 頻繁(빈번), 頻度(빈도)

빙

385

聘(찾아갈 빙): pìn, 耳-7, 13, 30

字解 형성. 耳^(귀 이)가 의미부이고 甹^(말이 잴 병)이 소리부로, 방문하다, 초빙하다는 뜻인데, 물음을 구하고 귀담아듣기^(耳) 위해 말을 달려^(甹) 찾아가고 물어보다는 뜻을 그렸으며, 이로부터 招聘^(초빙)에서처럼 훌륭한 사람을 모시다는 뜻도 생겼다.

字形 𝍵𝍵𝍵 簡牘文 𝍵 說文小篆

●예● 招聘(초빙)

중국문자박물관. 2009년 개관. 하남성 은허(殷墟) 소재. 은허는 1899
년 갑골문이 출토된 곳으로, 2006년 세계문화유산으로 등재되었다.

허신(許慎) 문화원. 한자학의 비조라 불리는 허신을 기념하기 위해 그의 고향인
하남성 탑하(漯河)에 조성되어 2010년 10월 개관했다.

人

사

386

似(같을 사): [佀], sì, 人-5, 7, 30

字解 형성. 人^(사람 인)이 의미부이고 以^(써 이)가 소리부로, 사람^(人)이 쟁기^(目, 以의 고자)를 든 모습으로 보이나, 정확한 자원은 밝혀져 있지 않다. 『설문해자』에서 '닮았다'는 뜻이라고 했으며, 이후 恰似^(흡사)하다는 뜻 외에도 '마치⋯⋯같다'는 의미의 비교를 나타내는 개사로 쓰였다.

字形 𧝩 𧝩 𧝩 𧝩 𧝩 𧝩 金文 𧝩 說文小篆

●예● 類似(유사), 似而非(사이비)

387

司(맡을 사): sī, 口-2, 5, 32

字解 회의. 갑골문에서 거꾸로 된 모습의 숟가락^(匕)과 口^(입 구)로 구성되어, 음식물을 숟가락으로 떠서 이에 넣어 '먹이다'는 뜻을 그렸다. 옛날 제사에서 제삿밥을 올리는 행위를 司라 했으며, 이후 有司^(유사)에서 처럼 그런 제의를 주관하는 사람을 지칭하게 되었다. 그러자 원래 뜻은 食^(밥 식)을 더하여 飼^(먹일 사)로 분화했다.

字形 𧝩 𧝩 𧝩 甲骨文 𧝩 𧝩 金文 𧝩 𧝩 𧝩 古陶文 𧝩 𧝩 盟書 𧝩 帛

書 簡牘文 古璽文 說文小篆

•예• 司法府(사법부), 司令官(사령관), 上司(상사)

388

寫(베낄 사): 写, xiě, 宀-12, 15, 50

字解 형성. 宀^(집 면)이 의미부이고 舄^(신 석)이 소리부로, 집안^(宀)에다 물건을 놓아두다, 집안으로 물건을 옮기다 등의 뜻을 그렸고, 이후 '옮겨 적다', 筆寫^(필사)하다, 베끼다 등의 뜻을 갖게 되었다. 중국의 간화자에서는 宀을 冖^(덮을 멱)으로 대신하고 舄를 초서체로 바꾼 写로 쓴다.

字形 簡牘文 說文小篆

•예• 寫眞(사진), 寫本(사본), 筆寫(필사)

389

捨(버릴 사): shě, 手-8, 11, 30

字解 형성. 手^(손 수)가 의미부이고 舍^(집 사)가 소리부로, 놓다, 놓아주다, 석방하다, 사면하다는 뜻인데, 손^(手)에서 떠나다^(舍)는 의미를 담았다.

字形 說文小篆

•예• 取捨(취사)

390

斜(비낄 사): xié, 斗-7, 11, 32

字解 형성. 斗^(말 두)가 의미부이고 余^(나 여)가 소리부로, '나^(余)의 말^(斗)'이라는 뜻이다. 자신^(余)이 재는 용기^(斗)는 언제나 자신의 이익을 중심으로 치우치기 마련이기에 斜에 '치우치다', '비끼다'는 뜻이, 다시 '올바르

지 않다', '비스듬하다'는 뜻이 나왔다.

字形 𣲖 說文小篆

●예● 斜線(사선), 傾斜(경사), 斜陽(사양), 斜面(사면)

391

斯(이 사): [𣂪], sī, 斤-8, 12, 30

字解 회의. 斤^(도끼 근)과 其^(그 기)로 구성되어, 대나무 등을 자귀^(斤)로 쪼개 키^(其, 箕의 원래 글자)와 같은 기물을 만든다는 의미였는데, 이후 '이것'을 뜻하게 되었으며, '여기'라는 뜻도 나왔고 '그리하여'라는 허사로 주로 쓰였다. 하지만 斯에서 파생된 撕^(쪼갤 시)는 손^(手·수)으로 쪼갬^(斯)을, 嘶^(울 시)는 목소리^(口·구)가 갈라짐^(斯)을 의미해, 원래의 뜻을 보존하고 있다.

字形 𣂪 𣂪金文 𣂪𣂪簡牘文 𣂪 說文小篆

●예● 斯界(사계)

392

査(조사할 사): chá, 木-5, 9, 50

字解 형성. 木^(나무 목)이 의미부이고 且^(또 차)가 소리부로, 원래는 나무^(木)를 베어 만든 뗏목을 말했는데, 이후 調査^(조사)하다, 고찰하다, 사실대로 따지다 등의 뜻으로 가차되었다. 그러자 원래 뜻은 다시 木을 더해 楂^(뗏목 사)로 분화했다.

●예● 調査(조사), 檢査(검사), 監査(감사), 考査(고사), 踏査(답사)

393

沙(모래 사): [砂], shā, 水-4, 7, 32

字解 형성. 水^(물 수)가 의미부이고 少^(적을 소)가 소리부로, 물^(水) 가에 있는 작은^(少) 모래알을 말하며, 이로부터 모래톱이나 沙洲^(사주), 사막 등의 뜻이 나왔다. 물가의 작은 모래알이라는 뜻에서 매우 가늘고 작은 입자나 사물을 뜻하기도 한다. 달리 砂^(모래 사)로 쓰기도 한다.

字形 金文 古陶文 簡牘文 說文小篆 說文或體

●예● 沙漠(사막), 白沙場(백사장)

394

社(토지 신 사): [祉], shè, 示-3, 8, 60

字解 회의. 土^(흙 토)와 示^(보일 시)로 구성되어, 숭배^(示) 대상으로 삼는 토지^(土) 신을 말하며, 이로부터 토지 신을 모시는 제단이라는 뜻도 나왔다. 또 25家^(가)를 지칭하는 지역 단위로 쓰였고, 이 때문에 어떤 단체나 社會^(사회)를 지칭하게 되었다. 농업 사회를 살았던 중국에서 토지의 중요성 탓에 곡식 신을 뜻하는 稷^(기장 직)과 결합하여 '국가'를 상징하기도 했다. 달리 祉로 쓰기도 하는데, 토지 신^(土)과 강 신^(水·수)에게 제사를 드림을 강조했다.

字形 甲骨文 金文 帛書文 簡牘文 汗簡 說文小篆 說文古文

●예● 社會(사회), 會社(회사), 社長(사장), 社說(사설)

祀(제사 사): [禩], sì, 示-3, 8, 32

字解 형성. 示^(보일 시)가 의미부이고 巳^(여섯째 지지 사)가 소리부로, 제사를 말하는데, 제단^(示) 앞에서 '제사'를 드리는 자손^(巳)의 모습을 그렸다. 또 상나라 때에는 제사의 한 주기를 가지고 일 년을 헤아렸으므로 일 년이라는 의미도 나왔고, 이로부터 한 세대의 뜻도 나왔다. 『汗簡^(한간)』에서는 巳 대신 異^(다를 이)가 들어간 禩로 쓰기도 했는데, 귀신처럼 기이한^(異) 것에 제사를 드린다^(示)는 의미를 담았다.

字形 [甲骨文] [金文] [陶文] [簡牘文] [汗簡] [說文小篆]

●예● 祭祀(제사), 告祀(고사)

蛇(뱀 사): [虵], shé, 虫-5, 11, 32

字解 형성. 虫^(벌레 충)이 의미부이고 它^(다를 타)가 소리부로, 뱀^(虫)을 말한다. 원래는 虫이 없는 它로 써 뱀을 그린 상형자였으며, 머리가 마름모꼴로 그려진 것으로 보아 살무사의 일종으로 보인다. 이후 '그것'이라는 대명사로 쓰이게 되자 원래 뜻은 虫을 더해 蛇로 분화했다. 달리 它 대신 也^(어조사 야)가 들어간 虵로 쓰기도 했다.

字形 [甲骨文] [金文] [古陶文] [簡牘文] [說文小篆] [說文或體]

●예● 毒蛇(독사), 長蛇陣(장사진), 龍頭蛇尾(용두사미)

397

詐(속일 사): 诈, zhà, 言-5, 12, 30

字解 형성. 言^(말씀 언)이 의미부이고 乍^(잠깐 사)가 소리부로, 속이다, 가장하다는 뜻인데, 말^(言)이 만들어 내는^(乍, 作의 원래 글자) 것은 바로 속임^(詐)임을 보여 준다. 이로부터 속이다, 편취하다 등의 뜻이 나왔다.

字形 　金文 　簡牘文 　說文小篆
●예● 詐欺(사기), 詐稱(사칭)

398

詞(말씀 사): 词, cí, 言-5, 12, 32

字解 형성. 言^(말씀 언)이 의미부이고 司^(맡을 사)가 소리부로, 속에 담은 뜻을 갈무리 해^(司) 입 밖으로 말하다^(言)는 뜻이며, 이로부터 언사, 소송, 구실을 대다 등의 뜻이 나왔다. 또 현대 중국어의 문법 용어로 쓰여, 독음과 의미와 문법 기능을 가진 최소의 독립단위인 '단어'를 뜻한다.

字形 　簡牘文 　說文小篆
●예● 動詞(동사), 名詞(명사), 代名詞(대명사), 歌詞(가사)

399

賜(줄 사): 赐, cì, 貝-8, 15, 30

字解 형성. 貝^(조개 패)가 의미부이고 易^(바꿀 역쉬울 이)이 소리부로, 윗사람이 아랫사람에게 상을 내리는 것을 말하는데, 상으로 받은 물건은 돈^(貝)으로 쉽게 바꿀 수 있다^(易)는 뜻을 반영했다. 이로부터 下賜^(하사)하다, 하사품, 은혜를 베풀다 등의 뜻이 나왔고, 상대를 높이는 경어로도

사용되었다.

<字形> 金文 古陶文 簡牘文 說文小篆

●예● 下賜(하사)

400

辭(말 사): 辞, [辤, 辝], cí, 辛-12, 19, 40

<字解> 회의. 𤔔^(어려울 난, 亂의 원래 글자)과 辛^(매울 신)으로 구성되어, 訟事^(송사)를 말하며, 송사에서 하는 말은 진실보다 과장되기에 수식된 말^{言辭(언사)}이라는 뜻이 나왔다. 𤔔은 두 손으로 엉킨 실을 푸는 모습이다. 그래서 辭는 형벌 칼^(辛)로 다스려야 할 만큼 복잡하고 뒤엉킨^(𤔔) 다툼에 등장하는 '말'을 지칭한다. 辭의 辛은 司^(맡을 사)로 바꾸어 쓰기도 하는데, 이 경우에도 뒤엉킨 실타래처럼 복잡한 '말을 판단하고 관리한다^(司)는 뜻을 반영했다. 말이나 뜻이라는 의미로부터 언사, 문사의뜻이 나왔고, 다시 사직하다, 고별하다, 핑계를 대다 등의 뜻도 나왔다. 중국의 간화자에서는 𤔔을 舌^(혀 설)로 간단하게 줄인 辞로 쓴다.

<字形> 金文 古陶文

石刻古文 說文小篆 說文籀文

●예● 辭典(사전), 辭退(사퇴), 辭表(사표), 辭任(사임), 辭職(사직)

401

邪(간사할 사): yá, 邑-4, 7, 32

<字解> 형성. 邑^(고을 읍)이 의미부이고 牙^(어금니 아)가 소리부로, 원래는 산동성에위치한 琅邪郡^(낭아군)을 지칭했다. 이후 琅邪를 琅琊^(낭아)로 부르기도하여, 琊로 쓰기도 한다. 이후 부정하다, 邪惡^(사악)하다는 뜻으로 가

차되었다.

字形 簡牘文 說文小篆

•예• 邪惡(사악)

삭

402

削(깎을 삭): xuē, 刀-7, 9, 32

字解 형성. 刀(칼 도)가 의미부이고 肖(닮을 초)가 소리부로, '깎다'는 뜻인데, 어떤 물건을 칼(刀)로 잘게(肖) 깎아 내는 것을 말한다. 또 그러한 도구인 '창칼(書刀서도)'을 말하기도 한다.

字形 簡牘文 說文小篆

•예• 削除(삭제), 添削(첨삭), 削減(삭감)

403

朔(초하루 삭): shuò, 月-6, 10, 30

字解 형성. 月(달 월)이 의미부이고 屰(거스를 역逆의 원래 글자)이 소리부로, 달(月)은 초하루가 되면 원상태로 되돌아가(屰) 다시 차기 시작한다는 뜻에서 '초하루', 시작, 새벽 등의 뜻이 나왔으며, 이후 북쪽이라는 의미까지 나왔다.

字形 金文 朔 朔簡牘文 說文小篆

•예• 滿朔(만삭), 朔風(삭풍), 朔望(삭망)

상

404

像(형상 상): xiàng, 人-12, 14, 32

字解 형성. 人^(사람 인)이 의미부이고 象^(코끼리 상)이 소리부로, 사람^(人)들이 상상하는 코끼리^(象)의 '모습'을 말하며, 이후 '비슷하다', '닮았다'는 뜻이 나왔다.

字形 ![形] 說文小篆

●예● 想像(상상), 現像(현상), 映像(영상), 銅像(동상), 肖像畵(초상화)

405

償(갚을 상): 偿, cháng, 人-15, 17, 32

字解 형성. 人^(사람 인)이 의미부이고 賞^(상줄 상)이 소리부로, 배상하다, 보상하다, 보답하다의 뜻인데, 다른 사람^(人)에게 재물^(貝) 등을 '돌려줌'을 말한다. 중국의 간화자에서는 偿으로 줄여 쓴다

字形 ![形] 說文小篆

●예● 報償(보상), 無償(무상), 償還(상환)

406

嘗(맛 볼일찍이 상): 尝, [嚐, 甞], cháng, 口-11, 14, 30

字解 형성. 旨^(맛있을 지)가 의미부이고 尙^(오히려 상)이 소리부로, 원래는 제사 이름으로, 맛있는^(旨) 음식을 신께 올려^(尙) 맛보게 한다는 뜻에서 맛보다, 시험해 보다, 경력 등의 뜻이 나왔다. 의미부로 쓰인 旨는 간혹 甘^(달 감)으로 바꾸어 쓰이기도 하며, 의미를 강조하기 위해 口^(입 구)를

더한 嚐^(맛볼 상)으로 쓰기도 한다. 중국의 간화자에서는 尝으로 줄여
쓴다.

字形 🔲🔲🔲🔲金文 🔲🔲簡牘文 🔲 說文小篆

●예● 未嘗不(미상불)

407

床(평상 상): [牀], chuáng, 广-4, 7, 42

字解 회의. 广^(집 엄)과 木^(나무 목)으로 구성되어, 牀^(평상 상)의 속자로, 집^(广)에 두
는 나무^(木)로 만든 '평상'이라는 의미를 담았다.

字形 牀 說文小篆

●예● 起床(기상), 病床(병상)

408

桑(뽕나무 상): sāng, 木-6, 10, 32

字解 회의. 木^(나무 목)과 세 개의 厶^(사사로울 사)로 구성되었는데, 厶는 口^(입 구)가
잘못 변한 것이다. 갑골문에서는 높게 자란 뽕나무^(木)와 뽕잎을 딸
때 쓰는 광주리^(口)가 가지 사이로 놓인 모습을 그렸는데, 광주리를
그린 口가 厶로 변해 지금의 자형이 되었다. '뽕나무'가 원래 뜻이
며, 이후 '뽕잎', '뽕잎을 따다'는 뜻이 나왔고, 누에가 뽕잎을 먹고
자라기 때문에 '누에를 치다'는 뜻도 나왔다.

字形 🔲🔲🔲甲骨文 🔲🔲古陶文 🔲🔲簡牘文 🔲 說文小篆

●예● 桑田碧海(상전벽해)

狀(형상 상장): 狀, zhuàng, 犬-4, 8, 42

😮 형성. 犬^(개 견)이 의미부이고 爿^(나무 조각 장)이 소리부로, 원래는 개^(犬)의 모양을 말했는데, 모양이나 형상 등 일반적인 형태나 상태를 나타내는 의미로 확장되었다. 또 賞狀^(상장)에서처럼 상황을 적은 문건이나 기록을 말하기도 한다. 중국의 간화자에서는 爿을 간단하게 줄여 状으로 쓴다.

字形 𣢑 𣢑 狀 古陶文 狀 狀 簡牘文 狀 說文小篆

●예● 狀態(상태), 狀況(상황), 現狀(현상), 實狀(실상)

祥(상서로울 상): xiáng, 示-6, 11, 30

😮 형성. 示^(보일 시)가 의미부이고 羊^(양 양)이 소리부로, '상서로움'을 말한다. 이는 길상의 상징인 양^(羊)을 숭배^(示)의 대상으로 삼았으며, 이로부터 길흉의 전조, 재앙의 뜻도 나왔음을 보여준다. 양은 美^(아름다울 미)나 善^(착할 선) 등을 구성하는 데서 보듯, 고대 중국에서 진실과 정의를 판별해 줄 수 있는 능력을 갖춘 대단히 길한 존재로 인식되었다.

字形 𥛬 𥛬 甲骨文 羊 金文 祥 簡牘文 祥 石刻篆文 祥 說文小篆

●예● 不祥事(불상사), 吉祥(길상)

裳(치마 상): cháng, 衣-8, 14, 32

😮 형성. 衣^(옷 의)가 의미부이고 尚^(오히려 상)이 소리부로, 옷^(衣)의 일종인 치마를 말한다. 원래는 常으로 썼으나 常이 '일상'이라는 뜻으로 쓰이

자 巾^(수건 건) 대신 衣를 넣어 분화한 글자이다.

字形 裳 簡牘文　裳 說文小篆　裳 說文或體

•예• 衣裳(의상), 同價紅裳(동가홍상)

412

裳(자세할 상): 详, xiáng, 言-6, 13, 32

字解 형성. 言^(말씀 언)이 의미부이고 羊^(양 양)이 소리부로, '자세하다'는 뜻인데, 진실과 정의를 판별해 줄 수 있는 능력을 갖춘 양^(羊)이 제대로 審議^(심의)하여 판단할 수 있도록 '상세히' 말하다^(言)는 뜻을 담았다. 이로부터 심리하다, 분명하게 알다, 상세하다, 자세히 설명하다 등의 뜻이 나왔다.

字形 詳 說文小篆

•예• 詳細(상세), 未詳(미상)

413

象(코끼리 상): xiàng, 豕-5, 12, 40

字解 상형. 원래 긴 코와 큰 몸집을 가진 코끼리를 사실적으로 그려 코끼리를 말했고, 이후 상아를 지칭했다. 현대 옥편에서는 거대한 몸집을 가진 코끼리와 멧돼지가 연계되어 豕^(돼지 시)부수에 통합되었다. 고대 중국에서 코끼리는 매우 유용한 동물이었다. 가죽과 고기 이외에도 상아는 아직도 매우 진귀한 물품으로 쓰였을 뿐 아니라 야생 코끼리는 사육되어 많은 노동력이 필요한 대규모의 토목 사업 등에 동원되었다. 이후 삼림의 파괴와 기후의 변화로 중원 지역에서 코끼리가 사라지자 눈으로 직접 볼 수 없게 되어 버린 이 특이한 동물

을 놓고 여러 이야기가 나오게 되는데, 그중 가장 대표적인 것이 想像(상상)이라는 말이다. 미루어 생각한다는 뜻의 상상(想像)은 원래 상상(想象)으로 썼으니, 즉 코끼리(象)를 생각한다(想)는 뜻이었다.

字形 〔갑골문 이미지〕甲骨文 〔금문 이미지〕金文 〔고도문 이미지〕古陶文 〔간독문 이미지〕簡牘文 〔설문소전 이미지〕說文小篆

●예● 象牙(상아), 對象(대상), 現象(현상)

새

414

塞(변방 새막힐 색): sè, sāi, sài, 土-10, 13, 32

字解 형성. 土(흙 토)가 의미부이고 実(터질 하)가 소리부로, 외부의 침입을 막고자 흙(土)으로 성을 쌓아 놓은 변방이나 변경을 말한다. 변방을 뜻할 때에는 邊塞(변새)나 塞翁之馬(새옹지마)에서처럼 '새'로, 막다는 뜻으로 쓰일 때에는 塞音(색음)에서처럼 '색'으로 구분해 읽는다. 간독문에서는 宀(집 면)과 4개의 工(장인 공)과 廾(두 손으로 받들 공)과 土로 구성되어 두 손으로(廾) 흙(土)을 다져(工) 건축물(宀)을 만드는 모습을 그렸는데, 초기 건축물은 적을 막으려고 변경에 구축한 토성이나 거주지 주변의 담이 대표적이었을 것이다. 이로부터 막다, 변방, 변경 등의 뜻이 나왔다.

字形 〔간독문 이미지〕簡牘文 〔설문소전 이미지〕說文小篆

●예● 塞翁之馬(새옹지마)

색

415

索(찾을 색동아줄 삭): suǒ, 糸-4, 10, 32

字解 회의. 원래는 두 손으로 새끼^(糸)를 꼬는 모습을 그려, 새끼를 꼬아 만든 '동아줄'을 말했는데, 굵은 줄의 통칭이 되었다. 이후 큰 동아줄은 특별할 때만 쓰였기에 고정된 장소에 항상 비치하지 않고 필요할 때마다 '찾아와' 내다 썼기에, '찾다'나 '구하다' 등의 뜻이 나왔다. 동아줄이라는 뜻으로 쓰일 때에는 索道^(삭도)에서처럼 '삭'으로, '찾다'는 뜻으로 쓰일 때에는 思索^(사색)이나 搜索^(수색)에서처럼 '색'으로 읽힌다.

字形 🔳🔳🔳 簡牘文 🔳 帛書 🔳 說文小篆

•예• 檢索(검색), 索出(색출), 探索(탐색), 思索(사색), 索引(색인)

서

416

庶(여러 서): [庻], shù, 广-8, 11, 30

字解 회의. 금문에서는 石^(돌 석)과 火^(불 화)로 구성되어, 불^(火)에 돌^(石)을 올려놓고 굽는 요리법을 그렸는데, 이후 广^(집 엄)이 더해지고 자형이 조금 변해 지금처럼 되었다. 이후 불^(火)에 올려놓은 돌^(石) 주위로 여러 사람이 둘러앉았다는 뜻에서 '많다'는 의미가 나왔으며, 庶民^(서민), 庶子^(서자) 등의 뜻이, 다시 庶幾^(서기)에서처럼 '거의'라는 부사어로도 쓰였다.

字形 厓 厌 厌 庶 金文　庶 厌 古陶文　庶 庶 簡牘文　庶 石刻古文　庶 說
文小篆

●예● 庶民(서민), 庶子(서자)

417

徐(천천히 할 서): xú, 彳-7, 10, 32

字解 형성. 彳(조금 걸을 척)이 의미부이고 余(나 여)가 소리부로, 길(彳)에 설치된
임시 막사(舍舍)에서 편안하게 머물며 천천히 쉬어가는 것을 말하며,
이로부터 천천히, 느긋하다 등의 뜻이 나왔다. 또 옛날 九州(구주)의
하나를 말했으며, 나라와 성씨로도 쓰였다.

字形 徐 金文　余 徐 簡牘文　徐 說文小篆

●예● 徐行(서행)

418

恕(용서할 서): shù, 心-6, 10, 32

字解 형성. 心(마음 심)이 의미부이고 如(같을 여)가 소리부로, 용서하다, 관용을
베푼다는 뜻인데, 원래의 타고난 마음(心)처럼(如) 하는 것이 바로 '용
서'임을 그렸다.

字形 恕 說文小篆

●예● 容恕(용서)

419

敍(차례 서): 叙, [敘], xù, 攴-7, 11, 30

字解 형성. 攴(칠 복)이 의미부이고 余(나 여)가 소리부이나 갑골문에서는 攴 대

신 又^(또 우)가 들어간 叙로 표기하여, 손^(又)으로 임시막사^(余, 舍의 줄임형) 등 집을 수리하다는 뜻을 그렸다. 집을 수리하는 데는 절차가 있어 야 했기에 순서, 차례 등의 뜻이 나왔고, 다시 등급에 의해 규정된 관직이나 질서, 두서, 조리 등의 뜻이 나왔다. 달리 敍^(차례 서)로 쓰기 도 한다. 중국의 간화자에서는 叙^(차례 서)에 통합되었다.

字形 ⍦甲骨文 敍簡牘文 ⍦說文小篆

•예• 敍述(서술), 自敍傳(자서전)

420

緒(실마리 서): 绪, xù, 糸-9, 15, 32

字解 형성. 糸^(가는 실 멱)이 의미부이고 者^(놈 자)가 소리부로, 감겨 있거나 헝클 어진 실^(糸)의 첫머리를 말하며, 이후 일이나 사건을 풀어나갈 수 있 는 단서를 뜻했다. 누에고치에서 실을 뽑으려면 고치를 솥에 삶아^(者, 煮의 원래 글자) 실 끝을 뽑아내면 실이 이어져 나온다. 이런 뜻에서 실마 리, 사물의 시작이나 발단의 비유로 쓰였으며, 情緒^(정서), 심정, 감정 등의 뜻도 나왔다.

字形 緒簡牘文 緒說文小篆

•예• 情緒(정서), 端緒(단서)

421

署(관청 서): shǔ, 网-9, 14, 32

字解 형성. 网^(그물 망)이 의미부이고 者^(놈 자)가 소리부로, 사냥할 그물^(网)과 포획물을 삶을^(者, 煮의 본래 글자) 도구 등을 '배치하다'는 뜻을 그렸다. 이 로부터 효율적인 관리를 위해 그물망처럼 잘 나누어 배치한 기관^{(部}

署(부서)의 뜻이, 다시 서명하다, 대리, 署理(서리) 등의 뜻도 나왔다.

字形 署 署 簡牘文 署 說文小篆

•예• 署名(서명), 官公署(관공서), 部署(부서), 消防署(소방서), 警察署
(경찰서)

422

誓(맹세할 서): shì, 言-7, 14, 30

字解 형성. 言(말씀 언)이 의미부이고 折(꺾을 절)이 소리부로, 약속하다는 뜻이
며, 이로부터 맹서하다, 서약하다의 뜻이 나왔다. 옛날, 전장에 나가
기 전 활을 꺾어(折) 결전의 의지를 표현하고 말(言)로 기도를 올려 조
상신이나 천지신명에게 어떤 필승을 약속하며 맹세하던 모습을 반영
했다.

字形 誓 誓 誓 誓 金文 誓 簡牘文 誓 說文小篆

•예• 盟誓(맹서), 誓約書(서약서), 宣誓(선서)

423

逝(갈 서): shì, 辵-7, 11, 30

字解 형성. 辵(쉬엄쉬엄 갈 착)이 의미부이고 折(꺾을 절)이 소리부로, 다른 곳으로
가다(辵)는 뜻이며, 이로부터 逝去(서거)에서처럼 죽다, 달리다, 없어지
다는 뜻도 나왔다.

字形 逝 說文小篆

•예• 逝去(서거)

석

424

析(가를 석): xī, 木-4, 8, 30

字解 회의. 木^(나무 목)과 斤^(도끼 근)으로 구성되어, 도끼^(斤)로 나무^(木)를 쪼개는 것을 말하였고, 이로부터 사물을 쪼개 分析^(분석)하다, 해체하다, 해석하다는 뜻까지 나왔다.

字形 甲骨文 金文 古陶文 簡牘文 說文小篆

● 예 ● 分析(분석)

425

釋(풀 석): 释, shì, 采-13, 20, 32

字解 형성. 采^(분별할 변)이 의미부이고 睪^(엿볼 역)이 소리부인데, 睪은 위가 눈^(目·목)이고 아래가 형벌기구^(幸·행)로 수갑을 찬 죄수를 감시하는 모습을 그렸으며, 이로부터 '감시'와 '감찰', 나아가 제대로 하는 자와 그렇지 못한 자를 '선별하다'는 뜻까지 나왔다. 그래서 釋은 자세히 살펴서^(采) 적합한 것을 선택해^(睪) '풀어냄'을 말한다. 불교 유입 이후로는 '석가모니^(śākya-muni)'의 음역어로 쓰였고, 이 때문에 '불교'를 지칭하기도 한다. 중국의 간화자에서는 睪을 간단히 줄인 释으로 쓴다.

字形 簡牘文 石刻古文 說文小篆

● 예 ● 解釋(해석), 釋放(석방)

선

426

宣(베풀 선): xuān, 宀-6, 9, 40

字解 형성. 宀^(집 면)이 의미부고 亘^(뻗칠 선·굳셀 환)이 소리부로, 천자가 머물던 궁실^(宀)로 회랑으로 둘러싸인^(亘) 政殿^(정전)을 말하는데, 천자가 백성을 위해 선정을 베풀며 기거하던 집^(宣室·선실)이라는 뜻을 담았다. 명령을 내려 정치를 하던 곳으로부터, '베풀다', '宣布^(선포)하다' 등의 뜻이 나왔다.

字形 甲骨文 金文 古陶文 簡牘文 說文小篆

•예• 宣言(선언), 宣傳(선전), 宣布(선포), 宣揚(선양)

427

旋(돌 선): xuán, 方-7, 11, 32

字解 형성. 疋^(발 소)가 의미부이고 㫃^(깃발 나부끼는 모양 언)이 소리부로, 나부끼는 깃발^(㫃) 아래서 사람들이 발^(疋)을 움직여 빙글빙글 도는 모습으로부터 '돌다'는 의미를 그렸고 이로부터 나선형, 돌아오다, 개선 등의 뜻이 나왔다. 현행 옥편에서는 方부수에 귀속시켰지만 方과는 관계 없는 글자이다.

字形 甲骨文 金文 說文小篆

•예• 旋回(선회), 周旋(주선)

428

禪(봉선 선): 禅, shàn, 示-12, 17, 32

🔵字解 형성. 示(보일 시)가 의미부이고 單(홑 단)이 소리부로, 땅을 편평하게 하여⁽坪⁾ 산천의 신에게 지내는 제사를 말한다. 이후 불교가 들어오면서 '선(Zen)'을 뜻하는 산스크리트어의 'dhyānā'의 대역어로 쓰였다. 중국의 간화자에서는 單을 간단하게 줄인 禅으로 쓴다.

🔵字形 🈳 簡牘文 🈳 汗簡 禪 說文小篆

●예● 參禪(참선), 坐禪(좌선)

섭

429

攝(당길 섭): 摄, shè, 手-18, 21, 30

🔵字解 형성. 手(손 수)가 의미부이고 聶(소곤거릴 섭)이 소리부로, 소곤거릴⁽聶⁾ 수 있도록 손⁽手⁾으로 잡고 가까이 끌어 당기다는 뜻이며, 이로부터 당기다, 잡다, 보좌하다, 대신하다, 겸직하다의 뜻으로도 쓰인다. 중국의 간화자에서는 聶을 聂으로 줄인 摄으로 쓴다.

🔵字形 🈳 說文小篆

●예● 攝取(섭취), 包攝(포섭), 攝政(섭정)

430

涉(건널 섭): shè, 水-7, 10, 30

🔵字解 회의. 水(물 수)와 步(걸을 보)로 구성되어, 발⁽步⁾로 물⁽水⁾을 '건너는' 모습을 그렸으며, 이로부터 건너다, 나루터, 이르다, 유람하다, 지나가다 등의 뜻이 나왔다. 갑골문 등에서는 두 발 사이로 물을 그려 넣은 한 발은 이미 물을 건넜고 한 발은 아직 건너지 않았음을 사실적으로 표현했다.

字形 甲骨文 金文 簡牘文 帛書 說文小篆 說文篆文

•예• 交涉(교섭), 干涉(간섭), 涉外(섭외)

소

431

召(부를 소): zhào, 口-2, 5, 30

字解 회의. 갑골문에서는 위쪽의 숟가락^(匕)과 아래쪽의 입^(口)으로 구성되어, 기물의 아가리^(口)로부터 뜰 것^(匕)으로 술을 뜨는 모습을 그렸으나, 숟가락이 刀^(칼 도)로 변해 지금의 자형이 되었다. 손님을 접대하기 위해 술을 뜨다는 뜻으로부터 '초청하다'의 뜻이 나왔고, 이로부터 부르다, 초대하다, 초치하다 등의 뜻도 나왔다. 이후 부르는 행위를 더욱 강조하기 위해 手^(손 수)를 더한 招^(부를 초)가 만들어졌다.

字形 甲骨文 金文 古陶文 簡牘文 石刻古文 說文小篆

•예• 召集(소집), 召還(소환)

432

掃(쓸 소): 扫, sǎo, sào, 手-8, 11, 42

字解 형성. 手^(손 수)가 의미부이고 帚^(비 추)가 소리부로, 손^(手)으로 비^(帚)를 들고 비질하는 모습을 그렸으며, 이로부터 淸掃^(청소)하다, 쓸어 없애다, 제거하다 등의 뜻이 나왔다. 중국의 간화자에서는 帚를 간단하게 줄

인 扫로 쓴다.

字形 掃 玉篇

●예● 淸掃(청소), 一掃(일소), 掃除(소제)

433

昭(밝을 소): zhāo, 日-5, 9, 30

字解 형성. 日^(날 일)이 의미부이고 김^(부를 소)가 소리부로, 해^(日)가 밝게 빛나다는 뜻이며, 이후 분명하다, 명확하다, 일을 명쾌하게 처리하다 등의 뜻이 나왔다. 또 옛날의 제도인 昭穆^(소목)제도를 지칭하기도 하는데, 종묘나 사당에 조상의 신주를 모실 때, 왼쪽 줄은 昭라 하고, 오른쪽 줄을 穆이라 하여 1세를 가운데에 모시고 2세, 4세, 6세는 왼쪽 줄^(昭)에 모시고, 3세, 5세, 7세는 오른쪽 줄^(穆)에 모셨다.

字形 [金文] [簡牘文] [說文小篆]

●예● 昭詳(소상)

434

燒(사를 소): 烧, shāo, 火-12, 16, 32

字解 형성. 火^(불 화)가 의미부이고 堯^(요임금 요)가 소리부로, 불^(火)을 질러 태우다는 뜻이며, 이로부터 불을 붙이다, 불로 지지다, 불에 말리다, 불에 비추다 등의 뜻이, 다시 열이 나다는 뜻이 나왔다. 중국의 간화자에서는 소리부 堯를 尧로 간단히 줄여 烧로 쓴다.

字形 [說文小篆]

●예● 燒却(소각), 燃燒(연소), 燒失(소실)

435

疏(트일 소): [疎], shū, 疋-7, 11, 32

字解 회의. 疋^(발 소)와 갓 낳은 아이의 모습을 그린 㐬^(임산 때 아이가 위로 나올 돌)로 구성되어, 갓 낳은 아이^(㐬)의 다리^(疋)가 벌려져 사이가 '성긴' 모습을 형상화했으며, 이로부터 성기다, 흩어지다, 듬성듬성하다, 소홀하다의 뜻이 나왔다. 사이가 트이면 소통할 수 있어지므로 疏通^(소통)의 의미까지 나왔으며, 어려운 글자나 문장을 소통시키는 것이라는 뜻에서 '주석'의 의미도 나왔다. 이후 발음을 강조하기 위해 㐬 대신 소리부인 束^(묶을 속)이 더해진 疎^(트일 소)가 등장했다.

字形 𤴐 簡牘文 𤴙 說文小篆

●예● 疏忽(소홀), 疏通(소통), 疏外(소외), 疎遠(소원)

436

蔬(푸성귀 소): shū, 艸-11, 15, 30

字解 형성. 艸^(풀 초)가 의미부이고 疏^(트일 소)가 소리부로, '푸성귀'를 말하는데, 부드러운 육 고기에 비해 풀^(艸)로 된 거친^(疏) '채소'라는 뜻을 담았다.

字形 蔬 說文小篆

●예● 菜蔬(채소)

437

蘇(차조 소): 苏, [甦, 囌], sū, 艸-16, 20, 32

字解 형성. 艸^(풀 초)가 의미부이고 穌^(긁어모을 소)가 소리부로, 꿀 풀과 일년생 재배초에 속하는 식물^(艸)의 일종인 '차조기'를 말한다. 이후 蘇生^(소생)하다는 뜻으로 가차되었으며, 다시^(更) 태어나다^(生)는 뜻은 甦^(깨어날 소)

를 만들어 분화했다. 또 江蘇^(강소)성이나 蘇州^(소주)의 간칭으로도 쓰인다. 중국의 간화자에서는 소리부인 穌를 办^(辦의 중국의 간화자)으로 간단히 줄여 苏로 쓴다.

字形 (金文) 金文 (古陶文) 古陶文 (篆) (篆) (篆) (篆) (篆) (篆)

古璽文 (篆) 說文小篆

●예● 蘇生(소생)

438

訴(하소연할 소): 诉, [愬], sù, 言-5, 12, 32

字解 회의. 言^(말씀 언)과 斥^(물리칠 척)으로 구성되어, 상대를 배척하고자^(斥) 하는 말^(言)이라는 뜻에서 讒訴^(참소)의 의미를 그렸다. 원래는 言이 의미부이고 朔^(초하루 삭)이 소리부로, 거꾸로^(朔) 말^(言)을 하는 고소나 참소의 행위를 말했는데, 알리다, 기소하다는 뜻이 나왔으며, 朔이 斥으로 바뀌어 지금의 자형이 되었다.

字形 (篆) 說文小篆

●예● 訴訟(소송), 呼訴(호소), 起訴(기소)

439

騷(떠들 소): 骚, sāo, 馬-10, 20, 30

字解 형성. 馬^(말 마)가 의미부이고 蚤^(벼룩 조)가 소리부로, 벼룩^(蚤)에 물린 말^(馬)이 펄쩍펄쩍 뛰듯 소란스럽고 시끄러움을 말하며, 이후 근심이라는 뜻까지 나왔다. 『설문해자』에서는 '말을 씻기다'는 뜻도 있다고 했는데, 비질하고 씻어 말^(馬)의 몸에 붙은 벼룩^(蚤)을 제거함을 말한다. 또 중국 고대의 詩體^(시체)의 하나를 말하기도 하는데, 屈原^(굴원)의 『離騷

^(이소)』에서 근원했으며, 이후 '문학'이라는 의미로 확장되었다.

字形 騷 簡牘文 𩤋 說文小篆

•예• 騷音(소음), 騷動(소동), 騷亂(소란)

440

屬(엮을 속): 属, zhǔ, 尸-18, 21, 40

字解 형성. 소전체에서 尾^(꼬리 미)가 의미부이고 蜀^(나라 이름 촉)이 소리부로, 몸통과 '이어진' 부분이 꼬리^(尾)라는 의미에서 '이어지다'는 뜻이, 몸통에 붙어 있는 것이라는 의미에서 '속하다'는 뜻이 나왔다. 중국의 간화자에서는 의미부 尾를 尸^(주검 시)로 줄이고 소리부 蜀을 禹^(하우씨 우)로 바꾼 属으로 쓴다.

字形 屬 屬 簡牘文 屬 說文小篆

•예• 所屬(소속), 金屬(금속), 屬性(속성)

441

束(묶을 속): shù, 木-3, 7, 52

字解 회의. 木^(나무 목)과 □^(에워쌀 위, 圍의 원래 글자)로 구성되어, 나무^(木)를 끈 등으로 둘러싸^(□) '묶다'는 뜻을 그렸다. 원래는 주머니나 전대처럼 두 끝을 '동여맨' 모습을 그렸는데, 이후 지금의 자형으로 변했다. 이로부터 묶다, 제약하다, 拘束^(구속)하다, 約束^(약속)하다 등의 뜻이 나왔다.

字形 束 束 束 束 束 甲骨文 束 束 束 束 束 金文 束 簡牘文 束 說文小篆

•예• 約束(약속), 拘束(구속), 團束(단속), 結束(결속)

442

粟(조 속): sù, 米-6, 12, 30

字解 회의. 갑골문에서 禾^(벼 화)와 여러 점으로 구성되어 조^(禾)의 알갱이를 형상화했으나, 소전체에 들면서 지금처럼 西^(서녘 서)와 米^(쌀 미)로 구성되어 광주리^(西)에 담아 놓은 조를 말했다. 이후 곡식의 대표가 쌀로 변하면서 의미도 '쌀'을 뜻하게 되었다.

字形 甲骨文 古璽文 說文小篆 說文籒文

•예• 滄海一粟(창해일속)

443

損(덜 손): 损, sǔn, 手-10, 13, 40

字解 형성. 手^(손 수)가 의미부이고 員^(수효 원)이 소리부로, 손^(手)으로 들어내어 줄이는 것을 말하며, 이로부터 줄어들다, 損傷^(손상)되다, 야박하게 대하다, 병세가 나아지다 등의 뜻이 나왔다.

字形 簡牘文 說文小篆

•예• 損害(손해), 損傷(손상), 損失(손실)

444

訟(송사할 송): 讼, [誦], sòng, 言-4, 11, 32

字解 형성. 言^(말씀 언)이 의미부이고 公^(공변될 공)이 소리부로, 다투다, 訴訟^(소송)

을 벌이다, 논쟁을 벌이다는 뜻인데, 訟事^(송사)나 논쟁은 공정하게^(公) 논의되어야^(言) 한다는 뜻을 반영했다.

字形 ⬚⬚金文 ⬚⬚簡牘文 ⬚說文小篆 ⬚說文古文

●예● 訴訟(소송)

445

訟(욀 송): 诵, sòng, 言-7, 14, 30

字解 형성. 言^(말씀 언)이 의미부이고 甬^(길 용)이 소리부로, 朗誦^(낭송)하다, 외우다는 뜻인데, 말^(言)로 외어 바람 불듯^(風) 술술 읊조리다는 뜻을 담았다.

字形 ⬚說文小篆

●예● 暗誦(암송)

446

頌(기릴 송): 颂, sòng, 頁-4, 13, 40

字解 형성. 頁^(머리 혈)이 의미부이고 公^(공변될 공)이 소리부로, 머리^(頁)를 조아리며 稱頌^(칭송)하다는 뜻인데, 그러한 칭송은 언제나 공정한^(公) 것이어야지 사사로워서는 아니 됨을 반영했다. 주나라 때 제사에 사용하던 무곡을 말했으며, 이후 수용, 관용 등의 뜻도 나왔다.

字形 ⬚⬚金文 ⬚古陶文 ⬚⬚⬚⬚簡牘文 ⬚說文小篆 ⬚說文籀文

●예● 稱頌(칭송), 讚頌歌(찬송가)

쇄

447

刷(쓸 쇄): [刷], shuā, 刀-6, 8, 32

字解 형성. 刀^(칼 도)가 의미부이고 㓞^(닦을 쇄)의 생략된 모습이 소리부인데, 㓞는 수건^(巾·건)을 손^(又·우)으로 쥐고 몸^(尸·시)을 닦다는 뜻을 그렸다. 칼^(刀)로 파낸 부분을 고르게 되도록 닦다^(㓞)가 원래 뜻이며, 이후 印刷^(인쇄)하다는 뜻까지 가지게 되었는데, 옛날 목판 인쇄를 할 때에는 칼^(刀)로 파내고 면을 고르게 하려면 잔 찌꺼기를 쓸어내고 표면을 닦아야만 인쇄할 수 있었기 때문이다.

字形 刷 說文小篆

●예● 印刷(인쇄), 刷新(쇄신)

448

鎖(쇠사슬 쇄): 锁, suǒ, 金-10, 18, 32

字解 형성. 金^(쇠 금)이 의미부이고 肖^(자개 소리 쇄)가 소리부인데, 肖는 작은^(小·소) 조개^(貝·패)로 엮은 목걸이를 말한다. 이후 옥으로 목걸이를 만들게 되자 玉^(옥 옥)을 더하여 瑣^(옥이 어울리는 소리 쇄)를 만들었고, 다시 금속으로 만든다는 뜻에서 金을 더한 鎖가 만들어졌다. 쇠사슬이나 쇠로 만든 자물쇠를 말하며, 사슬처럼 생긴 형벌 기구나 그런 무늬를 지칭하기도 했다.

字形 鎖 說文小篆

●예● 封鎖(봉쇄), 閉鎖(폐쇄)

쇠

449

衰(쇠할 쇠): shuāi, 衣-4, 10, 32

字解 상형. 원래 도롱이처럼 풀이나 짚으로 엮은 상복(衣)을 그렸는데, 이후 쇠약하다, 老衰(노쇠)하다, 쇠퇴하다 등의 뜻이 나왔으며, 그러자 원래 의 뜻은 艸(풀 초)나 糸(가는 실 멱)을 더해 蓑(도롱이 사)와 縗(상복이름 최) 등으로 분화했다.

字形 簡牘文 說文小篆 說文古文

•예• 衰退(쇠퇴), 衰弱(쇠약)

수

450

囚(가둘 수): qiú, □-2, 5, 30

字解 회의. 人(사람 인)과 □(나라 국에워쌀 위)으로 구성되어, 사람(人)이 감옥(□)이나 울 속에 갇힌 모습이다. 이로부터 가두다, 구속하다, 罪囚(죄수), 포로 가 되다 등의 뜻이 나왔다.

字形 甲骨文 古陶文 簡牘文 說文小篆

•예• 罪囚(죄수)

451

垂(드리울·변방 수): chuí, 土-5, 8, 32

字解 형성. 土(흙 토)가 의미부이고 烝(늘어질 수)가 소리부로, 초목이 아래로 드

리워진 모습^(眔)을 그렸고, 도성에서 멀리 떨어진 곳이 그러한 곳이라는 뜻에서 '변방'의 의미가 나왔다. 이후 자형이 많이 변해 지금의 垂가 되었고, 다시 의미를 강조하기 위해 邑^(고을 읍)을 더해 郵^(역참 우)로 분화했다.

字形 **㐬**甲骨文 **㐲**說文小篆

•예• 懸垂幕(현수막), 垂直線(수직선)

452

帥(장수 수거느릴 솔): 帅, shuài, 巾-6, 9, 32

字解 형성. 巾^(수건 건)이 의미부이고 𠂤^(군사 사, 師의 원래 글자)가 소리부로, 『설문해자』에서는 허리에 차는 수건^(巾)이라 했는데, 장수^(𠂤)들이 허리춤에 차던 수건^(巾)을 말한 것으로 보인다. 이로부터 '장수'를 뜻하게 되었고, 장수는 전장에서 제일 선봉에 서서 군대를 이끌었기에 '이끌다'는 뜻이 나왔다. 현대 중국에서는 '멋지다', 잘 생겼다 등의 뜻으로도 쓰인다. 다만 將帥^(장수)를 뜻할 때에는 '수'로, 이끌다, 거느리다는 뜻으로 쓰일 때에는 '솔'로 읽어 率과 같이 쓴다. 중국의 간화자에서는 𠂤를 간단하게 줄인 帅로 쓴다.

字形 **帥帥帥帥帥帥帥**金文 **帥**說文小篆 **帨**說文或體

•예• 將帥(장수), 元帥(원수)

453

搜(찾을 수): [搜, 蒐], sōu, 手-10, 13, 30

字解 형성. 手^(손 수)가 의미부이고 叟^(늙은이 수)가 소리부로, 손^(手)으로 횃불을 들고 무엇인가를 찾는^(叟) 모습을 그렸으며, 이로부터 찾다, 찾아 모

으다, 수색하다, 수집하다의 뜻이 나왔다. 『설문해자』에서는 手가 의미부이고 叜^(늙은이 수)가 소리부인 搜로 썼으며, 달리 蒐^(꼭두서니 수)로 쓰기도 한다.

字形 㩜 說文小篆

●예● 搜査(수사), 搜索(수색)

454

殊(죽일 수): shū, 歹-6, 10, 32

字解 형성. 歹^(뼈 부서질 알)이 의미부이고 朱^(붉을 주)가 소리부로, 시신^(歹)의 붉은 ^(朱) 피라는 의미를 담았으며, 이로부터 죽이다, 목을 매다, 끊다, 자르다의 뜻이 나왔고, 다시 특수하다, 대단하다의 뜻도 나왔다. 朱는 그 자체가 '붉은' 피를 상징하기도 하지만, 고대사회에서 피를 흘리지 않고 자연사한 사람의 영혼이 피를 타고 육신에서 분리될 수 있도록 칼집을 내거나 붉은 칠을 하던 '특이한' 피 흘림 행위를 상징하기도 하는데, 이로부터 '特殊^(특수)의 의미가 나왔을 것으로 추정된다.

字形 絑 說文小篆

●예● 特殊(특수)

455

獸(짐승 수): 兽, shòu, 犬-15, 19, 32

字解 회의. 單^(홑 단)과 犬^(개 견)으로 구성되어, 뜰채^(畢)와 사냥개^(犬)를 동원해 사냥하는 모습을 형상화했다. 이후 □^(에워쌀 위, 圍의 원래 글자)가 더해져 지금의 자형이 되었는데, 어떤 지역을 에워싸^(□) 짐승을 잡는 사냥 법

임을 강조했다. '사냥하다'가 원래 뜻이며, 사냥의 대상인 '짐승'을 말했으며, 야만적이다, 수준이 낮다의 뜻도 나왔다. 이후 사냥 행위는 單 대신 소리부인 守를 넣어 狩^(사냥 수)로 분화했다. 중국의 간화자에서는 犬을 생략하고 나머지를 조금 줄여 兽로 쓴다.

字形 𦥔 甲骨文 獸 獸 獸 金文 獸 獸 獸 簡牘文 獸
石刻古文 獸 說文小篆

•예• 猛獸(맹수), 野獸(야수), 怪獸(괴수)

456

睡(잘 수): shuì, 目-8, 13, 30

字解 형성. 目^(눈 목)이 의미부이고 垂^(드리울·변방 수)가 소리부로, 눈^(目)꺼풀을 드리운^(垂) 채 조는 것을 말했는데, 이후 '자다'는 일반적인 의미로 확장되었다.

字形 睡 說文小篆

•예• 睡眠(수면), 昏睡狀態(혼수상태)

457

輸(나를 수): 输, shū, 車-9, 16, 32

字解 형성. 車^(수레 거·차)가 의미부이고 兪^(점점 유)가 소리부로, 수레^(車)로 물건을 실어 나아가게^(兪) 함을 말하며, 이로부터 輸送^(수송)하다, 옮기다, 보내다의 뜻이 나왔으며, 남에게 보낸다는 뜻에서 '경기에 지다'는 뜻도 나왔다. 중국의 간화자에서는 输로 쓴다.

字形 輸 輸 輸 簡牘文 輸 說文小篆

•예• 輸出(수출), 輸入(수입), 輸送(수송), 輸血(수혈), 運輸業(운수업)

458

逐(이를 수): suì, 辵-9, 13, 30

字解 형성. 辵^(쉬엄쉬엄 갈 착)이 의미부이고 豕^(드디어 수)가 소리부로, 달아나다^(辵)는 뜻인데, 갑골문에서는 돼지^(豕)를 뒤쫓는^(辵) 모습의 逐^(쫓을 축)과 같은 글자였다. 逐이 인간의 처지에서 보면 뒤쫓는 것이지만, 짐승의 처지에서 보면 달아남을 말한다. 달아나던 짐승은 끝내 잡히기 마련이라는 뜻에서, '드디어', '마침내' 등의 뜻까지 나왔다.

字形 甲骨文 金文 石刻古文 說文小篆 說文古文

•예• 完遂(완수), 殺人未遂(살인미수)

459

隨(따를 수): 随, suí, 阜-13, 16, 32

字解 형성. 辵^(쉬엄쉬엄 갈 착)이 의미부이고 墮^(떨어질 타)의 생략된 모습이 소리부로, 따라가다^(辵)가 원래 뜻이며, 이로부터 따르다, 隨行^(수행)하다, 순응하다 등의 뜻이 나왔다. 당나라 때의 문자학자 徐鉉^(서현)은 隋^(수나라 수)가 소리부라고 풀이했다.

字形 說文小篆

•예• 隨時(수시), 隨筆(수필), 隨行(수행)

460

需(구할 수): xū, 雨-6, 14, 32

字解 회의. 雨^(비 우)와 而^(말 이을 이)로 구성되었는데, 而는 大^(큰 대)가 잘못 변한

것이다. 원래는 목욕재계하고 비^(雨)를 내려달라고 하늘에 비는 제사장^(大)의 모습으로부터 '구하다', '바라다'의 뜻을 그렸고, 이로부터 필요하다의 뜻이 나왔고, 갖추어야 할 것이라는 뜻에서 必需^(필수) 등의 뜻이 나왔다. 이후 이런 제사장을 따로 표시하기 위해 人^(사람 인)을 더한 儒^(선비 유)가 만들어졌고, 이들이 지식의 대표 계층이라는 뜻에서 '학자'라는 의미가 나왔다. 그러한 학자들의 집단이 계파를 이루어 儒家^(유가)가 되었고, 그들의 학문을 儒學^(유학)이라 부르게 되었다.

字形 霝 說文小篆

●예● 需要(수요), 需給(수급), 必需(필수), 特需(특수), 盛需期(성수기), 婚需(혼수)

461

孰(누구 숙): shú, 子-8, 11, 30

字解 회의. 享^(음누릴 향)과 丮^(잡을 극)으로 구성되어, 제단^(享) 앞에서 제수를 받쳐 들고^(丮) 제사를 지내는 모습을 그렸으며, 丮이 丸^(알 환)으로 변해 지금의 자형이 되었다. 享은 원래 커다란 기단 위에 지어진 높은 집 모양으로 宗廟^(종묘)를 상징하고, 丮은 두 손을 받쳐 든 사람의 형상으로, 종묘에 祭物^(제물)을 올리는 모습을 그렸다. 익힌 고기를 祭物로 사용했던 때문인지 孰은 처음에 '삶은 고기'라는 뜻으로 쓰였다. 금문에 들면서 孰의 자형이 조금 복잡해지는데, 祭物의 내용을 구체화하기 위해 羊^(양 양)을 더하는가 하면, 동작을 강조하기 위해 발을 그려 넣기도 했다. 그러다가 隸書^(예서)에 들어 지금의 孰으로 고정되었다. 이후 孰이 '누구'나 '무엇'이라는 의문 대명사로 가차되어 쓰이자,

원래 뜻을 표현할 때에는 火^(불 화)를 더하여 熟^(익을 숙)으로 분화했다. 그리하여 熟은 '익^(히)다'는 뜻을 전담하여 표현했고, 다시 成熟^(성숙)이 나 熟練^(숙련) 등의 뜻은 물론 사람 간의 익숙함도 뜻하게 되었다.

字形 卨 甲骨文 鼎 金文 茇 孰 簡牘文 羇 說文小篆

●예● 孰是孰非(숙시숙비)

462

熟(익을 숙): shú, 火-11, 15, 32

字解 형성. 火^(불 화)가 의미부이고 孰^(누구 숙)이 소리부로, 제단에 올리기 위해 ^(孰) 제수를 불^(火)에 삶는 모습을 그렸으며, 이로부터 익히다의 뜻이, 다시 낯이 익다, 익숙하다, 熟練^(숙련)되다, 정도가 깊다 등의 뜻이 나 왔다. 孰이 '누구'라는 의문사로 가차되어 쓰이자, 火를 더해 분화한 글자이다.

字形 羇 說文小篆

●예● 成熟(성숙), 熟成(숙성), 未熟(미숙), 能熟(능숙), 完熟(완숙), 親 熟(친숙), 熟眠(숙면)

463

肅(엄숙할 숙): 肃, sù, 聿-6, 12, 40

字解 회의. 聿^(붓 율)과 붜^(못 연, 淵의 원래 글자)으로 구성되어, 붓^(聿)으로 수놓을 밑 그림^(붜)을 그리는 모습을 형상화하여 '수를 놓다'는 뜻을 그렸다. 수 를 놓을 때는 주의를 집중해야 하므로 이에 '엄숙'이나 진지하다의 뜻이 생겼다. 그러자 원래 뜻은 다시 糸^(가는 실 멱)을 더한 繡^(수놓을 수)로 분화했다. 중국의 간화자에서는 肃으로 줄여 쓴다.

字形 肅 肅 金文 肅 簡牘文 肅 說文小篆 肅 說文古文

•예• 嚴肅(엄숙), 肅然(숙연), 自肅(자숙), 靜肅(정숙)

순

464

巡(돌 순): [廵], xún, 巛-4, 7, 32

字解 형성. 辵^(쉬엄쉬엄 갈 착)이 의미부이고 川^(내 천)이 소리부로, 시찰이나 경계를 위해 강의 물길^(川)을 따라 가는^(辵) 것을 말하며, 이로부터 순시하다, 순찰하다, 자세히 살피다의 뜻이 나왔으며, 둘러앉아 순서대로 돌아가며 술을 마시다는 뜻도 나왔다. 달리 辵 대신 廴^(길게 걸을 인)이 들어간 廵으로 쓰기도 한다.

字形 巡 巡 古璽文 巡 說文小篆

•예• 巡訪(순방), 巡察(순찰), 巡視(순시)

465

循(좇을 순): xún, 彳-9, 12, 30

字解 형성. 彳^(조금 걸을 척)이 의미부이고 盾^(방패 순)이 소리부로, 길^(彳)을 따라 좇아가다는 뜻을 그렸고, 이로부터 따라가다, 준수하다, 찾아 나서다 등의 뜻이 나왔다.

字形 循 簡牘文 循 說文小篆

•예• 循環(순환)

旬(열흘 순): xún, 日-2, 6, 32

字解 형성. 日^(날 일)이 의미부이고 勺^(적을 균, 均의 원래 글자)의 생략된 모습이 소리부로, 날짜^(日)를 균등하게^(勺) 배분한 10일을 말한다. 갑골문에서는 十^(열 십)이 의미부이고 互^(돌 선)이 소리부인 구조로 되었는데, 한 주기를 도는^(互) 10일^(十)이 1순^(旬)임을 말했다. 금문에서부터 이것이 날짜의 순환 주기임을 강조하기 위해 日이 더해지고 자형이 변해 지금처럼 되었다. 10일이 원래 뜻이며, 이후 10년이라는 뜻도 나왔으며, 旬으로 구성된 글자들은 순환, 따라가다 등의 뜻을 가진다.

字形 甲骨文 金文 簡牘文 說文小篆 說文古文

●예● 中旬(중순), 下旬(하순), 七旬(칠순), 三旬九食(삼순구식)

殉(따라 죽을 순): xùn, 歹-6, 10, 30

字解 형성. 歹^(뼈 부서질 알)이 의미부이고 旬^(열흘 순)이 소리부로, '旬葬^(순장)'을 말하는데, 죽은^(歹) 사람을 따라^(旬) 산사람을 함께 묻는다는 뜻을 담았으며, 죽은 사람과 함께 묻는 기물을 말하기도 한다. 또 殉國^(순국)에서처럼 나라 등을 위해 자신의 목숨을 바치는 행위를 지칭하기도 한다.

●예● 殉國(순국), 殉職(순직), 殉敎者(순교자)

瞬(눈 깜짝일 순): shùn, 目-12, 17, 32

字解 형성. 目^(눈 목)이 의미부이고 舜^(순임금 순)이 소리부로, 눈^(目) 동자를 움직

이다는 뜻이며, 이로부터 눈을 깜짝이다는 뜻도 나왔으며, 瞬間^(순간)에서처럼 매우 짧은 시간의 비유로도 쓰인다.

●예● 瞬間(순간), 一瞬間(일순간), 瞬息間(순식간)

469

脣(입술 순): 唇, chún, 肉-7, 11, 30

<字解> 형성. 肉^(고기 육)이 의미부이고 辰^(별 진때 신)이 소리부로, 입술을 말하는데, 조개^(辰, 蜃의 본래 글자)의 입수관^(肉)에서부터 '입술'의 이미지를 그려냈다. 달리 肉 대신 口^(입 구)가 들어간 唇^(놀랄 진)으로 쓰기도 한다. 중국의 간화자에서도 唇^(입술 순)에 통합되었다.

<字形> 脣 簡牘文 脣 說文小篆 脣 說文古文

●예● 脣亡齒寒(순망치한)

술

470

術(꾀 술): 术, shù, 行-5, 11, 60

<字解> 형성. 行^(갈 행)이 의미부이고 朮^(차조 출)이 소리부로, 『설문해자』에서는 나라 안의 도로^(行)라고 했다. 길^(行)에서 농작물^(朮, 秫의 원래 글자)을 사고파는 모습을 그린 것으로 추정되며, 물건을 사고팔 때 쌍방 모두 '꾀'와 '기술'이 필요했기에 '꾀'나 방법, 戰術^(전술), 技術^(기술) 등의 뜻이 나왔다. 중국의 간화자에서는 行을 생략한 채 朮에 통합되었다.

<字形> 術 簡牘文 術 說文小篆

●예● 技術(기술), 藝術(예술), 手術(수술), 美術(미술), 學術(학술)

述(말할 술): shù, 辵-5, 9, 32

字解 형성. 辵(쉬엄쉬엄 갈 착)이 의미부이고 朮(차조 출)이 소리부로, 길을 다니며 (辵) 곡물(朮, 秫의 본래 글자)을 내다 팔고 떠벌리며 선전함을 말했고, 이후 記述(기술)하다, 敍述(서술)하다 등의 뜻이 나왔다.

字形 簡牘文 古璽文 說文小篆 說文籀文

●예● 敍述(서술), 論述(논술), 陳述(진술), 記述(기술)

習

濕(축축할 습): 湿, shī, 水-14, 17, 32

字解 형성. 水(물 수)가 의미부이고 㬎(드러날 현)이 소리부로, 원래는 강(水) 이름으로 東郡(동군)의 東武陽(동무양)에서 출원하여 바다로 들어가는 강을 말했는데, 이후 물(水)이 스며들어 축축함을 말했다. 중국의 간화자에서는 소리부 㬎을 간단하게 줄여 湿으로 쓴다.

字形 甲骨文 金文 簡牘文 說文小篆

●예● 濕氣(습기), 濕度(습도), 高溫多濕(고온다습)

襲(엄습할 습): 袭, xí, 衣-16, 22, 32

字解 형성. 衣(옷 의)가 의미부이고 龖(두 마리의 용 답삽)의 생략된 모습이 소리부로, 왼쪽으로 옷깃을 여민 옷(衣)이 원래 뜻으로 죽은 사람에게 입히는 옷을 말했다. 죽은 사람에게 여러 겹의 옷을 입힌다는 뜻에서 중

복되다, 반복하다의 뜻이 나왔고, 또 습관, 世襲^(세습), 因襲^(인습) 등의
뜻이 나왔다. 이후 준비되지 않은 상태에서 공격하다는 襲擊^(습격)의
뜻으로 가차되었다. 중국의 간화자에서는 龍^(용 룡)을 龙으로 줄인 袭
으로 쓴다.

字形 金文 簡牘文 說文小篆 說文籀文

●예● 世襲(세습), 踏襲(답습), 襲擊(습격)

승

474

僧(중 승): sēng, 人-12, 14, 32

字解 형성. 人^(사람 인)이 의미부이고 曾^(일찍 증)이 소리부로, 산스크리트어의
sangha^(僧伽승가)의 음역어로 불가에서 출가한 남성을 지칭한다. 또 스
님^(和尙화상)을 속되게 부르는 말로도 쓰였다.

字形 說文小篆

●예● 僧舞(승무), 女僧(여승)

475

昇(오를 승): shēng, 日-4, 8

字解 형성. 日^(날 일)이 의미부이고 升^(되 승)이 소리부로, 해^(日)가 떠오르다^(升)는
뜻이며, 이로부터 올라가다, 昇進^(승진)하다, 죽다 등의 뜻이 나왔다.
중국의 간화자에서는 升^(되 승)에 통합되었다.

字形 說文小篆

●예● 上昇(상승), 昇進(승진), 昇格(승격)

시

476

侍(모실 시): shi, 人-6, 8, 32

字解 형성. 人(사람 인)이 의미부이고 寺(절 사)가 소리부로, 받들어 모시다가 원래 뜻이다. '어떤 곳으로 가서 일을 처리하는(寺)' 사람(人)을 말하는데, 옛날에는 이런 사람을 寺人(사인)이라 불렀고, 이로부터 곁에서 모시다의 뜻이 나왔다.

字形 <의 古陶文 씨 簡牘文 씨 說文小篆

●예● 內侍(내시), 侍女(시녀)

477

矢(화살 시): [笑], shǐ, 矢-0, 5, 30

字解 상형. 갑골문에서 화살의 촉과 대와 꼬리를 사실적으로 그렸다. 화살은 대표적인 사냥 도구이자 무기였으며, 때로는 화살의 곧음처럼 '정확함'을, 때로는 길이를 재는 척도를 나타내기도 했다. 원래 뜻인 '화살'의 의미로, 화살의 속성에서 파생된 의미로 쓰였으며, 활은 또 고대사회에서 언제나 휴대하는 물품이었기에 사물의 길이를 재는 잣대로 쓰이기도 했다.

字形 ⋯ 甲骨文 ⋯ 金文 ⋯ 古陶文 ⋯ 簡牘文 ⋯ 說文小篆

●예● 弓矢(궁시)

식

478

息(숨 쉴 식): xī, 心-6, 10, 42

字解 회의. 自^(스스로 자)와 心^(마음 심)으로 구성되어, '숨을 쉬다'는 뜻인데, 심장^(心)에서 시작된 숨이 코^(自)로 나오는 모습을 형상화했다. 이는 폐와 코가 가장 주요한 호흡기라고 생각할 수 있지만, 심장^(心)이 펄떡펄떡 뛰면서 거친 숨을 코^(自)로 내몰아 쉬는 모습을 상상하게 한다. 그래서 休息^(휴식)은 내몰아 쉬는 숨^(息)을 가라앉혀 쉬게 하다^(休)는 뜻이다.

字形 金文 簡牘文 古璽文 說文小篆

●예● 休息(휴식), 消息(소식), 子息(자식), 歎息(탄식)

479

飾(꾸밀 식): 饰, shì, 食-5, 14, 32

字解 형성. 『설문해자』에 의하면, 巾^(수건 건)과 人^(사람 인)이 의미부이고 食^(밥 식)이 소리부로, 사람^(人)이 수건^(巾)으로 물건을 닦고 꾸미는 것을 말했으며, 이로부터 닦다, 修飾^(수식)하다, 裝飾^(장식)하다, 좋아 보이게 하다, 가리다, 장식물 등의 뜻이 나왔다. 혹자는 巾이 의미부이고 飤^(먹일 사)가 소리부인 구조로 보기도 한다. 중국의 간화자로는 饰으로 쓴다.

字形 帛書 說文小篆

●예● 裝飾(장식), 假飾(가식), 修飾(수식), 服飾(복식)

신

480

伸(펼 신): shēn, 人-5, 7, 30

（字解） 형성. 人^(사람 인)이 의미부이고 申^(아홉째 지지 신)이 소리부로, 번개^(申)가 뻗어나가듯 사람^(人)의 몸을 쭉 '펴다'는 뜻이며, 속에 있는 말을 꺼내어 진술하다는 뜻도 생겼다.

（字形） 𢑚 簡牘文　𦥔 說文小篆

●예● 伸縮性(신축성), 伸張(신장)

481

愼(삼갈 신): 慎, [眘, 昚], shèn, 心-10, 13, 32

（字解） 형성. 心^(마음 심)이 의미부이고 眞^(참 진)이 소리부로, 조심하다는 뜻인데, 점복을 칠 때의 진실 된^(眞) 마음^(心)처럼 신중하고 삼가야 함을 말한다. 중국의 간화자에서는 慎으로 쓴다.

（字形） 𠳂 金文　𢚊 𢟋 簡牘文　𢜩 說文小篆　𣈴 說文古文

●예● 愼重(신중), 勤愼(근신), 愼獨(신독)

482

晨(새벽 신): [曟], chén, 日-7, 11, 30

（字解） 형성. 日^(날 일)이 의미부이고 辰^(때 산별 진)이 소리부로, 조개 칼^(辰)로 상징되는 농사일이 시작되는 이른 시간대^(日)인 '새벽'을 말하며, 28宿^(수)의 하나인 房星^(방성)을 지칭하기도 한다.

•예• 昏定晨省(혼정신성)

심

483

審(살필 심): 审, [寀], shěn, 宀-12, 15, 32

字解 회의. 원래 宀(집 면)과 釆(분별할 변)과 口(입 구)로 구성되어, 집안(宀)에서 하나하나 따져가며(釆) 물어봄(口)을 형상화했다. 이후 口가 田(밭 전)으로 변해 審이 되었으며, 달리 宀이 빠진 寀(살필 심)으로 쓰기도 한다. 이로부터 자세히 살피다, 따지다, 신중하다, 알다, 이해하다 등의 뜻이 나왔다. 중국의 간화자에서는 宀과 申(아홉째지지 신)으로 구성된 审으로 쓴다.

字形 金文 簡牘文 說文小篆 說文篆文

•예• 審判(심판), 審議(심의), 審査(심사), 審問(심문)

484

尋(찾을 심): 寻, xún, 寸-9, 12, 30

字解 회의. 갑골문에서는 두 손과 막대 혹은 돗자리로 구성되어, 양팔을 벌려 길이를 재는 모습을 그렸다. 소전체에 들면서 오른손(又·우)이 右(오른쪽 우)로, 왼손(屮·촌)이 左(왼쪽 좌)로 변하면서 工(장인 공)과 口(입 구)가 더해졌고, 소리부인 彡(터럭 삼)이 더해졌는데, 이후 彡이 빠져 지금의 자형이 되었다. 옛날의 길이 단위로 8자(尺)를 1尋이라 했는데, 벌린 양팔 간의 길이에 해당한다. 팔을 벌려 길이를 가늠한다는 뜻에서 尋思(심사)에서처럼 깊이 생각하다는 뜻이, 다시 '찾다'는 뜻이 나왔다. 중국

의 간화자에서는 工과 口를 생략한 큭으로 쓴다.

甲骨文 說文小篆

●예● 尋訪(심방)

쌍

485

雙(쌍 쌍): 双, shuāng, 隹-10, 18, 32

회의. 두 개의 隹^(새 추)와 又^(또 우)로 구성되어, 새^(隹) 두 마리를 손^(又)으로 잡은 모습에서 새 두 마리를 말했고, 이로부터 '쌍'과 '짝'의 의미가 나왔다. 또 새나 배를 헤아리는 단위사로도 쓰였다. 중국의 간화자에서는 두 개의 又로 구성된 双으로 쓴다.

字形 古陶文 簡牘文 說文小篆

●예● 雙方(쌍방), 雙曲線(쌍곡선)

죽간 문자. 마왕퇴(馬王堆) 죽간. 한나라 초기, 호남성 장사
마왕퇴 제1호 묘에서 출토. 대나무 조각편을 가공해 붓으로
썼다.

ㅇ

아

486

亞(버금 아): 亚, yà, 二-6, 8, 32

字解 상형. 자원은 분명하진 않지만, 갑골문에서부터 지금의 모습과 유사하며, 무덤의 墓室^(묘실)을 그린 것으로 알려져 있다. 즉 무덤의 玄室^(현실관을 놓는 곳)의 평면도를 그린 것이 亞이다. 亞에서 사방으로 뻗은 길은 동서남북의 방위를 뜻하며, 이는 당시 사람들이 네모졌다고 생각했던 동서남북 사방과 중앙으로 이루어진 땅의 모습이자 자신들이 살았던 영역의 상징이었다. 이후 왕의 무덤을 관리하던 관직으로부터 '버금'이라는 뜻이 나왔다. 또 亞細亞^(아세아)에서처럼 'Asia'의 음역자로도 쓰인다. 중국의 간화자에서는 간단히 줄여 亚로 쓴다.

字形 甲骨文 金文 古陶文 簡牘文 說文小篆

●예● 東南亞(동남아), 亞熱帶(아열대), 亞聖(아성)

487

牙(어금니 아): yá, 牙-0, 4, 32

字解 상형. 아래위의 어금니가 서로 맞물린 모양을 그렸는데, 자형이 변해 지금처럼 되었다. 어금니는 음식물을 씹어 으깨는 중요한 역할을 하기에 '이빨'을 통칭하게 되었으며, 이발처럼 생긴 것도 지칭하게 되

었다. 『설문해자』의 고문체 등에서는 이빨임을 강조하기 위해 齒^(이치)가 더해지기도 했다. 이빨은 다른 공격도구가 없는 사람에게 손톱과 함께 중요한 공격도구이자 방어도구였다. 그런가 하면 우리말에서도 말을 잘하는 사람을 두고 '이빨이 세다'고 표현하는 것처럼, 이빨은 언변의 상징이었다. 牙가 중매쟁이를 뜻하게 된 것도, 말로 상대방을 연결해 결합시키는 역할을 하기 때문이다.

字形 ⺎ ⺍ ⺎ 金文 ⺬ 㠯古陶文 ⺎ 㠯簡牘文 ⺎ 㓦說文小篆 㦮說文古文

●예● 齒牙(치아), 象牙(상아)

488

芽(싹 아): yá, 艸-4, 8, 32

字解 형성. 艸^(풀 초)가 의미부이고 牙^(어금니 아)가 소리부로, 식물^(艸)의 새싹을 말하며, 이로부터 싹이 트다, 사물의 시작 등을 뜻하게 되었다.

字形 㐄 說文小篆

●예● 發芽(발아)

489

雅(메 까마귀 아): yǎ, 隹-4, 12, 32

字解 형성. 隹^(새 추)가 의미부이고 牙^(어금니 아)가 소리부로, 鴉^(갈 까마귀 아)와 같은 글자였다. 까마귀는 태양을 지키는 신성한 새로, 또 효성스런 새^(孝鳥효조)라 불리며 사람들의 사랑을 받았던 아름다운 성품을 지닌 새^(佳)였기에 '고상하다', '優雅^(우아)하다'는 뜻을 갖게 되었으며, 이로부터 정식의, 아름다운, 高雅^(고아)한, 대단하다 등의 뜻이 나왔다. 이후 사

용의 편의를 위해 隹가 들어간 雅는 고상하다는 뜻으로, 鳥^(새 조)가
들어간 鴉는 까마귀라는 뜻으로 역할을 나누어 쓰었다.

（字形） 🐦雅 簡牘文　🐦雅 說文小篆

●예● 優雅(우아), 淸雅(청아), 端雅(단아)

490

餓(주릴 아): 饿, è, 食-7, 16, 30

（字解） 형성. 食^(밥 식)이 의미부이고 我^(나 아)가 소리부로, 우리^(我)가 먹을 음식
^(食)은 언제나 절약해 주린 듯 살아야 한다는 뜻에서 '굶주리다'는 뜻
이, 다시 굶어죽다는 뜻이 나왔다.

（字形） 🍚餓 說文小篆

●예● 飢餓(기아), 餓死(아사)

악

491

岳(큰 산 악): [嶽, 岊, 岊], yuè, 山-5, 8, 30

（字解） 회의. 갑골문에서 산이 겹겹이 중첩된 모습으로부터 '큰 산'을 그렸는
데, 이후 丘^(언덕 구)와 山^(뫼 산)의 결합으로 바뀌어 지금의 자형이 되었
다. 이후 다시 丘 대신 소리부인 獄^(옥 옥)을 더해 嶽을 만들기도 했
다. 四嶽^(사악)이나 五嶽^(오악)과 같이 천하의 명산을 말했으며, 이후 높
은 산을 지칭하기도 했다. 또 사방의 신에게 드리는 제사를 주관하
는 관직의 이름으로도 쓰였다. 현대 중국에서는 嶽의 중국의 간화자
로도 쓰인다.

字形 甲骨文 說文小篆 說文古文
•예• 山岳(산악)

안

492

岸(언덕 안): àn, 山-5, 8, 32

字解 형성. 山(뫼 산)이 의미부이고 厈(굴 바위 엄)이 소리부로, 山에 만들어진 깎아지른(厂) 큰(十 간) 낭떠러지를 말했는데, 이후 물가의 언덕까지 지칭하게 되었다.

字形 簡牘文 岸 說文小篆
•예• 海岸(해안), 沿岸(연안)

493

雁(기러기 안): [鴈], yàn, 隹-4, 12, 30

字解 형성. 人(사람 인)과 隹(새 추)가 의미부이고 厂(기슭 엄)이 소리부로, 고대인들은 기러기를 인간(人)의 덕성을 갖춘 새(隹)로 생각했고, 그래서 기러기는 결혼의 상징물로 쓰이기도 했다. 소리부로 쓰인 厂(기슭 엄)은 철새인 기러기가 둥지를 트는 언덕이나 바위 기슭을 상징하여, 독음 기능 뿐 아니라 의미도 함께 가진다. 隹는 鳥(새 조)로 바뀌어 鴈으로 쓰기도 한다. 雁은 이후 '가짜'라는 뜻으로 가차되었는데, 돈벌이를 위해 만든 '짝퉁'임을 더욱 구체적으로 표현하고자 貝(조개 패)를 더한 贋(贗·가짜 안)이 만들어졌다.

字形 簡牘文 雁 說文小篆

•예● 木雁(목안), 雁書(안서), 鴻雁(홍안)

알

494

謁(아뢸 알): 谒, yè, 言-9, 16, 30

(字解) 형성. 言(말씀 언)이 의미부이고 曷(어찌 갈)이 소리부로, 높은 사람을 찾아 뵙다(謁見·알현)는 뜻인데, 어떤 것을 요구하기(曷) 위해 찾아가서 말하다(言)는 것을 말한다.

(字形) 喬曷 喬曷 簡牘文 謁 說文小篆

•예● 謁見(알현), 拜謁(배알)

압

495

壓(누를 압): 压, yā, 土-14, 17, 42

(字解) 형성. 土(흙 토)가 의미부이고 厭(싫을 염)이 소리부로, 원래는 흙(土)이 무너짐을 말했다. 흙이 무너지는 것은 누르는 힘에 의한 것이기 때문에 壓迫(압박)에서처럼 '누르다'는 의미가 나왔다. 중국의 간화자에서는 厭을 厂(기슭 엄)으로 줄이고 土에 점을 더하여(圡) 压으로 쓴다.

(字形) 壓 說文小篆

•예● 壓力(압력), 壓縮(압축), 壓迫(압박), 壓卷(압권), 血壓(혈압)

押(누를 압): yā, 手-5, 8, 30

字解 형성. 手^(손 수)가 의미부이고 甲^(첫째 천간 갑)이 소리부로, 손^(手)으로 누르다는 뜻이며, 이후 손으로 눌러 도장을 찍다는 뜻에서 서명하다 등의 뜻이 나왔다.

•예• 押留(압류)

앙

央(가운데 앙): yāng, 大-2, 5, 32

字解 상형. 목에 칼^(니)을 쓴 사람^(大대)의 모습을 그렸으며, 형벌을 받았다는 뜻에서 원래 '재앙'을 뜻했다. 이후 칼의 中央^(중앙)에 목이 위치함으로 해서 '中央^(중앙)'이라는 뜻으로 주로 쓰이게 되었고, 그러자 원래 뜻은 歹^(뼈 부서질 알)을 더한 殃^(재앙 앙)으로 분화했다.

字形 甲骨文 金文 簡牘文 說文小篆

•예• 中央(중앙)

殃(재앙 앙): yāng, 歹-5, 9, 30

字解 형성. 歹^(뼈 부서질 알)이 의미부이고 央^(가운데 앙)이 소리부로, '재앙'이나 재난을 말하는데, 목에 칼을 쓴^(央) 죽음^(歹)과 진배없다는 뜻을 담았다.

字形 金文 說文小篆

•예• 災殃(재앙)

애

499

涯(물가 애): yá, 水-8, 11, 30

字解 형성. 水(물 수)가 의미부이고 厓(언덕 애)가 소리부로, 물(水) 가에 생긴 절벽(厓)을 말하며, 땅이나 물의 끝 부분이라는 뜻에서 경계, 함께, 끝 등의 뜻이 생겼다.

字形 涯 說文小篆

•예• 生涯(생애), 天涯(천애)

액

500

厄(액 액): [軛], è, 厂-2, 4, 30

字解 상형. 이의 자원에 대해서는 의견이 분분하나, 청나라 말 때의 孫詒讓(손이양)은 '멍에'를 그렸다고 했다. 厄은 원래 戶(지게 호)가 의미부이고 乙(새 을)이 소리부인 구조의 戹으로 쓰기도 하였다. 厄이 '좁다'는 뜻으로 가차되어 쓰이게 되자, 원래의 뜻은 車(수레 거)를 더한 軛(멍에 액)으로 분화했다. 이후 재난, 재앙, 액 등의 뜻으로도 쓰여 어려움이나 곤란을 당하다 등의 뜻도 가진다.

字形 厄 金文 厄 簡牘文 厄 說文小篆

•예• 厄運(액운)

501

額(이마 액): 额, [頟], é, 頁-9, 18, 40

字解 형성. 頁^(머리 혈)이 의미부이고 客^(손 객)이 소리부로, 얼굴^(頁)에서의 '이마'를 말하며, 이마가 얼굴의 윗부분에 있음으로써 '높다', '편액' 등을 뜻하였고, 다시 일정한 額數^(액수) 등의 뜻도 나왔다. 달리 客을 各^(각각 각)으로 바꾼 頟으로 쓰기도 한다.

●예● 金額(금액), 額數(액수), 總額(총액), 巨額(거액), 額面(액면)

야

502

耶(어조사 야): yé, 耳-3, 9, 30

字解 형성. 耳^(귀 이)가 의미부이고 邪^(간사할 사)의 생략된 모습이 소리부로 된 구조이지만, 문법소로만 쓰여 원래 뜻은 알 수가 없다. 소전체에서는 邪와 같이 썼으나, 이후 의문을 나타내는 어조사로 쓰였다. 또 爺^(아비 야)와 같은 뜻으로 쓰이기도 하고, '예수^(耶蘇·Jesus)'를 나타내는 음역자로도 쓰인다.

字形 [글자 이미지] 簡牘文 [글자 이미지] 說文小篆

●예●

약

503

躍(뛸 약): 跃, yuè, 足-14, 21, 30

字解 형성. 足^(발 족)이 의미부이고 翟^(꿩 적)이 소리부로, 꿩^(翟)처럼 폴짝폴짝

'뛰어오르는' 발^(足) 동작을 말하며, 이로부터 신속하다, 빠르다 등의
뜻도 나왔다. 중국의 간화자에서는 소리부 翟를 夭^(어릴 요)로 바꾼 跃
으로 쓴다.

字形 躍 說文小篆

●예● 跳躍(도약), 躍進(약진), 活躍(활약)

양

504

壤(흙 양): răng, 土-17, 20, 32

字解 형성. 土^(흙 토)가 의미부이고 襄^(도울 양)이 소리부로, 겉을 걷어낸^(襄) 속의
부드러운 흙^(土)을 말하며, 이로부터 土壤^(토양), 흙을 걷어내다, 경작지,
땅, 영토 등의 뜻이 나왔다.

字形 爢 爢 爢 簡牘文 壤 說文小篆

●예● 土壤(토양)

505

楊(버들 양): 杨, yáng, 木-9, 13, 30

字解 형성. 木^(나무 목)이 의미부이고 昜^(볕 양)이 소리부로, '수양버들'을 말하는
데, 봄 햇살^(昜)을 받아 제일 먼저 잎이 돋아나는 나무^(木)라는 뜻을
담았다. 나라 이름과 성씨, 새 이름으로도 쓰였으며, 전국 때의 철학
자인 楊朱^(양주)와 그 학파를 지칭하기도 한다. 중국의 간화자에서는
昜을 杨으로 줄여 杨으로 쓴다.

字形 楊 甲骨文 楊 楊 楊 古陶文 楊 楊 楊 簡牘文 楊 古璽文 楊 說文

小篆

●예● 垂楊(수양)

506

樣(모양 양): 样, yàng, 木-11, 15, 40

字解 형성. 木^(나무 목)이 의미부이고 羕^(강이 길 양)이 소리부로, 橡^(상수리나무 상)의 원래 글자로, 상수리나무^(木)의 열매를 말했는데, 이후 모양이나 견본^(見樣·견양)이라는 뜻으로 가차되었고, 다시 형식이나 종류, 표준 기물 등의 뜻이 나왔다. 중국의 간화자에서는 羕을 羊^(양 양)으로 바꾼 样으로 쓴다.

●예● 樣式(양식), 模樣(모양), 多樣(다양)

어

507

御(어거할 어): yù, 彳-8, 11, 32

字解 회의. 원래 실^(소·요)로 만든 채찍을 들고 앉은 사람^(卩·절)의 모습을 그려, 길에서 마차를 모는 모습을 형상화했다. 이후 길을 뜻하는 彳^(조금 걸을 척)이 더해졌고, 幺^(작을 요)가 소리부인 午^(일곱째 지지 오)로 바뀌어 지금의 형체가 되었으며, 간혹 攴^(칠 복)을 더하여 채찍질하는 모습을 강조하기도 했다. 수레를 몰다는 뜻에서 制御^(제어)하다, 방어하다, 다스리다는 뜻까지 생겼으며, 임금과 관련된 것을 지칭하는 데도 쓰였다. 또 제사 이름으로 쓰였는데, 이때에는 示^(보일 시)를 더한 禦^(막을 어)로 분화했으나, 중국의 간화자에서는 御로 다시 돌아갔다.

字形 〔甲骨文 글자들〕 甲骨文 〔金文 글자들〕 金

文 　🖼 古陶文　🖼🖼🖼🖼 簡牘文　🖼 說文小篆　🖼 說文古
文

●예● 制御(제어), 崩御(붕어)

억

抑(누를 억): yì, 手-4, 7, 32

字解 형성. 手(손 수)가 의미부이고 卬(나 앙)이 소리부이지만, 원래는 手와 印(도장 인)으로 이루어졌고, 손으로 눌러 사람을 꿇어앉힌 모습(卬)에서 '누르다'는 뜻을 그렸는데, 이후 손동작을 강조하기 위해 手를 더했고, 印이 卬으로 잘못 변해 지금의 자형이 되었다. '누르다'가 원래 뜻이고, 이로부터 抑制(억제)하다 등의 뜻이 나왔다.

字形 🖼🖼 甲骨文　🖼 說文小篆　🖼 說文重文

●예● 抑壓(억압), 抑制(억제), 抑留(억류)

언

焉(어찌 언): yān, 火-7, 11, 30

字解 상형. 새의 모습을 그렸으며, 새의 이름으로 쓰였다. 長江(장강)과 淮水(회수) 등지에 사는 황색의 새(焉鳥·언조)를 말했는데, 이후 '어찌'라는 의문 부사로 가차되었다.

字形 🖼 金文　🖼🖼 簡牘文　🖼 說文小篆

●예● 於焉間(어언간)

여

510

予(나 여): yǔ, 」-3, 4, 30

字解 상형. 『설문해자』에서는 손으로 무엇인가를 다른 사람에게 내미는 모습이라고 했지만, 베틀의 북 끝이 서로 교차한 모습을 그렸고, 한 쪽 북에는 실이 달려진 모습으로 보는 것이 더 합리적이라 생각된다. 북은 베를 짤 때 씨실의 꾸리를 넣어 날실의 틈으로 오가게 하며 씨실을 풀어 주는 구실을 하는 장치로 배처럼 생긴 나무통을 말한다. 이로부터 '오가다', '북^(機사)의 뜻이 나왔다. 이후 일인칭 대명사로 가차되어 쓰였고 그러자 원래 뜻은 木^(나무 목)을 더해 杼^(북 저)로 분화했다.

字形 𭃗 說文小篆

●예● 與奪(여탈)

511

輿(수레 여): 舆, [轝], yú, 車-10, 17, 30

字解 형성. 車^(수레 거차)가 의미부이고 舁^(마주들 여)가 소리부로, 서로 함께 힘을 합해야만 들 수 있는^(舁) 것이 수레^(車)임을 말해 주고 있다. 이후 가마, 상여용 수레, 직위가 낮은 병졸 등을 지칭하기도 했다. 중국의 간화자에서는 舆로 쓴다.

字形 𣥃 𣥃 𣥃 甲骨文 𣄼 古陶文 𦰩 𦰩 簡牘文 𣄼 說文小篆

●예● 輿論(여론), 喪輿(상여)

역

512

域(지경 역): yù, 土-8, 11, 40

字解 형성. 土^(흙 토)가 의미부이고 或^(혹 혹)이 소리부로, 나라^(或, 國의 원래 글자)가 갖는 구역이나 땅^(土)을 말하며, 이로부터 경계, 區域^(구역), 범위, 봉읍, 한계 등의 뜻이 나왔다.

字形 甲骨文 金文 古陶文 盟書 簡牘文 帛書 說文小篆 說文或體

●예● 地域(지역), 廣域市(광역시), 區域(구역), 領域(영역)

513

役(부릴 역): yì, 彳-4, 7, 32

字解 형성. 殳^(창 수)가 의미부이고 彳^(조금 걸을 척)이 소리부로, 길^(彳, 行의 줄임형)에서 노역을 시키다^(殳) 뜻이다. 갑골문에서는 人^(사람 인)과 殳로 구성되어 사람^(人)의 뒤쪽으로 창^(殳)이 놓여, 사람^(人)을 강제로 몰아 부리는^(殳) 모습에서 負役^(부역)이나 勞役^(노역)의 의미를 그렸는데, 人이 彳^(조금 걸을 척)으로 변해 지금의 자형이 되었다. 이후 부리다, 강제하다, 병역, 戰役^(전역) 등의 뜻이 나왔다.

字形 甲骨文 說文小篆 說文古文

●예● 用役(용역), 現役(현역), 兵役(병역), 懲役(징역)

514

疫(돌림병 역): yì, 疒-4, 9, 32

字解 형성. 疒(병들어 기댈 녁)이 의미부이고 殳(창 수)가 소리부로, 전염병을 말하는데, 몰아내어야 할(殳) 질병(疒)이 바로 돌림병이자 疫病(역병)임을 그렸다.

字形 疒 簡牘文 𤶼 說文小篆

•예• 防疫(방역), 疫病(역병), 免疫(면역), 檢疫(검역)

515

譯(통변할 역): 译, yì, 言-13, 20, 32

字解 형성. 言(말씀 언)이 의미부이고 睪(엿볼 역)이 소리부로, 말(言)을 알맞게 골라(睪) 다른 말로 통역함을 말한다. 이로부터 번역하다, 번역하는 사람, 말이 통하지 않는 다른 지역 등의 뜻이 나왔다. 중국의 간화자에서는 睪을 圣으로 간단하게 줄여 译으로 쓴다.

字形 𧩙 簡牘文 譯 說文小篆

•예• 飜譯(번역), 通譯(통역), 譯官(역관)

516

驛(역참 역): 驿, yì, 馬-13, 23, 32

字解 형성. 馬(말 마)가 의미부이고 睪(엿볼 역)이 소리부로, 역마를 말하는데, '골라(睪) 탈 수 있는 말(馬)'이라는 의미를 담았고, 그런 말이 역마로 있는 역참이나 정거장을 말했다. 중국의 간화자에서는 睪을 圣으로 간단하게 줄여 驿으로 쓴다.

•예• 電鐵驛(전철역), 驛舍(역사), 驛前(역전)

연

517

宴(잔치 연): [醼, 讌], yàn, 宀-7, 10, 32

字解 형성. 宀(집 면)이 의미부이고 妟(편안할 안)이 소리부로, 집(宀)에서 편안하게(妟) 지냄을 말하고, 이로부터 편안한다, 즐겁다의 뜻이 나왔다. 또 술이나 음식으로 초대해 함께 식사하는 것을 말하여 '잔치'의 뜻도 나왔으며, 달리 酉(닭 유, 술통을 그렸음)나 言(말씀 언)이 들어간 醼(잔치 연)이나 讌(잔치 연) 등으로도 쓴다.

字形 [금문 글자들] 金文 [소전 글자] 說文小篆

●예● 宴會(연회), 回甲宴(회갑연)

518

延(끌 연): yán, 廴-4, 7, 40

字解 회의. 갑골문에서 사방으로 난 길(彳·척, 行의 생략형)과 발(止·지)로 구성되어 먼 길(彳)을 가는(止) 모습을 형상화했는데, 止에 삐침 획(丿)이 더해져 지금의 자형이 되었다. '멀리가다'가 원래 뜻이고, 이로부터 延長(연장, 길게 늘이다)의 뜻이 나왔다.

字形 [금문 글자] 金文 [간독문 글자들] 簡牘文 [소전 글자] 說文小篆

●예● 遲延(지연), 延長(연장), 延期(연기), 延滯(연체), 延着(연착)

519

沿(따를 연): [沿], yán, 水-5, 8, 32

字解 형성. 水(물 수)가 의미부이고 㕣(산 속의 늪 연)이 소리부로, 강(水)가를 따라
내려가다는 뜻으로부터 따르다, 이어받다, 沿岸(연안) 등의 뜻이 나왔
고, '길을 따라가다'의 뜻도 나왔다.

字形 𣲖 說文小篆

●예● 沿岸(연안), 沿海(연해), 沿革(연혁)

520

演(멀리 흐를 연): yǎn, 水-11, 14, 42

字解 형성. 水(물 수)가 의미부이고 寅(셋째 지지 인)이 소리부로, 길게 늘어뜨린
장신구(寅)처럼 '강물(水)이 길게 흐르다'는 뜻이며, 길게 흐르는 '강물
주위의 습지', '습윤하다' 등의 뜻이 나왔다. 강물이 주위의 땅을 적
셔 습윤하게 만들듯 영향을 확대하다의 뜻을 갖게 되었고, 이로부터
끊임없이 변화하다, 演出(연출)하다, 演繹(연역) 등의 뜻이 나왔다.

字形 濱 說文小篆

●예● 演說(연설), 演劇(연극), 演藝人(연예인), 公演(공연), 演技(연기)

521

燃(사를 연): rán, 火-12, 16, 40

字解 형성. 火(불 화)가 의미부이고 然(그럴 연)이 소리부로, 불(火)에 개고기를 굽
는(然) 모습으로부터 '불사르다'는 뜻을 그렸다.

字形 𤒫𤐰 金文 𤏻 𤏳 簡牘文 燃 說文小篆 䕼 說文或體

•예• 燃料(연료), 燃燒(연소), 可燃性(가연성)

522

燕(제비 연): yàn, 火-12, 16, 32

字解 상형. 크게 벌린 입과 머리와 세차게 날아오르는 날개와 꼬리를 갖춘 '제비'의 모습을 형상했다. 아직도 대체적인 모습을 간직하고 있으나, 예서체에 들면서 꼬리 부분이 네 점^(灬)으로 변해 火^(불 화)와 혼용되어 버렸다.

字形 燕 說文小篆

•예• 燕尾服(연미복)

523

緣(가선 연): 缘, yuán, 糸-9, 15, 40

字解 형성. 糸^(가는 실 멱)이 의미부이고 彖^(단 단)이 소리부로, 옷의 가장자리^(緣)를 따라 실^(糸)로 장식하다가 원래 뜻이며, 가장자리는 외부와 연결되는 부위이므로 因緣^(인연)이라는 뜻까지 나왔다.

字形 緣 緣 簡牘文 緣 說文小篆

•예• 因緣(인연), 事緣(사연), 學緣(학연), 地緣(지연), 血緣(혈연)

524

軟(연할 연): 软, [輭], ruǎn, 車-4, 11, 32

字解 형성. 車^(수레 거차)가 의미부이고 欠^(하품 흠)이 소리부로, 바퀴를 보드랍게 싼 수레라는 의미를 직접적으로 그렸다. 바퀴를 '보드랍게^(奧·연)' 싼

출상용 수레^(車)를 말했고, 이로부터 '부드러움'의 의미를 가져왔다. 이후 연하다는 뜻에서 쉽게 움직이다, 귀가 얇다, 질이 나쁘다 등의 뜻이 나왔고, 영어의 'soft'의 대역어로도 쓰인다. 원래는 輭^(연할 연)으로 썼으며, 중국의 간화자에서는 软으로 쓴다.

字形 ![字形]　簡牘文　軝　軝古璽文　軿 說文小篆

●예● 柔軟(유연), 軟弱(연약), 軟骨(연골), 軟體動物(연체동물)

525

鉛(납 연): 铅, [鈆], qiān, 金-5, 13, 40

字解 형성. 金^(쇠 금)이 의미부이고 㕣^(산 속의 늪 연)이 소리부로, 금속^(金)의 일종인 납^(鉛)을 말한다. 이후 黑鉛^(흑연)도 지칭하였고, 흑연으로 만든 鉛筆^(연필)이라는 뜻도 나왔다. 납의 무른 속성 때문에 '무르다'의 뜻도 나왔다.

字形 說文小篆

●예● 鉛筆(연필), 黑鉛(흑연), 亞鉛(아연)

열

526

閱(검열할 열): 阅, yuè, 門-7, 15, 30

字解 형성. 門^(문 문)이 의미부이고 說^(말씀 설)의 생략된 모습이 소리부로, 관문^(門)에서 드나드는 인력과 물자의 수량을 자세히 헤아려 말함^(說)을 뜻한다. 이로부터 檢閱^(검열)의 뜻이 나왔고, 다시 閱讀^(열독)에서처럼 '훑어 살핌'을 뜻하게 되었다. 중국의 간화자에서는 阅로 쓴다.

字形 𦨝 簡牘文　閺 說文小篆

●예● 檢閱(검열), 閱覽(열람)

염

527

染(물들일 염): rǎn, 木-5, 9

字解 형성. 水^(물 수)가 의미부이고 朵^(섶일 잠)이 소리부로, 나무^(木)에서 채취한 염료를 여러 번^(九 구) 물^(木)에 담가 물들이는^(染色·염색) 모습을 그렸으며, 이로부터 染色하다, 染料^(염료), 영향을 주다, 感染^(감염)되다 등의 뜻이 나왔다.

字形 㷿 說文小篆

●예● 染色(염색), 感染(감염), 汚染(오염), 傳染病(전염병)

528

鹽(소금 염): 盐, yán, 鹵-13, 24, 32

字解 형성. 鹵^(소금 로)가 의미부이고 監^(볼 감)이 소리부로, 소금을 통칭하는데, 소금^(鹵) 만드는 과정을 감독^(監)하고 국가의 전매품이었던 소금의 질과 유통을 감시^(監)한다는 뜻으로부터 '소금'의 의미를 그려냈다. 이후 눈^(雪·설)의 비유로도 쓰였다. 중국의 간화자에서는 윗부분을 卜으로 간단하게 줄인 盐으로 쓴다.

字形 𪉸 簡牘文　鹽 說文小篆

●예● 鹽田(염전), 鹽度(염도)

영

529

影(그림자 영): yǐng, 彡-12, 15, 32

字解 형성. 彡^(터럭 삼)이 의미부이고 景^(볕 경)이 소리부로, 태양^(日)의 강렬한 빛^(彡)에 의해 비치는 높은 집^(京)들의 '그림자'를 형상화했는데, 이후 그림자처럼 그대로 그려냈다는 뜻에서 복사하다^(影印·영인)는 뜻이 생겼으며, 다시 모습이나 형상 등의 의미로 확장되었다.

●예● 影響(영향), 反影(반영), 投影(투영)

530

映(비출 영): [暎], yìng, 日-5, 9, 40

字解 형성. 日^(날 일)이 의미부이고 央^(가운데 앙)이 소리부로, 태양^(日)이 한가운데^(央)라는 뜻인데, 이후 빛^(日)이 상자의 정중앙^(央)을 통과하여 맺힌 상을 뜻하게 되었다. 카메라 옵스큐라^(camera obscura) 즉 사진기 발명 이전 스케치용으로 주로 쓰이던 어둠상자는 이의 원리를 응용했으며, 이후 映畵^(영화)로 발전했다.

字形 映 說文小篆

●예● 映畵(영화), 映像(영상), 上映(상영), 放映(방영)

531

泳(헤엄칠 영): yǒng, 水-5, 8, 30

字解 형성. 水^(물 수)가 의미부이고 永^(길 영)이 소리부로, 원래 사람^(人)이 강^(水)에서 수영하는 모습을 그린 永에 다시 水를 더해 분화한 글자이다.

•예• 水泳(수영), 背泳(배영)

532

泳(경영할 영): 营, yíng, 火-13, 17, 40

⟨字解⟩ 형성. 宮(집 궁)의 생략된 모습이 의미부이고 熒(등불 형)의 생략된 모습이 소리부로, 궁실(宮)처럼 주위를 담으로 쌓다는 뜻이다. 이로부터 집을 짓다, 군대의 주둔지, 군대의 편제 단위 등의 뜻이, 다시 계획하다 등의 뜻이 나왔고, 현대에서는 經營(경영)의 의미까지 갖게 되었다. 중국의 간화자에서는 윗부분을 간단하게 줄인 营으로 쓴다.

⟨字形⟩ 金文 簡牘文 說文小篆

•예• 經營(경영), 運營(운영), 營業(영업)

533

詠(읊을 영): 咏, yǒng, 言-5, 12, 30

⟨字解⟩ 형성. 言(말씀 언)이 의미부이고 永(길 영)이 소리부로, 말(言)로 길게(永) 읊조리는 가락이나 시를 말했고, 이로부터 '노래하다'는 뜻이 나왔다. 달리 言 대신 口(입 구)가 들어간 咏(읊을 영)으로 쓰기도 한다. 중국의 간화자에서는 咏에 통합되었다.

⟨字形⟩ 金文 說文或體

•예• 詠歎(영탄)

예

534

譽(기릴 예): 誉, yù, 言-14, 21, 32

字解 형성. 言^(말씀 언)이 의미부이고 與^(줄 여)가 소리부로, 말^(言)로써 공적을 들어 올려^(與) 찬양하고 기림을 말하며, 이로부터 名譽^(명예)의 뜻이 나왔다. 중국의 간화자에서는 윗부분을 간단하게 줄인 誉로 쓴다.

字形 [그림] 簡牘文 [그림] 說文小篆

●예● 名譽(명예)

535

豫(미리 예): [忄予] yù, 豕-9, 16, 40

字解 형성. 象^(코끼리 상)이 의미부이고 予^(나 여)가 소리부로, 큰 코끼리^(象)를 뜻했다. 코끼리는 의심이 많은 동물이어서 일을 하기 전에 반드시 먼저 생각을 한다고 알려졌다. 이러한 특성에서 豫想^(예상)하다는 뜻이 생겼고 곧바로 결정하지 못한다는 의미에서 猶豫^(유예)의 뜻도 나왔다. 한편, 코끼리는 또 몸집이 대단히 큰 동물이지만 다른 동물을 해치지 않는다. 이러한 특성 때문에 逸豫^(일예)에서처럼 '관대하다'는 뜻도 나왔다. 상나라 때만 해도 중원 지역으로 불렸던 지금의 하남성에 야생 코끼리가 많이 살았고, 그 때문에 지금도 豫는 하남성의 상징어로 쓰이고 있으며, 코끼리는 하남성 성도인 鄭州^(정주)의 상징 동물이다.

字形 [그림]古陶文 [그림]簡牘文 [그림] 說文小篆 [그림] 說文古文

●예● 豫定(예정), 豫想(예상), 豫告(예고), 豫報(예보), 豫防(예방), 豫約(예약)

536

銳(날카로울 예): 锐, ruì, 金-7, 15, 30

(字解) 형성. 金^(쇠 금)이 의미부이고 兌^(기쁠 태)가 소리부로, 끝이 날카롭다는 뜻인데, 쇠^(金)란 모름지기 날카로워 '銳利^(예리)한' 상태여야 훌륭한 것임^(兌)을 말해 준다. 이후 예리한 무기, 감각이 뛰어나다, 精銳^(정예) 부대, 왕성하다, 급격하게 등의 뜻도 나왔다.

(字形) 銳 說文小篆

●예● 銳利(예리), 尖銳(첨예), 銳敏(예민), 銳角(예각)

오

537

傲(거만할 오): ào, 人-11, 13, 30

(字解) 형성. 人^(사람 인)이 의미부이고 敖^(놀 오)가 소리부로, 바깥으로 내쫓길^(放) 정도의 사람^(人)이란 뜻으로, 태도가 傲慢^(오만)함을 말했고, 이로부터 '굽히지 않다'는 뜻까지 나왔다.

(字形) 傲 說文小篆

●예● 傲慢(오만)

538

嗚(탄식소리 오): 呜, wū, 口-10, 13, 30

(字解) 형성. 口^(입 구)가 의미부이고 烏^(까마귀 오)가 소리부로, 놀람이나 탄식을 나타내는 감탄사를 말한다. 중국의 간화자에서는 烏를 乌로 줄인 呜로 쓴다.

●예● 嗚呼(오호)

539

娛(즐거워할 오): 娱, yú, 女-7, 10, 30

字解 형성. 女(여자 예)가 의미부이고 吳(나라 이름 오)가 소리부로, 즐겁다, 음악을 즐기다는 뜻인데, 머리를 흔들며 춤추고 노래하는(吳) 여인(女)에서 이 미지를 가져왔다. 중국의 간화자에서는 吳를 吴로 바꾼 娱로 쓴다.

字形 說文小篆

●예● 娛樂(오락)

540

汚(더러울 오): 污, [汙], wū, 水-3, 6, 30

字解 형성. 水(물 수)가 의미부이고 亏(어조사 우)가 소리부로, 물(水)이 더럽다는 뜻으로부터 더럽다, 오염되다의 뜻이 나왔다. 달리 '작은 연못'이나 '도랑(涂)'이라는 뜻이라고도 한다. 汙(더러울 오), 洿(웅덩이 오) 등과 같이 쓰이며, 중국의 간화자에서는 污가 표준체로 채택되었다.

字形 說文小篆 說文小篆

●예● 汚染(오염), 汚物(오물), 汚名(오명)

옥

541

獄(옥 옥): 狱, yù, 犬-11, 14, 32

字解 회의. 두 개의 犬(개 견)과 言(말씀 언)으로 구성되어, 개(犬) 두 마리가 서로 싸우듯(狀) 언쟁(言)을 벌이는 모습을 그렸는데, 언쟁의 결과는 訟事(송사)이고, 송사는 옥살이로 이어질 수밖에 없음을 보여준다. 이 때문에

246 고등학교용 900한자

監獄^(감옥), 소송을 벌이다 등의 뜻이 나왔다. 중국의 간화자에서는 狱
으로 쓴다.

字形 金文 簡牘文 說文小篆

●예● 監獄(감옥), 地獄(지옥)

옹

542

擁(안을 옹): 拥, yōng, 手-13, 16, 30

字解 형성. 手^(손 수)가 의미부이고 雍^(누그러질 옹)이 소리부로, 손^(手)으로 감싸^(雍)
안는다는 뜻이다. 이로부터 抱擁^(포옹)하다, 둘러싸다, 차지하다, 보호하
다 등의 뜻도 나왔다. 중국의 간화자에서는 소리부 雍을 用^(쓸 용)으로
바꾼 拥으로 쓴다.

●예● 抱擁(포옹), 擁護(옹호), 擁壁(옹벽)

543

翁(늙은이 옹): wēng, 羽-4, 10, 30

字解 형성. 羽^(깃 우)가 의미부이고 公^(공변될 공)이 소리부로, 羽는 화려한 깃을
가진 '수컷'을 公은 남성을 상징하여 '아버지'를 지칭했고, 이후 나이
든 사람이나 남자에 대한 존칭으로 의미가 확대되었다.

字形 說文小篆

●예● 塞翁之馬(새옹지마), 老翁(노옹)

완

544

緩(느릴 완): 缓, huǎn, 糸-9, 15, 32

字解 형성. 糸(가는 실 멱)이 의미부이고 爰(이에 원)이 소리부로, 실(糸)을 서로 끌어당겨(爰) 느슨해진 상태를 말했으며, 이로부터 늘어나다, 느리다 등의 뜻을 갖게 되었다. 『설문해자』에서는 원래 素(횔 소)가 의미부이고 爰이 소리부인 綬으로 썼는데, 素가 糸으로 바뀌어 지금의 자형이 되었다.

字形 𦃩 簡牘文 𦆎 說文小篆 𦇥 說文或體

●예● 緩和(완화), 緩急(완급), 緩行(완행)

외

545

畏(두려워할 외): [愄], wèi, 田-4, 9, 30

字解 회의. 갑골문에서 얼굴에 커다란 가면을 쓴 사람(鬼)이 손에 창과 같은 무기를 든 모습을 그렸는데, 자형이 변해 지금처럼 되었다. 무서운 형상을 한 귀신(鬼)이 손에 무기까지 들고 있으니 더더욱 공포감과 무서움을 더해 주었을 것이고, 이로부터 '두려워하다', 敬畏(경외)하다 등의 뜻이 나왔다. 달리 두려움의 심리적 상태를 강조하기 위해 心(마음 심)을 더한 愄(맘 착할 외)로 쓰기도 한다.

字形 𤰺𤰺 𤰺 𤰺𤰺𤰺 金文 𤰺 𤰺 古陶文 𤰺𤰺𤰺 畏 簡牘文 𤰺 石

刻古文 畏 說文小篆 畏 說文古文

●예● 敬畏(경외), 後生可畏(후생가외)

546

搖(흔들릴 요): yáo, 手-10, 13, 30

字解 형성. 手^(손 수)가 의미부이고 㐸^(질그릇 요)가 소리부로, 빚은 흙을 손^(手)으로 물레를 돌려가며 질그릇을 만드는^(㐸) 모습에서 흔들리다, '움직이다' 등의 뜻을 그렸다.

字形 搖 說文小篆

●예● 搖亂(요란), 搖動(요동)

547

腰(허리 요): yāo, 肉-9, 13, 30

字解 형성. 肉^(고기 육)이 의미부이고 要^(구할 요)가 소리부로, 신체^(肉)의 허리^(要) 부위를 말하며, 사물의 중간이나 중간 부분이 잘록한 물체를 말하기도 한다.

字形 要 要 金文 要 要 簡牘文 要 說文小篆 要 說文古文

●예● 腰痛(요통)

548

謠(노래 요): 谣, yáo, 言-10, 17, 42

字解 형성. 言^(말씀 언)이 의미부이고 㐸^(질그릇 요)가 소리부로, 노랫가락을 말하

는데, 질그릇 등을 만들^(缶) 때 반주 없이 혼자 흥얼거리며 읊조리는 노랫가락^(言)이라는 뜻을 담았다. 원래는 言과 䍃^(질그릇 요)로 구성되었는데, 䍃가 䍃로 변해 지금의 자형이 되었다. 䍃는 원래 손^(爪·조)으로 질그릇^(缶·부)을 빚는 모습을 그려 '질그릇'의 의미를 그렸는데, 소전체에 들면서 月^(고기 육)으로 바뀌어 䍃가 되었다.

字形 簡牘文 謠 玉篇

●예● 歌謠(가요), 民謠(민요), 童謠(동요)

549

遙(멀 요): yáo, 辵-10, 14, 30

字解 형성. 辵^(쉬엄쉬엄 갈 착)이 의미부이고 䍃^(질그릇 요)가 소리부로, 질그릇을 만들 때 혼잣말로 노랫가락을 읊조리듯^(䍃) 한가롭게 거니는 것을 말했고, 이로부터 逍遙^(소요·한가롭게 거닐다)하다는 뜻이, 다시 '멀리'라는 뜻까지 나왔다.

字形 石刻古文 遙 說文新附

●예● 遙遠(요원), 逍遙(소요)

욕

550

慾(욕심 욕): 欲, yù, 心-10, 14, 32

字解 형성. 心^(마음 심)이 의미부이고 欲^(하고자 할 욕)이 소리부로, 텅 빈 계곡처럼 끝없이^(欲) 바라는 마음^(心), 즉 욕망을 말하며, 이로부터 마음에서의 慾心^(욕심), 慾望^(욕망)의 뜻이 나왔다. 중국의 간화자에서는 欲^(하고자 할 욕)에 통합되었다.

•예• 意慾(의욕), 貪慾(탐욕), 慾心(욕심), 慾望(욕망)

551

辱(욕볼 욕): rǔ, 辰-3, 10, 32

字解 회의. 辰(지지 잔날 신)과 寸(마디 촌)으로 구성되어, 조개 칼(辰)을 손(寸)에 잡고 '김을 매는' 모습을 그렸다. 이로부터 그러한 일이 고되고 힘들어 '욕보다', 恥辱(치욕) 등의 뜻이 나왔으며, 자신을 낮추는 말로도 쓰였다. 그러자 원래 의미는 耒(쟁기 뢰)를 더한 耨(김맬 누)로 분화했다.

字形 簡牘文 說文小篆

•예• 恥辱(치욕), 屈辱(굴욕)

용

552

庸(쓸 용): yōng, 广-8, 11, 30

字解 형성. 원래는 庚(일곱째 천간 경)이 의미부고 用(쓸 용)이 소리부로, 종(用)으로써 일의 시행에 '쓰는' 것을 말하며 이로부터 필요하다, 고용하다, 노고 등의 뜻이 나왔다. 다만, 그 대상이 사람일 때에는 人(사람 인)을 더한 傭(품팔이 용)으로 구분해 썼다. 또 부사로 쓰여 대략, 혹시, 어찌 등의 의미를 나타내기도 했다.

字形 甲骨文 金文 石刻古文 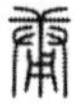說文小篆

•예• 中庸(중용), 庸劣(용렬)

우

553

偶(짝 우): ǒu, 人-9, 11, 32

字解 형성. 人^(사람 인)이 의미부이고 禺^(긴 꼬리 원숭이 우)가 소리부로, 사람^(人)을 닮은 긴 꼬리 원숭이^(禺)를 말하며, 이로부터 원숭이처럼 사람을 닮은 '인형'의 뜻이, 다시 사람과 짝을 이룬다는 뜻에서 '짝'의 뜻이 나왔다.

字形 偶 說文小篆

●예● 偶然(우연), 配偶者(배우자), 對偶(대우), 偶像(우상)

554

優(넉넉할 우): 优, yōu, 人-15, 17, 40

字解 형성. 人^(사람 인)이 의미부이고 憂^(근심할 우)가 소리부로, 풍족하다, 넉넉하다는 뜻이며, 이후 아름답다, 뛰어나다는 뜻도 나왔다. 달리 俳優^(배우)를 뜻하기도 한다. 중국의 간화자에서는 憂를 尤^(더욱 우)로 줄인 优로 쓴다.

字形 優 說文小篆

●예● 優秀(우수), 優劣(우열), 優先(우선), 優勢(우세), 優待(우대)

555

愚(어리석을 우): yú, 心-9, 13, 32

字解 형성. 心^(마음 심)이 의미부이고 禺^(긴 꼬리 원숭이 우)가 소리부로, 원숭이^(禺)처럼 단순한 생각^(心)을 하는 존재라는 뜻으로부터 '어리석음'을 그려냈

다. 이후 자신을 낮추는 겸양어로 쓰였다.

字形 金文 說文小篆

•예• 愚鈍(우둔), 愚夫愚婦(우부우부), 愚公移山(우공이산)

556

羽(깃 우): yǔ, 羽-0, 6, 32

字解 상형. 깃촉(羽莖·우경)과 털이 갖추어진 깃털을 그렸으며, 이로부터 깃, 날개, 친구 등의 뜻이 나왔으며 五音(오음)의 하나를 지칭하기도 한다. "날짐승의 털을 羽, 길짐승의 털을 毛(털 모)라 한다."라는 말처럼, 새의 깃털은 날 수 있는 날개이자 자신을 뽐내는 수컷의 상징물이었으며, 활이나 붓을 만드는 재료가 되기도 했다.

字形 甲骨文 金文 簡牘文 說文小篆

•예• 羽化登仙(우화등선)

557

郵(역참 우): 邮, yóu, 邑-8, 11, 40

字解 형성. 邑(고을 읍)이 의미부이고 垂(드리울·변방 수)가 소리부로, 멀리 떨어진 변방(垂, 陲와 같은 글자)의 마을(邑)로 오가는 문서나 물건을 받아 주던 '역'을 말하며, 이후 郵便(우편)이나 우편업무에 관한 일을 지칭하게 되었다. 중국의 간화자에서는 소리부 垂를 由(말미암을 유)로 간단히 줄인 邮로 쓴다.

字形 簡牘文 說文小篆

●예● 郵便(우편), 郵票(우표)

운

558

韻(운 운): 韵, yùn, 音-10, 19, 32

字解 형성. 音^(소리 음)이 의미부이고 員^(수효 원)이 소리부로, 원래는 員 대신 勻 ^(적을 균)이 들어간 韵^(운 운)으로 썼으며, 운율이 맞도록 음^(音)을 고르게 배치하다^(勻均)는 뜻인데, 勻이 員으로 바뀌었다. 이후 운, 韻母^(운모), 조화를 이루다 등의 뜻이 나왔다. 중국의 간화자에서는 다시 원래의 韵으로 돌아갔다.

字形 [韻] 說文小篆

●예● 韻律(운율), 韻文(운문), 押韻(압운)

원

559

員(수효 원): 员, yuán, 口-7, 10, 42

字解 회의. 원래는 口^(입 구)와 鼎^(솥 정)으로 구성되었는데, 口는 정^(鼎)의 아가리를 말한다. 그래서 정^(鼎)의 아가리^(口)처럼 '둥글다'가 원래 뜻이었다. 그러나 이후 '수효'와 '人員^(인원)'이라는 뜻으로 가차되자, 원래 뜻은 다시 口^(나라 국·에워쌀 위)을 더한 圓^(둥글 원)으로 분화했고, 鼎도 자형이 비슷한 貝^(조개 패)로 변해 지금의 글자가 되었다.

字形 [員 員 員] 甲骨文 [員 員] 金文 [員] 古陶文 [員] 簡牘文 [員] 說文小篆 [員] 說文籀文

•예• 人員(인원), 議員(의원), 社員(사원), 職員(직원), 公務員(공무원)

560

援(당길 원): yuán, 手-9, 12, 40

字解 형성. 手^(손 수)가 의미부이고 爰^(이에 원)이 소리부로, 끌어 당기다는 뜻인데, 서로 차지하려 손톱^(爪)과 손^(又)으로 당기는^(爰) 손동작^(手)을 말한다. 이후 도와주다, 기어오르다는 뜻이 나왔고, 다시 권세가나 부유한 자에게 의지하여 출세하다, 천거하다 등의 뜻이 나왔다.

字形 𤔲 𤔲 援 援 簡牘文 㩲 說文小篆

•예• 支援(지원), 應援(응원), 援助(원조), 聲援(성원), 後援(후원)

561

源(근원 원): yuán, 水-10, 13, 40

字解 형성. 水^(물 수)가 의미부이고 原^(근원 원)이 소리부로, 언덕에서 물이 흘러나오는 모습을 그린 原^(근원 원)이 '평원'의 뜻으로 쓰이자 다시 水를 더해 물^(水)의 '근원^(原)'임을 말했으며, 이로부터 根源^(근원), 유래 등의 뜻이 나왔다.

字形 𣶒 簡牘文 源 玉篇

•예• 源泉(원천), 根源(근원), 起源(기원), 資源(자원)

562

院(담 원): yuàn, 阜-7, 10, 50

字解 형성. 阜^(언덕 부)가 의미부이고 完^(완전할 완)이 소리부로, 담^(阜)으로 완벽하게^(完) 둘러쳐진 궁실이나 정원을 말한다. 이후 궁녀의 뜻도 나왔고,

寺院^(사원)이나 관공서, 공공기관을 지칭하게 되었다.

字形 院 說文小篆

•예• 法院(법원), 病院(병원), 寺院(사원), 學院(학원)

월

563

越(넘을 월): yuè, 走-5, 12, 32

字解 형성. 走^(달릴 주)가 의미부이고 戉^(도끼 월)이 소리부로, 빠른 걸음으로^(走) 건너감을 말하며, 이로부터 어떤 범위나 권한을 넘어나는 것을 말한다. 또 옛날 장강 하류에 있던 나라 이름으로도 쓰였다.

字形 戉 戉 金文 戉 古陶文 戉 簡牘文 越 說文小篆

•예• 超越(초월), 卓越(탁월), 追越(추월), 越權(월권), 吳越同舟(오월동주)

위

564

僞(거짓 위): 伪, [偽], wěi, 人-12, 14, 32

字解 형성. 人^(사람 인)이 의미부이고 爲^(할 위)가 소리부로, 거짓을 말하는데, 사람^(人)이 하는^(爲) 일이라는 뜻을 담았다. 사람이 하는 것은 자연적인 것이 아닌 인위적인 것으로 모두 '거짓'임을 반영했으며, 이로부터 속이다, 僞裝^(위장)하다, 虛僞^(허위) 등의 뜻이 나왔다. 중국의 간화자에서는 爲를 为로 줄인 伪로 쓴다.

字形 僞 僞 僞 僞 僞 簡牘文 僞 說文小篆

•예• 僞善(위선), 虛僞(허위), 僞造(위조), 僞裝(위장)

565

圍(둘레 위): 围, wéi, 囗-9, 12, 40

字解 형성. 囗(나라 국에워쌀 위)이 의미부이고 韋(에워쌀다룸가죽 위)가 소리부로, 성(囗) 둘레를 사방으로 에워싸(韋) 지키는 모습을 그렸다. 이로부터 포위하다, 주위 등의 뜻이 나왔다. 중국의 간화자에서는 韋를 韦로 줄인 围로 쓴다.

字形 甲骨文 金文 簡牘文 石刻古文 說文小篆

•예• 範圍(범위), 周圍(주위)

566

委(맡길 위): [萎], wěi, 女-5, 8, 40

字解 회의. 禾(벼 화)와 女(여자 여)로 구성되었는데, 女는 부드럽고 유약함을 상징하고 禾는 아래로 늘어진 이삭을 그렸다. 이로부터 순종하다, 예속되다, 부탁하다, 委任(위임)하다, 버리다, 방치하다, 아래로 늘어지다, 구불구불하다 등의 뜻이 나왔다.

字形 甲骨文 簡牘文 說文小篆

•예• 委員會(위원회), 委任(위임)

567

慰(위로할 위): wèi, 心-11, 15, 40

字解 형성. 心(마음 심)이 의미부이고 尉(벼슬 위)가 소리부로, 돌 침으로 아픈 곳

을 치료해^(尉) 마음^(心)을 편안하게 해주고 慰勞^(위로)함을 말하며, 이로부터 문안하다, 정착하다 등의 뜻이 나왔다.

字形 [圖] 說文小篆

•예• 慰勞(위로), 慰安(위안), 慰問(위문)

568

緯(씨 위): 纬, wěi, 糸-9, 15, 30

字解 형성. 糸^(가는 실 멱)이 의미부이고 韋^(에워쌀다룸가죽 위)가 소리부로, 베를 짤 때의 가로로 들어가는 실^(糸)을 말하며, 經^(날 경)과 상대되는 개념으로 쓰다. 그래서 동서 방향을 緯라 하고 남북 방향을 經이라 한다. 또 經書^(경서)와는 달리 견강부회한 말을 일삼는 책을 이와 상대하여 緯書라 부르기도 한다. 중국의 간화자에서는 韋를 韦로 줄인 纬로 쓴다.

字形 [圖][圖]簡牘文 [圖]說文小篆

•예• 緯度(위도), 北緯(북위), 經緯(경위)

569

胃(밥통 위): wèi, 肉-5, 9, 32

字解 회의. 田^(밭 전)과 肉^(고기 육)으로 구성되었는데, 신체^(肉) 기관의 하나인 위장을 말한다. 田은 원래 쌀^(米·미) 같은 곡식이 위장^(O) 속에 든 모습을 그린 것인데, 이후 예서 단계에서 지금의 田으로 변했다.

字形 [圖]金文 [圖][圖]簡牘文 [圖]帛書 [圖]說文小篆

•예• 胃腸(위장)

570

衛(지킬 위): 卫, wèi, 行-9, 15, 42

字解 형성. 行(갈 행)이 의미부이고 韋(에워쌀다룸가죽 위)가 소리부로, 성을 에워싸고(韋) 지키는 행위(行)를 말하며, 이로부터 지키다, 보위하다, 방어하다 등의 뜻이 나왔다. 중국의 간화자에서는 초서체로 간단히 줄인 卫로 쓴다.

字形 [甲骨文] [金文] [古陶文] [簡牘文] [石刻古文] [說文小篆]

●예● 衛星(위성), 衛生(위생), 防衛(방위), 護衛(호위)

571

謂(이를 위): 谓, wèi, 言-9, 16, 32

字解 형성. 言(말씀 언)이 의미부이고 胃(밥통 위)가 소리부로, 말(言)로 '알리다'는 뜻이다. 이후 평론하다, 호칭, '…라고 여기다' 등의 뜻도 나왔다.

字形 [金文] [古陶文] [簡牘文] [說文小篆]

●예● 所謂(소위)

572

違(떨어질 위): 违, wéi, 辵-9, 13, 30

字解 형성. 辵(쉬엄쉬엄 갈 착)이 의미부이고 韋(에워쌀다룸가죽 위)가 소리부로, 성을 지키려(韋) 떠나다(辵)는 뜻에서 떠나다의 뜻이, 떠나는 것은 본질에서 벗어나는 것이므로 '벗어나다', '위반하다'는 뜻이 나왔다. 중국의 간화자에서는 韋를 韦로 줄인 违로 쓴다.

字形 僥 僂 金文 韣 古陶文 羹 石刻古文 肆 說文小篆

●예● 違反(위반), 違法(위법), 違憲(위헌), 違背(위배), 違約金(위약금)

573

乳(젖 유): rǔ, 乙-7, 8, 40

字解 회의. 갑골문에서 아이를 안고 젖을 먹이는 모습을 사실적으로 그려, '젖을 먹이다'가 원래 뜻이며, 이로부터 母乳(모유), 牛乳(우유), 우유처럼 생긴 것 등을 지칭하였으며, 처음 생긴 것, 어리다 등의 뜻도 나왔다. 지금의 한자를 구성하는 爪(손톱 조)는 손을, 子(아들 자)는 젖을 먹는 아이를 말하고, 오른쪽의 乙(새 을)은 사람의 몸통이 약간 변한 결과이다.

字形 魯 甲骨文 奧 簡牘文 乳 說文小篆

●예● 牛乳(우유), 母乳(모유), 粉乳(분유)

574

儒(선비 유): [伩], rú, 人-14, 16, 40

字解 형성. 人(사람 인)이 의미부이고 需(구할 수)가 소리부로, 어떤 필요나 수요(需)를 해결해 줄 수 있는 사람(人)이라는 뜻을 담았다. 갑골문에서 떨어지는 물과 팔을 벌리고 서 있는 사람을 그려 목욕하는 제사장의 모습을 형상화했는데, 제사를 지내기 전 沐浴齋戒(목욕재계)하는 모습이다. 이후 이러한 제사가 주로 祈雨祭(기우제)였던 때문인지 금문에 들어 물이 雨로 바뀌었고, 이후 사람의 모습이 而(말 이을 이)로 잘못 변해 需가 되었다. 이후 제사장이라는 의미를 강조하기 위해 人(사람 인)을

더해 儒가 되면서 지금의 형성구조로 바뀌었다. 제사장은 그 집단의 지도자였으며, 지도자는 여러 경험과 학식을 갖춘 사람이어야 했다. 그래서 이후 儒는 학자나 지식인을 통칭하는 개념으로 쓰였으며, 그러한 사람들의 집단을 儒, 그러한 학파를 儒家^(유가), 그러한 학문을 儒學^(유학)이라 부르게 되었다. 한국 속자에서는 이러한 인문성을 강조해 人과 文^(글월 문)으로 구성된 仗로 쓰기도 한다.

字形 𦥑 說文小篆

●예● 儒敎(유교), 儒學(유학), 儒林(유림), 儒生(유생)

575

幽(그윽할 유): yōu, 幺-6, 9, 32

字解 회의. 갑골문에서 실타래^(幺) 두 개와 火^(불 화)로 구성되어 불빛^(火) 아래서 실타래^(幺)를 살펴보는 모습을 그렸고, 이로부터 '어둡다', 침침하다, 숨기다, 유폐하다는 뜻이 나온 것으로 추정된다. 이후 火가 자형이 비슷한 山^(뫼 산)으로 변해 지금의 幽가 되었는데, 높고 험준한 산^(山)은 깊고 그윽함의 상징이기 때문이었을 것이다. 이로부터 그윽하다, 조용하다 등의 뜻도 나왔다.

字形 𢆶 𢆶 𢆶 𢆶 甲骨文 𢆶 𢆶 𢆶 金文 𢆶 簡牘文 𢆶 說文小篆

●예● 幽靈(유령), 深山幽谷(심산유곡)

576

悠(멀 유): yōu, 心-7, 11, 32

字解 형성. 心^(마음 심)이 의미부이고 攸^(바 유)가 소리부로, 물이 유유히 흐르는 모습에서 길다, 멀다의 뜻이 나왔고, 멀리 생각하는 마음^(心)에서 '근

심하다'는 뜻이 나왔다.

字形 𢔌 簡牘文 𢕹 說文小篆

●예● 悠久(유구)

577

惟(생각할 유): 维, wéi, 心-8, 11, 30

字解 형성. 心(마음 심)이 의미부이고 隹(새 추)가 소리부로, 마음(心)으로 생각하다는 뜻인데, 이후 維(바 유)나 唯(오직 유) 등과 함께 통용되어 발어사로 쓰였다. 중국의 간화자에서는 維(바 유)에 통합되어 维로 쓴다.

字形 𢆶 𣎴 金文 𣎴 石刻古文 𢖂 說文小篆

●예● 惟獨(유독), 思惟(사유)

578

愈(나을 유): [癒], yù, 心-9, 13, 30

字解 형성. 心(마음 심)이 의미부이고 俞(점점 유)가 소리부인 상하구조로, 병이 점차 낫다(瘉)는 뜻이며, 이후 훌륭하다는 뜻으로 쓰였다. 또 부사어로 쓰여 '…할수록…하다', 더더욱 등의 뜻으로 쓰였다. 달리 병이 낫다는 뜻에서 疒(병들어 기댈 녁)을 더한 癒로 쓰기도 한다.

字形 𦨶 𦩅 金文 𦩎 說文小篆

●예● 韓愈(한유)

579

維(바 유): 维, wéi, 糸-8, 14, 32

字解 형성. 糸(가는 실 멱)이 의미부이고 隹(새 추)가 소리부로, 새를 잡는 그물처

럼 수레의 지붕을 잡아매 주는 '밧줄'을 말했는데, 이후 매다, 유지하다 등의 뜻이 나왔고, 큰 기강^(四維·사유)을 지칭하였다. 또 수학의 기본 개념으로 '차원'을 말하기도 한다. 또 唯^(오직 유)나 惟^(생각할 유)와 함께 통용되어 발어사로 쓰였다.

(字形) 維 說文小篆

●예● 維持(유지), 維新(유신)

580

裕(넉넉할 유): [裒], yù, 衣-7, 12, 32

(字解) 회의. 衣^(옷 의)와 谷^(골 곡)으로 구성되어, 입을 옷^(衣)이 골짜기^(谷)처럼 커 '餘裕^(여유)가 있음'을 말하며, 이로부터 넉넉하다, 풍족하다, 충분하다, 관대하다 등의 뜻이 나왔다.

(字形) 裕 說文小篆

●예● 餘裕(여유), 富裕(부유)

581

誘(꾈 유): 诱, yòu, 言-7, 14, 32

(字解) 형성. 言^(말씀 언)이 의미부이고 秀^(빼어날 수)가 소리부로, 꼬드기다, 유혹하다, 속이다는 뜻인데, 빼어난^(秀) 말^(言)은 남을 誘惑^(유혹)하고 꼬드기고 속임의 속성을 가졌음을 반영했다.

(字形) 誘 簡牘文 誘 說文小篆 誘 說文或體 誘 誘 說文古文

●예● 誘惑(유혹), 誘導(유도), 誘引(유인), 誘發(유발)

윤

582

潤(젖을 윤): 润, rùn, 水-12, 15, 32

(字解) 형성. 水^(물 수)가 의미부이고 閏^(윤달 윤)이 소리부로, 물^(水)에 적셔져 점차 습윤해짐을 말하며, 이로부터 恩澤^(은택)이나 薰陶^(훈도) 즉 '덕으로 사람의 품성이나 도덕을 가르쳐 선으로 나아가게 하다'는 뜻이 나왔다.

(字形) 潤 說文小篆

●예● 潤氣(윤기), 利潤(이윤), 潤澤(윤택)

583

閏(윤달 윤): 闰, rùn, 門-4, 12, 30

(字解) 형성. 王^(임금 왕)이 의미부이고 門^(문 문)이 소리부로, 왕^(王)이 연말에 문^(門) 안에 서서 이듬해의 율력을 선포하고 이듬해의 달력을 나누어 주며 정령을 함께 내리는 正朔^(정삭) 의식을 거행하는 모습을 그렸다. 이 때문에 『설문해자』에서는 '윤달'을 뜻한다고 했는데, 윤달은 5년에 한 번 오며, 正朔^(정삭) 의식을 거행할 때 천자는 종묘 안에 거처하지만, 윤달이 든 해에는 寢門^(침문)의 안에 머무르기 때문이라고 했다.

(字形) 閏 說文小篆

●예● 閏月(윤월), 閏年(윤년)

584

隱(숨을 은): 隐, yǐn, 阜-14, 17, 40

字解 형성. 阜^(고을 읍)이 의미부이고 㥯^(삼갈 은)이 소리부로, 숨다는 뜻인데, 언덕^(阜)에 가려 보이지 않음을 말하며, 이로부터 숨기다, 숨다, 비밀, 隱語^(은어) 등의 뜻이 나왔다. 중국의 간화자에서는 㥯을 㐬^(급할 규)으로 줄여 隐으로 쓴다.

字形 𨼌 說文小篆

●예● 隱密(은밀), 隱退(은퇴), 隱居(은거), 隱語(은어)

585

淫(음란할 음): [滛], yín, 水-8, 11, 32

字解 형성. 水^(물 수)가 의미부이고 㸒^(가까이할 음)이 소리부로, 물^(水)이 스며들어 결을 따라 흐름을 말한다. 일설에는 오랫동안 비가 오는 것을 말한다고도 한다.

字形 𤄷簡牘文 䢵石刻古文 𣻲說文小篆

●예● 淫亂(음란)

586

凝(엉길 응): níng, 冫-14, 16, 30

字解 형성. 冫(얼음 빙)이 의미부이고 疑(의심할 의)가 소리부로, 얼음(冫)인지 물인지 의심(疑) 가는 상태라는 뜻으로부터 '凝固(응고)'의 의미를 그렸다. 『설문해자』에서는 冰(얼음 빙)의 속체자라고 풀이했다.

字形 ᏍᏍᏍ 說文小篆 ᏍᏍ 說文俗體

●예● 凝固(응고), 凝結(응결), 凝集(응집)

의

587

儀(거동 의): 仪, yí, 人-13, 15, 40

字解 형성. 人(사람 인)이 의미부이고 義(옳을 의)가 소리부로, '거동'을 말하는데, 인간(人)이 지켜야 할 정의로운(義) 행동거지여야 함을 반영했다. 이후 의식의 뜻이 나왔고, 다시 예제나 법규, 예물 등의 뜻이 나왔다. 중국의 간화자에서는 義를 乂로 줄인 仪로 쓴다.

字形 義 金文 儀 簡牘文 儀 說文小篆

●예● 禮儀(예의), 儀式(의식), 儀禮(의례)

588

宜(마땅할 의): [宐, 竉, 䲪], yí, 宀-5, 8, 30

字解 회의. 宀(집 면)과 且(또 차)로 구성되었는데, 갑골문에서는 도마(俎조) 위에 고깃덩어리(月·肉)들이 놓인 모습이었다. 이후 자형이 변해 宀과 夕(肉의 변형)과 一로 변했고, 다시 자형이 줄어 지금의 구조로 되었다. 『설문해자』에서는 집안(宀)의 바닥(一) 위로 고깃덩어리(夕)가 놓인 모습이라고 했는데, 원래의 자형까지 고려하면 집안에서 제기에 고기를 담아 놓은 모습이다. 제사를 드리려고 고깃덩어리를 제기에 담아 놓은 모

습에서 '적합하다', '마땅하다'는 뜻이 나왔다.

字形 甲骨文 金文 古陶文 金盟書 簡牘文 古璽文 說文小篆 說文古文

●예● 便宜(편의), 宜當(의당)

589

宜(의심할 의): yí, 疋-9, 14, 40

字解 회의. 갑골문에서 지팡이를 짚은 사람이 길에서 두리번거리며 어디를 가야 할지 몰라 주저하는 모습이며, 이로부터 疑心(의심)하다는 뜻이 나왔다. 이후 금문에 이르면 발(止)을 더하고 소리부인 牛(소 우)를 더해 그런 행위를 강조하기도 했는데, 자형이 변해 지금처럼 되었다. 갈 길을 잃어 어디로 갈까 고민하는 모습으로부터 疑心은 물론 '주저하다', '迷惑(미혹)되다' 등의 뜻까지 생겼다.

字形 金文 古陶文 簡牘文 說文小篆

●예● 疑惑(의혹), 疑問(의문), 疑心(의심)

이

590

夷(오랑캐 이): yí, 大-3, 6, 30

字解 회의. 大(큰 대)와 弓(활 궁)으로 구성되어, 큰(大) 활(弓)을 가진 동쪽 이민족(東夷)을 말했다. 중원의 민족과 가장 강력하게 대항했던 이민족이었기 때문인지 이들은 정벌의 대상이 되었고, 그 때문에 평정하다, 제

거하다, 평평하다 등의 뜻까지 생겼다.

字形 〜甲骨文 〜夷夷金文 夷夷盟書 夷簡牘文 夷帛書 夷說文
小篆

●예● 東夷(동이), 以夷制夷(이이제이)

익

591

翼(날개 익): yì, 羽-11, 17, 32

字解 형성. 羽^(깃 우)가 의미부이고 異^(다를 이)가 소리부로, 깃^(羽)으로 이루어진
날개를 뜻하고, 이후 날 수 있는 날개라는 뜻에서 '보좌하다'는 뜻이
생겼다. 이후 별 이름으로도 쓰여 28수의 하나를 지칭했다. 『설문해
자』에서는 달리 飛^(날 비)가 의미부이고 異가 소리부인 구조로 쓰기도
했다.

字形 翼翼簡牘文 翼說文小篆 翼說文篆文

●예● 右翼(우익), 左翼(좌익), 鶴翼陣(학익진)

인

592

姻(혼인 인): [婣], yīn, 女-6, 9, 30

字解 형성. 女^(여자 여)가 의미부이고 因^(인할 인)이 소리부로, 신랑 집^(壻家·서가)을
뜻하는데, 여자^(女)가 기대야 하는^(因) 곳이라는 의미를 그렸다. 이후
결혼, 姻親^(인친) 등을 뜻하게 되었다.

字形 姻說文小篆

•예• 婚姻(혼인)

일

593

逸(잃을 일): yì, 辵-8, 12, 32

字解 회의. 辵(쉬엄쉬엄 갈 착)과 兎(토끼 토)로 구성되어, 잘 달아나는(辵) 토끼(免·兎·토)를 가져와 사냥감을 놓쳐 '잃어버리다'는 의미를 나타냈고, 이후 도망가다, 석방하다, 은둔하다, 초월하다, 한적하다 등의 뜻이 나왔다.

字形 [金文] [石刻古文] [說文小篆]

•예• 逸話(일화), 逸脫(일탈), 安逸(안일)

임

594

任(맡길 임): rèn, 人-4, 6, 52

字解 형성. 人(사람 인)이 의미부이고 壬(아홉째 천간 임)이 소리부로, 사람(人)에게 맡겨(壬) 일을 책임지고 하도록 하는 것을 말하며, 이로부터 責任(책임)과 任務(임무)의 뜻이 나왔다.

字形 [甲骨文] [金文] [古陶文] [簡牘文] [說文小篆]

•예• 任務(임무), 擔任(담임), 責任(책임), 就任(취임), 任命(임명)

賃(품팔이 임): 赁, lìn, 貝-6, 13, 32

字解 형성. 貝^(조개 패)가 의미부이고 任^(맡길 임)이 소리부로, 고용하다가 원래 뜻인데, 돈^(貝)을 주고 일을 맡기다^(任)는 뜻을 담았다.

字形 金文 賃 賃 簡牘文 賃 說文小篆

●예● 賃金(임금), 賃貸(임대)

자

596

刺(죽일 자): cì, 刀-6, 8, 32

字解 형성. 刀^(칼 도)가 의미부이고 束^(가시 자)가 소리부로, 가시^(束) 같은 예리한 칼^(刀)로 찔러 죽임을 말하는데, 『설문해자』에서는 "임금이 대부를 죽이는 것을 말한다."라고 했다.

字形 簡牘文 說文小篆

●예● 刺客(자객)

597

姿(맵시 자): zī, 女-6, 9, 40

字解 형성. 女^(여자 여)가 의미부이고 次^(버금 차)가 소리부로, 여성^(女)의 자태나 모양을 말했는데, 이후 '맵시'를 지칭하는 일반적인 의미로 바뀌었으며, 또 아름답다, 자질, 재간 등의 뜻도 나왔다.

字形 說文小篆

●예● 姿勢(자세), 姿態(자태)

598

恣(방자할 자): zì, 心-6, 10, 30

字解 형성. 心^(마음 심)이 의미부이고 次^(버금 차)가 소리부로, 제멋대로 하는^(次)

마음^(心)을 말하며, 이로부터 放恣^(방자)하다, 방임하다, 만족하다 등의
뜻이 나왔다.

字形 恣 說文小篆

●예● 恣意的(자의적)

599

茲(이 자): cí, zī, 艸6, 10, 30

字解 회의. 두 개의 玄^(검을 현)으로 구성되어, '검다^(玄)'는 뜻을 말했으나, 이
후 '이곳'이라는 의미로 가차되어 쓰였다. 그러자 원래 뜻은 다시 水
^(물 수)를 더해 滋^(불을 자)로 분화했다.

字形 茲茲 甲骨文 茲 金文 茲 簡牘文 茲 茲 茲 茲茲茲 茲茲茲茲茲 茲
古幣文 茲 古璽文 茲 石刻古文 茲茲 說文小篆

●예● 茲山魚譜(자산어보)

600

紫(자줏빛 자): zǐ, 糸5, 11, 32

字解 형성. 糸^(가는 실 멱)이 의미부이고 此^(이 차)가 소리부로, 자주색 비단^(糸)을
말하며, 이로부터 '자주색'을 뜻하게 되었다.

字形 紫 金文 紫紫紫 簡牘文 紫 說文小篆

●예● 紫外線(자외선), 紫朱色(자주색), 紫禁城(자금성)

601

資(재물 자): 资, [貲], zī, 貝6, 13, 40

字解 형성. 貝^(조개 패)가 의미부이고 次^(버금 차)가 소리부로, 재물^(貝)이나 물자를 말하며, 이로부터 식량이나 생활비, 제공하다, 경력 등의 뜻이 나왔다. 달리 次 대신 此^(이 차)가 들어간 貲^(재물 자)로 쓰기도 한다.

字形 𧵗 𧶱 簡牘文 𧶨 說文小篆

●예● 投資(투자), 資料(자료), 資金(자금), 資本(자본), 資産(자산)

작

602

爵(술잔 작): jué, 爪-14, 18, 30

字解 상형. 옛날 제사에 쓰던 의식용 '술잔'을 그렸는데, 윗부분에 주둥이와 꼬리를, 중간에 손잡이와 불룩한 배를, 아랫부분에 세 개의 발을 가진, 마치 참새^(雀·작)가 앉은 듯한 아름다운 자태의 술잔을 형상적으로 그렸다. 이후 윗부분이 술잔을 잡는 손^(爪·조)으로 바뀌고 자형이 변해 지금처럼 되었으며, 그런 잔이 지위를 대변해 준다 하여 官爵^(관작)이나 爵位^(작위)에서와 같이 직위를 뜻하게 되었다.

字形 𩎸 𩎺 𩎻 𩎼 甲骨文 𩎽 𩎾 𩎿 𩏀 𩏁 金文 𩏂 𩏃 𩏄 𩏅 𩏆 𩏇 簡牘文 𩏈 說文小篆 𩏉 說文古文

●예● 爵位(작위), 高官大爵(고관대작)

603

酌(따를 작): zhuó, 酉-3, 10, 30

字解 형성. 酉^(닭 유)가 의미부이고 勺^(구기 작)이 소리부로, 국자^(勺)로 술^(酉)을 떠서 술잔에 따르는 행위를 말하며, 이로부터 술, 술잔치, 술을 마시

다, 선택하다 등의 뜻이 나왔다.

●字形● **勵**金文 **酌**說文小篆

●예● 自酌(자작), 獨酌(독작), 對酌(대작), 參酌(참작), 無酌定(무작정)

잔

604

殘(해칠 잔): 残, cán, 歹-8, 12

●字解● 형성. 歹^(뼈 부서질 알)이 의미부이고 戔^(쌓일 전)이 소리부로, 심한 전쟁^(戔)에 의해 잔해^(歹)가 쌓였음을 말하며, 이로부터 흉악하다, 불완전하다, 문제가 있다, 남은 등의 뜻이 나왔다. 원래는 戔^(쌓일 전)에서 분화한 글자이다. 중국의 간화자에서는 戔을 간단하게 초서체로 줄여 残으로 쓴다.

●字形● **韦 诗**甲骨文 **害 菁**古璽文 **牋**說文小篆

●예● 殘忍(잔인), 殘額(잔액), 殘留(잔류), 殘金(잔금)

잠

605

暫(잠시 잠): 暂, [蹔], zàn, 日-11, 15

●字解● 형성. 日^(날 일)이 의미부이고 斬^(벨 참)이 소리부로, 잠깐의 짧은 시간^(日)을 말한다. 달리 日 대신 足^(발 족)이 들어간 蹔^(잠시 잠)으로 쓰기도 하는데, 발걸음^(足)이 잠시 머무름을 형상화했다.

●字形● **暫**說文小篆

●예● 暫時(잠시), 暫間(잠간)

606

潛(자맥질할 잠): 潜, qián, 水-12, 15

형성. 水^(물 수)가 의미부이고 簪^(일찍이 참)이 소리부로, 물^(水)을 건너다는 뜻이다. 일설에는 감추다는 뜻이라고도 하고, 漢水^(한수)를 달리 부르는 말이라고도 한다. 중국의 간화자에서는 簪을 替^(쇠퇴할 체)로 간단하게 바꾸어 潜으로 쓴다.

字形 古璽文 說文小篆

●예● 潛水(잠수), 潛在(잠재), 潛伏(잠복), 潛入(잠입)

잡

607

雜(섞일 잡): 杂, [襍], zá, 隹-10, 18

형성. 원래 衣^(옷 의)가 의미부이고 集^(모일 집)이 소리부인 襍^(섞일 잡)으로 썼는데, 자형이 조금 변해 지금처럼 되었다. 여러 색이 함께 모여^(集) '뒤섞인' 옷^(衣)을 말했다. 이후 '뒤섞이다'는 뜻으로 확장되었고, 중국의 간화자에서는 초서체로 간단하게 줄여 杂으로 쓴다.

字形 簡牘文 說文小篆

●예● 複雜(복잡), 雜音(잡음), 雜草(잡초), 煩雜(번잡), 混雜(혼잡)

장

608

丈(어른 장): zhàng, —2, 3

字解 회의. 又^(또 우)와 十^(열 십)으로 구성되어, 10자^(尺)를 말한다. 又는 손이고, 손을 편 한 뼘의 길이가 尺^(자 척)임을 고려하면, 丈은 **10뼘** 즉 **10자**를 말한다. 옛날에는 1자가 **22센티미터** 정도였음이 이를 반영한다. 하지만, 간독문에서는 손^(又)에 나무 막대를 쥔 모습으로, 나무 막대는 지팡이를 상징한다. 그래서 지팡이를 丈의 원래 뜻으로 보기도 한다. 지팡이를 짚은 사람이라는 뜻에서 노인과 어른의 뜻이 나왔고 나이 든 사람의 존칭으로 쓰였다. 그러자 원래 뜻은 木^(나무 목)을 더한 杖^(지팡이 장)으로 분화했다.

字形 丈 丈 簡牘文 ⼿ 說文小篆

●예● 大丈夫(대장부), 丈人(장인)

609

牆(담 장): 墙, qiáng, 뉘-13, 17

字解 형성. 嗇^(아낄 색)이 의미부이고 뉘^(나무 조각 장)이 소리부로, 집이나 정원 등을 둘러싼 담벼락^(牆)을 말하는데, 처음에는 나무 조각^(뉘)을 사용했으나 이후 흙이나 벽돌, 돌 등이 사용되었다. 이후 담을 쌓다, 가로막다, 장애물 등의 뜻이 나왔다. 중국의 간화자에서는 墻^(담 장)에 통합되었고, 墻의 간화자인 墙으로 쓴다.

字形 牆 說文小篆

●예● 越牆(월장)

610

獎(권면할 장): 奖, jiǎng, 犬-11, 15

字解 형성. 원래는 犬^(개 견)이 의미부이고 將^(장차 장)이 소리부로, 앞으로 나아

갈 수 있도록^(將) 개고기^(犬)를 주어 '격려하고' '장려함'을 나타냈다. 이후 犬을 大^(큰 대)로 바꾸어 앞으로 나아갈 수 있도록^(將) 크게^(大) 권하고 '장려하다'는 뜻을 그렸으며, 이로부터 찬미하다, 표창하다, 賞狀^(상장) 등의 뜻이 나왔다. 중국의 간화자에서는 將을 간단하게 줄인 奖으로 쓴다.

字形 ![奬] 說文小篆

●예● 奬學金(장학금), 勸奬(권장), 奬勵(장려)

611

帳(휘장 장): 帐, zhàng, 巾-8, 11

字解 형성. 巾^(수건 건)이 의미부이고 長^(길 장)이 소리부로, 베^(巾)를 길게^(長) 늘어뜨린 帳幕^(장막)을 말한다. 당나라 때부터는 금전의 출입을 기록하는 것도 말했는데, 이 경우는 이후 五代^(오대) 시기에 이르러 貝^(조개 패)를 더한 賬^(치부책 장)으로 분화했다. 중국의 간화자에서는 長을 长으로 줄인 帐으로 쓴다.

字形 ![帳] 說文小篆

●예● 帳簿(장부), 帳幕(장막), 日記帳(일기장)

612

張(베풀 장): 张, zhāng, 弓-8, 11

字解 형성. 弓^(활 궁)이 의미부이고 長^(길 장)이 소리부로, 활시위^(弦현)를 '길게^(長) 늘어뜨려 활^(弓)에 거는 것을 말하여, 이로부터 확대하다, 擴張^(확장)하다, '誇張^(과장)하다', 길게 늘어지다 등의 뜻이 생겼다. 이후 활이나 종이를 헤아리는 단위사로도 쓰였고, 별 이름으로도 쓰여 28수의 하

나를 말한다. 중국의 간화자에서는 長을 长으로 줄인 张으로 쓴다.

字形 �金文 𢀖張張簡牘文 𢀂𢀂古璽文 𢀓說文小篆

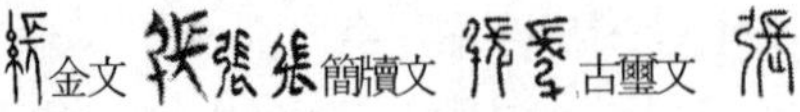

●예● 主張(주장), 緊張(긴장), 擴張(확장), 誇張(과장)

613

掌(손바닥 장): zhǎng, 手-8, 12

字解 형성. 手(손 수)가 의미부이고 尚(오히려 상)이 소리부로, '손바닥'을 말하는데, 위로(尚) 향한 손(手)이라는 의미이다. 손바닥은 발바닥과 마찬가지로 아래로 향해 있기에, 이를 뒤집어 위로 향하게 할 때 분명하게 드러나며 그것이 손바닥의 특징으로 인식되어, 분명하다, 확실하다 등의 뜻도 나왔다.

字形 𢀎 說文小篆

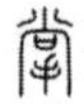

●예● 孤掌難鳴(고장난명), 合掌(합장), 掌風(장풍)

614

粧(단장할 장): zhuāng, 米-6, 12

字解 형성. 米(쌀 미)가 의미부이고 庄(농막 장)이 소리부로, 몸이 성한(粧) 모습으로 보이도록 가루(米)로 만든 분 등으로 단장하여 '꾸미다'는 뜻이다. 원래는 妝(꾸밀 장)으로 써 화장의 주체가 여성(女·여)임을 강조했는데, 女가 米로 바뀌어 지금의 자형이 되었다.

字形 𢀘𢀙甲骨文 𢀚金文 𢀛簡牘文 𢀜說文小篆

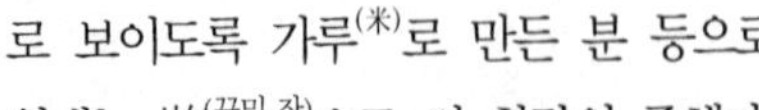

●예● 化粧(화장), 銀粧刀(은장도), 美粧院(미장원)

615

腸(창자 장): 肠, [膓], cháng, 肉-9, 13

字解 형성. 肉^(고기 육)이 의미부이고 昜^(볕 양)이 소리부로, 신체^(肉) 부위의 하나인 큰창자^(大腸·대장)와 작은창자^(小腸·소장)를 말한다. 달리 膓으로 쓰기도 하며, 중국의 간화자에서는 昜을 㐆으로 줄여 肠으로 쓴다.

字形 𦝩 說文小篆

●예● 胃腸(위장), 大腸(대장)

616

臟(오장 장): 脏, zāng, 肉-18, 22

字解 형성. 肉^(고기 육)이 의미부이고 藏^(감출 장)이 소리부로, 몸^(肉) 속에 감추어진^(藏) 내장을 말하여, 오장육부의 총칭이다. 중국의 간화자에서는 藏을 庄으로 줄인 脏으로 쓴다.

●예● 內臟(내장), 心臟(심장)

617

莊(풀 성할 장): 庄, zhuāng, 艸-7, 11

字解 형성. 艸^(풀 초)가 의미부이고 壯^(씩씩할 장)이 소리부로, 풀^(艸)이 성하여 장대함^(壯)을 말하며, 이로부터 풀이 무성한 곳에 생겨난 촌락을 지칭했다. 달리 흙^(土)으로 만든 농막^(广)이라는 뜻에서 庄^(농막 장)으로 쓰기도 하며, 또 큰 상점이나 전문점을 지칭하기도 한다. 중국의 간화자에서도 庄으로 쓴다.

字形 𦮱 金文 𦮲 古陶文 𦮳 𦮴 簡牘文 𦮵 說文小篆 𦮶 說文古文

●예● 別莊(별장), 莊嚴(장엄)

葬(장사지낼 장): [塟], zàng, 艸9, 13

字解 회의. 死^(죽을 사)와 茻^(풀 우거질 망)으로 구성되어, 풀숲^(茻)에 시체^(死)를 내버린 '숲장'의 장례 풍속을 그렸는데, 艸^(풀 초)와 死와 廾^(두 손으로 받들 공)으로 구성되어 지금의 자형이 되었다. 이후 埋葬^(매장), 火葬^(화장), 水葬^(수장), 天葬^(천장), 樹木葬^(수목장) 등을 포함한 일반적인 '장사'의 의미로 쓰였다. 달리 廾 대신 土^(흙 토)가 들어간 塟으로 쓰기도 하는데, '숲장'에서 흙속에 묻는 매장으로 장례법이 바뀌었음을 반영한다. 한국 속자에서는 入^(들 입)과 土가 상하구조로 된 글자로 써, 흙^(土)속으로 들어감^(入)을 상징화했다.

字形 甲骨文 金文 簡牘文 石刻古文 說文小篆

●예● 葬禮(장례), 移葬(이장), 埋葬(매장), 火葬(화장)

藏(감출 장): [匨], cáng, 艸14, 18

字解 형성. 艸^(풀 초)가 의미부이고 臧^(착할 장)이 소리부로, 풀^(艸) 속에 숨기고^(臧) 감추다는 뜻이며, 달리 匚^(감출 혜)가 의미부이고 戕^(씩씩할 장)이 소리부인 匨으로 쓰기도 한다. 이로부터 숨겨두는 곳, 숨겨둘 정도의 보물 등의 뜻이 나왔다.

字形 金文 簡牘文 說文新附

●예● 所藏(소장), 藏書(장서), 冷藏庫(냉장고)

620

裝(꾸밀 장): 裝, zhuāng, 衣-7, 13

〔字解〕 형성. 衣^(옷 의)가 의미부이고 壯^(씩씩할 장)이 소리부로, 화려한 옷^(衣)을 입어 장대하게^(壯) 꾸밈을 말하며, 이로부터 '포장하다'의 뜻이 생겼다. 중국의 간화자에서는 壯을 壮으로 줄인 装으로 쓴다.

〔字形〕 **裝** 簡牘文 **裝** 說文小篆

●예● 裝飾(장식), 裝備(장비), 包裝(포장), 僞裝(위장)

621

障(가로막을 장): zhàng, 阜-11, 14

〔字解〕 형성. 阜^(언덕 부)가 의미부이고 章^(글 장)이 소리부로, 언덕^(阜)이나 흙벽으로 형성된 장애물을 말하며, 이로부터 가리다, 가리개, 가림 벽, 병풍, 제방 등의 뜻이 나왔다.

〔字形〕 **障** 說文小篆

●예● 障壁(장벽), 故障(고장), 保障(보장)

재

622

宰(재상 재): zǎi, 宀-7, 10

〔字解〕 회의. 宀^(집 면)과 辛^(매울 신)으로 구성되어, 집안^(宀)에서 칼^(辛)을 갖고 있다는 뜻에서 짐승을 죽이다, 고기를 자르다 등의 뜻이 나왔고, 다시 생살권을 가진 사람이라는 뜻에서 '宰相^(재상)'을 뜻하게 되었으며, 主宰^(주재)하다의 뜻이 나왔다.

字形 　甲骨文 　金文 　簡牘文 　石刻古文 　說文小篆

●예● 宰相(재상)

623

災(재앙 재): 灾, [裁, 葘], zāi, 火-3, 7

字解 형성. 火(불 화)가 의미부이고 巛(재앙 재)가 소리부로, 홍수(巛)와 가뭄이나 화재(火)에 의한 '재앙'이나 재해나 불행을 뜻하는데, 巛에서 분화한 글자이다. 자신을 지켜주고 편히 쉴 수 있는 공간이자 안식처인 집이 물에 떠내려가고 불에 타버리는 것이 '재앙'임을 그렸으며, 그것을 강조하기 위해 巛 대신 宀(집 면)이 들어간 灾(재앙 재)로 쓰기도 했다. 또 巛 대신 戈(다칠 재)가 들어간 裁로 쓰기도 하여 전쟁(戈)에 의한 재앙을 강조하기도 했으며, 葘(묵정밭 치)로 써 홍수(巛)에 밭(田·전)의 농작물(艸·초)이 다 황폐했음을 표현하기도 했다. 중국의 간화자에서는 灾로 쓴다.

字形 　甲骨文 　簡牘文 　說文小篆 　說文或體

　說文古文 　說文籀文

●예● 災殃(재앙), 火災(화재), 災害(재해), 災難(재난)

624

裁(마름질할 재): cái, 衣-6, 12

字解 형성. 衣(옷 의)가 의미부이고 戈(다칠 재)가 소리부로, 옷감(衣)을 칼(戈)로 재주껏(才) '마름질'하는(戈) 모습을 그렸다. 이로부터 裁斷(재단)하다, 자르다, 결정하다, 결단을 내리다 등의 뜻이 나왔다.

字形 裁 說文小篆

•예• 裁斷(재단), 裁判(재판), 獨裁(독재)

625

載(실을 재): 载, zài, 車-6, 13

字解 형성. 車^(수레 거차)가 의미부이고 㦰^(다칠 재)가 소리부로, 수레^(車)에 싣는다는 뜻이며, 이로부터 실어 나르다는 뜻이 나왔다. 이후 歲星^(세성목성)이 한번 운행하는 주기가 1년이었으므로 1년을 뜻하기도 하였다. 또 문장의 앞이나 중간에 들어가 어감을 강조하는데도 사용되었다. 중국의 간화자에서는 载로 쓴다.

字形 載車 㦰載 金文 載 簡牘文 載 說文小篆

•예• 登載(등재), 記載(기재), 積載(적재), 千載一遇(천재일우)

저

626

底(밑 저): dǐ, 广-5, 8

字解 형성. 广^(집 엄)이 의미부이고 氐^(근본 저)가 소리부로, 집^(广)의 아래^(氐)인 밑바닥을 말한다. 이로부터 하층, 底本^(저본) 등의 뜻도 나왔다.

字形 㡯 石刻古文 庒 說文小篆

•예• 海底(해저), 底意(저의)

627

抵(거스를 저): [牴, 觝], dǐ, 手-5, 8

字解 형성. 手(손 수)가 의미부이고 氐(근본 저)가 소리부로, 손(手)으로 밀쳐 아래로 떨어뜨리다는 뜻으로부터 '밀쳐내다', '거스르다', '막다' 등의 뜻이 나왔다.

字形 揨 簡牘文 㩆 說文小篆

●예● 抵抗(저항)

적

628

寂(고요할 적): [寂, 誃, 家], jì, 宀-8, 11, 32

字解 형성. 宀(집 면)이 의미부이고 叔(아재비 숙)이 소리부로, 집안(宀)에 사람의 말소리가 들리지 않음에서 '고요하고' '적막하다'는 뜻이 나왔다. 『설문해자』에서는 宀이 의미부이고 尗이 소리부인 宋으로 썼고, 『설문해자』 혹체자에서는 宀 대신 言(말씀 언)이 들어간 誃으로 쓰기도 했다.

字形 宋 說文小篆 誃 說文或體

●예● 靜寂(정적), 閑寂(한적), 入寂(입적)

629

摘(딸 적): [摘], zhāi, 手-11, 14, 32

字解 형성. 手(손 수)가 의미부이고 商(밑동 적)이 소리부로, 손(手)으로 씨나 열매(商)를 따다는 뜻이다. 이로부터 선택하다, 잘라내다, 제거하다 등의 뜻이 나왔으며, 달리 商 대신 適(갈 적)을 쓴 擿(들출 적)으로 쓰기도 한다.

說文小篆

●예● 摘出(적출), 指摘(지적), 摘發(적발)

630

滴(물방울 적): dī, 水-11, 14, 30

(字解) 형성. 水(물 수)가 의미부이고 商(밑동 적)이 소리부로, 양동이 같은 기물의 밑바닥으로부터 떨어지는 물방울(水)을 말한다. 이로부터 '떨어지다'의 뜻이 나왔고, 물방울을 헤아리는 단위사로도 쓰였다.

(字形) 伊骨文 說文小篆

●예● 大海一滴(대해일적), 水滴(수적)

631

積(쌓을 적): 积, jī, 禾-11, 16, 40

(字解) 형성. 禾(벼 화)가 의미부이고 責(꾸짖을 책)이 소리부로, 곡식(禾)을 모으다는 뜻으로부터 축적하다, 누적되다, 모으다 등의 뜻이 나왔다. 곡식을 쌓아 놓은 무더기나 모아 놓은 재산이라는 뜻이 나왔고, 마음속에 쌓인 감정 등을 뜻하기도 했다. 중국의 간화자에서는 責을 只(다만 지)로 줄여 쓴 积으로 쓴다.

(字形) 簡牘文 說文小篆

●예● 積立(적립), 積金(적금), 累積(누적), 蓄積(축적), 面積(면적)

632

籍(장부 적): jí, 竹-14, 20, 40

(字解) 형성. 竹(대 죽)이 의미부이고 耤(갈빌릴 적)이 소리부로, 장부를 말하는데,

세금 부과를 위해 땅을 갈아^(耤) 먹고 사는 농민에 관한 정보를 죽간^(竹)에 적은 '장부'를 말하며, 이로부터 '書籍^(서적)'은 물론 戶籍^(호적)의 뜻까지 나왔다.

字形 **耤** 簡牘文 **籍** 說文小篆

●예● 學籍(학적), 書籍(서적), 戶籍(호적), 國籍(국적)

633

績(실 낳을 적): 绩, jì, 糸-11, 17, 40

字解 형성. 糸^(가는 실 멱)이 의미부이고 責^(꾸짖을 책)이 소리부로, 실^(糸)을 꼬아 만든 새끼줄을 말한다. 이후 누에가 토해낸 실을 뜻하기도 하였는데, 이로부터 한 올 한 올 토해서 실을 만들듯, 노력을 계속해 功績^(공적)을 쌓다는 뜻까지 생겼다. 특별히 공적을 나타낼 때에는 糸 대신 力^(힘 력)이 들어간 勣^(공적 적)을 만들기도 했다.

字形 **賣** 金文 **績** 古陶文 **戀** 石刻古文 **績** 說文小篆

●예● 成績(성적), 實績(실적), 業績(업적), 功績(공적)

634

賊(도둑 적): 贼, [賊], zéi, 貝-6, 13, 40

字解 회의. 원래 貝^(조개 패)와 人^(사람 인)과 戈^(창 과)로 구성되어, 무기^(戈)로써 사람^(人)에게 해를 입히고 재산^(貝)을 빼앗는 도둑이나 강도를 말한다. 이로부터 盜賊^(도적), 상해를 입히다, 도둑놈, 사악하다 등의 뜻이 나왔다. 『설문해자』에서는 戈^(창 과)가 의미부이고 則^(법칙 칙곧 즉)이 소리부라고 했다.

字形 **賊** 金文 **賊 賊** 簡牘文 **賊** 帛書 **賊** 說文小篆

•예• 盜賊(도적), 海賊(해적), 山賊(산적)

跡(자취 적): 迹, jī, 足-6, 13, 32

字解 형성. 足^(발 족)이 의미부이고 亦^(또 역)이 소리부로, 발길^(足)이 머무는 곳을 말하며, 迹^(자취 적)이나 蹟^(자취 적)과 같이 쓴다. 중국의 간화자에서는 足 대신 辵^(쉬엄쉬엄 갈 착)이 들어간 迹^(자취 적)에 통합되었다.

字形 [說文小篆] [說文或體] [說文籀文]

•예• 人跡(인적), 追跡(추적), 足跡(족적), 筆跡(필적)

전

專(오로지 전): 专, [耑], zhuān, 寸-8, 11, 40

字解 회의. 갑골문에서 맨 위쪽은 여러 가닥의 실을 단순화하여 표현한 세 가닥의 실이고, 중간 부분은 실을 감은 실패, 아래쪽의 원형은 실패 추^(紡輪·방륜)를, 옆쪽은 이를 쥔 손^(寸)을 그렸다. 그래서 專은 실패를 돌려가며 베를 짜는 모습을 상징화했으며, 베 짜기는 예로부터 專門的^(전문적)인 기술에 속했고 정신을 집중해야만 원하는 베를 짤 수 있었다. 그리하여 專門的, 專心^(전심) 등의 뜻이 생겼다. 중국의 간화자에서는 초서체로 간단하게 줄인 专으로 쓴다.

字形 [甲骨文] [說文小篆]

•예• 專門(전문), 專用(전용), 專攻(전공), 專擔(전담), 專念(전념)

殿(큰 집 전): diàn, 殳-9, 13, 32

字解 형성. 殳^(창 수)가 의미부이고 展^(펼 전)이 소리부로, 원래는 칠 것^(殳)으로 때리거나 두드리는 소리를 말했는데, 이후 宮殿^(궁전)이라는 의미로 가차되었고, 큰 집을 뜻하게 되었다. 간독문자에서는 殳가 攴^(칠 복)으로 표현되기도 했는데, 의미는 같다.

字形 殿 簡牘文 殿 說文小篆

•예• 宮殿(궁전), 集賢殿(집현전), 殿堂(전당)

638

轉(구를 전): 转, zhuǎn, 車-11, 18, 40

字解 형성. 車^(수레 거차)가 의미부이고 專^(오로지 전)이 소리부로, 수레^(車)를 이용하여 옮기다는 뜻으로부터 운반하다, 이동하다의 뜻이 생겼다. 중국의 간화자에서는 專을 专으로 줄인 转으로 쓴다.

字形 轉 金文 轉 帛書 轉 簡牘文 轉 說文小篆

•예• 運轉(운전), 轉換(전환), 移轉(이전), 逆轉(역전), 回轉(회전), 轉學(전학)

절

639

切(끊을 절·온통 체): qiē, 刀-2, 4, 52

字解 형성. 刀^(칼 도)가 의미부이고 七^(일곱 칠)이 소리부로, 칼^(刀)로 자르다^(七)는 뜻이며, 밀접하다, 모두, 절박하다 등의 뜻이 나왔다. 갑골문에서는 七을 십자모양^(十)으로 썼는데 십자형의 칼집을 낸 모습이다. 이후 七이 7이라는 숫자로 쓰이게 되자 원래 뜻은 刀를 더해 切로 분화했

다. 一切^(일체)에서처럼 '전체'를 말할 때에는 '체'로 구분해 읽는다.

字形 㘦 說文小篆

●예● 適切(적절), 切實(절실), 親切(친절), 切迫(절박), 一切(일절), 斷切(단절)

640

折(꺾을 절): [摺, zhé, shé, 手-4, 7, 40

字解 회의. 手^(손 수)와 斤^(도끼 근)으로 구성되어, 손^(手)으로 도끼^(斤)를 들고 나무 등을 절단함을 말한다. 원래는 斱로 써, 도끼^(斤)로 잘라 놓은 풀이나 나뭇가지를 그렸다. 이로부터 절단하다, 꺾다, 반전, 굴복하다, 挫折^(좌절)하다, 夭折^(요절)하다 등의 뜻이 나왔다.

字形 𣂤 𣂤 𣂦 甲骨文 𣂦𣂤 金文 𣂤 𣂦 簡牘文 𣂤 帛書 𣂤 𣂦 印璽文 𣂤 說文小篆 𣂦 說文籀文

●예● 折半(절반), 屈折(굴절), 曲折(곡절)

641

竊(훔칠 절): 窃, qiè, 穴-17, 22, 30

字解 형성. 穴^(구멍 혈)과 釆^(분별할 변)이 의미부이고 卨^(사람 이름 설)이 소리부로, 훔치다는 뜻이다. 원래는 전갈^(萬·만, 蠆의 원래 글자)처럼 생긴 벌레가 구멍^(穴)을 뚫고 곡식^(米·미)을 몰래 '훔쳐' 먹는 것을 그렸으며, 米가 釆으로, 萬이 卨로 변해 지금의 자형이 되었다. 이로부터 훔치다^(竊盜·절도), 부정한 수단으로 취득하다, 몰래의 뜻이 나왔고, 자신을 낮추는 겸양어로도 쓰인다. 중국의 간화자에서는 穴이 의미부이고 切^(끊을 절)이 소리부인 窃로 쓴다.

字形 說文小篆

•예• 竊盜(절도)

점

642

占(점칠 점): zhān, 卜-3, 5, 40

字解 회의. 卜^(점 복)과 口^(입 구)로 구성되어, 거북을 불로 지져 갈라진 무늬^(卜)를 보고 길흉을 말^(口)로 해석함을 말하며, 이로부터 점치다, 예측하다, 점, 징조, 징험, 운명 등의 뜻이 나왔다.

字形 甲骨文 古陶文 簡牘文 說文小篆

•예• 占據(점거), 占領(점령), 獨占(독점)

643

漸(점점 점): 渐, jiàn, 水-11, 14, 32

字解 형성. 水^(물 수)가 의미부이고 斬^(벨 참)이 소리부로, 강^(水) 이름으로, 丹陽^(단양)군 黟^(이)현 남쪽 변경에서 나와 동쪽으로 흘러 바다로 들어간다. 이후 '나아가다', '漸次^(점차)' 등의 뜻으로 쓰였다. 중국의 간화자에서는 渐으로 쓴다.

字形 古陶文 說文小篆

•예• 漸漸(점점), 漸次(점차), 漸進(점진)

644

點(점 점): 点, diǎn, 黑-5, 17, 40

字解 형성. 黑^(검을 흑)이 의미부이고 占^(차지할 점)이 소리부로, 점을 말하는데, 검은 색^(黑)이 차지해^(占) 만들어지는 작은 공간이라는 의미를 담았다. 흰 부분에 검은 점이 찍혔다는 뜻에서 오점의 뜻이, 검게 칠해 글자를 지워버린다는 뜻에서 삭제하다, 글자 옆에 점을 찍어 중요한 부분을 강조한다는 뜻에서 드러나다, 평론하다 등의 뜻이 나왔고, 시간을 나타내는 단위로도 쓰였다. 중국의 간화자에서는 火^(불 화)가 의미부이고 占^(차지할 점)이 소리부인 구조의 点으로 쓴다.

字形 霑 說文小篆

● 예 ● 時點(시점), 點檢(점검), 虛點(허점), 點火(점화), 點數(점수), 觀點(관점)

접

645

蝶(나비 접): [蜨], dié, 虫-9, 15, 30

字解 형성. 虫^(벌레 충)이 의미부이고 枼^(나뭇잎 엽)이 소리부로, '나비'를 말하는데, 나뭇잎^(枼, 葉의 원래 글자)처럼 생긴 곤충^(虫)이라는 뜻을 담았다.

● 예 ● 蝶泳(접영), 胡蝶(호접)

정

646

亭(정자 정): tíng, 亠-7, 9, 32

字解 형성. 高^(높을 고)의 생략된 부분이 의미부이고 丁^(넷째 천간 정)이 소리부로, 정자를 말하는데, 똑바로 선 못^(丁, 釘의 원래 글자)처럼 곧추선 높다란 건축물^(高)이라는 뜻을 담았다. 이후 간단하게 지은 작은 집을 지칭하였으

며, 알맞다, 적당하다의 뜻도 나왔다.

字形 ![字形] 古陶文 ![字形] 簡牘文 ![字形] 說文小篆

●예● 亭子(정자), 老人亭(노인정)

647

廷(조정 정): tíng, 廴-4, 7, 32

字解 형성. 廴(길게 걸을 인)이 의미부이고 壬(좋을 정)이 소리부로, 조정을 말하는데, 壬은 사람이 발을 돋우고 선 모습이다. 신하들이 발을 길게(廴) 돋우고 서서(壬) 뜰에 도열한 곳이라는 뜻에서 '朝廷(조정)', 궁정의 의미가 나왔으며, 이로부터 관서, 사무실, 공평무사하다 등의 뜻도 나왔다.

字形 ![字形] 金文 ![字形] 簡牘文 ![字形] 說文小篆

●예● 朝廷(조정)

648

征(칠 정): [証], zhēng, 彳-5, 8, 32

字解 형성. 彳(조금 걸을 척)이 의미부이고 正(바를 정)이 소리부로, 상대의 성을 정벌하러(正) 가는(彳) 행위를 그렸으며, 이로부터 '정벌하다'와 '토벌하다'의 뜻이 나왔다. 이후 세금을 징수하다, 탈취하다, 제재하다의 뜻도 나왔다. 『설문해자』에서는 辵(쉬엄쉬엄 갈 착)이 의미부이고 正이 소리부인 証으로 썼다. 현대 중국에서는 徵(부를 징)의 중국의 간화자로도 쓰인다.

字形 ![字形] 甲骨文 ![字形] 金文 ![字形] 古陶文 ![字形] 簡牘文 ![字形] 帛書

辿 說文小篆 **征** 說文或體

●예● 遠征(원정), 征服(정복), 征伐(정벌), 出征(출정)

649

整(가지런할 정): zhěng, 攴-12, 16, 40

字解 형성. 攴^(칠 복)과 束^(묶을 속)이 의미부이고 正^(바를 정)이 소리부로, 가지런히 하다는 뜻인데, 손^(攴)으로 허리띠를 묶어^(束) 단정하게^(正) 정리하는 모습을 형상했다. 이로부터 정돈하다, 整理^(정리)하다, 결점이 없다, 사람을 힘들게 하다 등의 뜻이 나왔다.

字形 **敁** 金文 **整** 說文小篆

●예● 調整(조정), 整理(정리), 整備(정비), 修整(수정)

650

程(단위 정): chéng, 禾-7, 12, 42

字解 형성. 禾^(벼 화)가 의미부이고 呈^(드릴 정)이 소리부로, 곡식^(禾)을 분류하고 등급을 매기는 단위로 쓰였는데, 1치^(寸)는 10분^(分)이고, 1分은 10程^(정)이라고 했으니, 100분의 1치^(寸)를 말한다. 이로부터 단위라는 뜻이 나왔고, 곡식^(禾)에 대해 등급을 매기려면 엄정해야 하기에 '법'의 뜻이 나왔으며, 다시 過程^(과정)에서처럼 정해진 코스나 길을 뜻하게 되었다.

字形 **程** 簡牘文 **程** 說文小篆

●예● 程度(정도), 過程(과정), 日程(일정)

651

訂(바로잡을 정): 订, dìng, 言-2, 9, 30

🈷️ 형성. 言^(말씀 언)이 의미부이고 丁^(넷째 천간 정)이 소리부로, 못^(丁, 釘의 원래 글자)을 박아 고정하듯 논의하여^(言) 바로 잡다는 뜻이다. 이로부터 訂正^(정정)하다, 확정하다, 책 등을 장정하다, 제본하다 등의 뜻이 나왔다.

🈷️ 𧦝 說文小篆

●예● 訂正(정정), 修訂(수정), 改訂(개정)

제

652

制(마를 제): [製], zhì, 刀-6, 8, 42

🈷️ 회의. 원래 刀^(칼 도)와 未^(끝 말)로 구성되어, 칼^(刀)로 나무의 끝 가지^(未)를 정리하는 모습을 그렸는데, 자형이 변해 지금처럼 되었다. 이후 옷 감이나 재목 따위를 치수에 맞도록 재거나 자르는 일을 뜻하게 되었고, 이로부터 제정하다, 규정하다, 제지하다, 제도 등의 뜻이 나왔다. 현대 중국에서는 製^(지을 제)의 중국의 간화자로도 쓰인다.

🈷️ 𣏟 金文 𣏟 簡牘文 𣏟 說文小篆 𣏟 說文古文

●예● 制度(제도), 規制(규제), 制限(제한), 體制(체제), 抑制(억제)

653

堤(둑 제): [隄], dī, dǐ, tí, 土-9, 12, 30

🈷️ 형성. 土^(흙 토)가 의미부이고 是^(옳을 시)가 소리부로, 흙^(土)을 쌓아 물이 머물거나 들지 않게 만든 堤防^(제방)을 말한다. 달리 土 대신 阜^(언덕 부)

가 들어간 隄^(둑 제)로 쓰기도 한다.

字形 𡐛簡牘文 𡎿說文小篆

●예● 堤防(제방), 防潮堤(방조제)

654

提(끌 제): tí, 手-9, 12, 42

字解 형성. 手^(손 수)가 의미부이고 是^(옳을 시)가 소리부로, 손^(手)에 들다는 뜻이
며, 이후 손으로 들어서 위로 끌어 올리다는 뜻이, 다시 앞당기다
등의 뜻이 나왔다.

字形 𢮦簡牘文 𢪐說文小篆

●예● 提起(제기), 提案(제안), 提示(제시), 提出(제출), 提議(제의)

655

濟(건널 제): 济, [済, 澬], jì, 水-14, 17, 42

字解 형성. 水^(물 수)가 의미부이고 齊^(가지런할 제)가 소리부로, 강^(水) 이름인데
하북성 常山^(상산) 房子^(방자)현에 있는 贊皇山^(찬황산)에서 나와 동쪽으로
흘러 泜水^(제수)로 들어간다. 이후 물^(水)을 건너다는 뜻으로 쓰였다.
중국의 간화자에서는 齊를 齐로 간단하게 줄여 济로 쓴다.

字形 𣲷金文 𣹣石刻古文 𣺇說文小篆

●예● 經濟(경제), 救濟(구제)

656

際(사이 제): 际, jì, 阜-11, 14, 42

字解 형성. 阜^(언덕 부)가 의미부이고 祭^(제사 제)가 소리부로, 두 개의 담이나 언

덕^(阜)이 서로 만나 그 사이로 난 '틈'을 말하며, 이로부터 서로 간의
사이, 시간, 어떤 때나 시대를 만나다 등의 뜻이 나왔다. 중국의 간
화자에서는 祭를 示^(보일 시)로 줄여 际로 쓴다.

字形 際 說文小篆

●예● 實際(실제), 國際(국제), 交際(교제)

657

齊(가지런할 제): 齐, [齐, 斉], qí, 齊-0, 14, 32

字解 회의. 갑골문에서 가지런히 齋와 같이 써 자라난 이삭을 여럿 그렸
는데, 끝이 뾰족한 것으로 보아 보리 이삭으로 추정되며, 셋 혹은
넷으로 많음을 표시했다. 소전에 들면서 자형의 균형을 위해서 가로
획이 둘^(二·이) 더해져 지금처럼 되었다. 그래서 '가지런하다'가 원래
뜻이고, 이로부터 바르게 정돈된, 엄숙한, 삼가다 등의 뜻까지 나왔
다. 중국의 간화자에서는 초서체로 간단하게 줄여 齐로 쓴다.

字形 甲骨文 金文 簡牘文 古陶
文 石刻古文 齊 說文小篆

●예● 一齊(일제)

조

658

弔(조문할 조): 吊, diào, 弓-1, 4, 30

字解 회의. 원래 人^(사람 인)과 弓^(활 궁)으로 구성되었는데 자형이 조금 변해 지

금처럼 되었다. 사람^(人)들이 활^(弓)을 들고 가 '조문'하던 모습을 그렸는데, 그것은 당시의 장례 습관이 시신을 숲에다 내다 버렸고, 그 때문에 야수들이 시신을 훼손하는 것을 활로써 막아 주던 것이 '조문'이었기 때문이다. 이후 조등을 내 걸다는 뜻도 나왔다. 달리 곡소리를 상징하는 口^(입 구)와 조등이나 상복을 상징하는 巾^(수건 건)으로 구성된 吊^(조상할 조)로 쓰기도 하는데, 중국의 간화자에서는 吊^(조상할 조)에 통합되었다.

〖字形〗 𢎥 𢎥 𢎥 𢎥 甲骨文 𢎥 𢎥 𢎥 𢎥 𢎥 𢎥 𢎥 金文 𢎥 石刻古文 𢎥 說文 小篆

●예● 謹弔(근조), 慶弔事(경조사), 弔問客(조문객), 弔意金(조의금)

659

操(잡을 조): [撡], cāo, 手-13, 16, 50

〖字解〗 형성. 手^(손 수)가 의미부이고 喿^(울 소)가 소리부로, 손^(手)으로 잡아 통제하고 操縱^(조종)하다는 뜻이며, 이로부터 잡다, 조련하다, 악기를 연주하다, 언어를 구사하다, 품행 등의 뜻이 나왔다.

〖字形〗 𢬐 簡牘文 𢬐 說文小篆

●예● 操業(조업), 操作(조작), 體操(체조), 操心(조심), 操縱(조종)

660

條(가지 조): 条, tiáo, 木-7, 11, 40

〖字解〗 형성. 木^(나무 목)이 의미부이고 攸^(바 유)가 소리부로, 목욕재계하면서^(攸) 때를 밀 때 쓰던 가늘고 긴 나뭇가지^(木)를 말했다. 이후 그런 모양으로 생긴 물건을 말했고, 여러 개념이 길게 이어져 체계를 이룬다는

뜻에서 條理^(조리), 질서, 층차 등의 뜻이 나왔고, 강이나 소식 등을 헤아리는 단위사로도 쓰인다. 중국의 간화자에서는 條의 왼쪽 부분을 생략한 채 条로 쓴다.

字形 𢓼簡牘文 𤇾 說文小篆

●예● 條件(조건), 條約(조약), 不條理(부조리)

661

潮(조수 조): [淖], cháo, 水-12, 15, 40

字解 형성. 水^(물 수)가 의미부이고 朝^(아침 조)가 소리부로, 강물^(水)이 바다로 흘러들어 가는 것을 말하며, 이로부터 潮水^(조수)의 뜻이 나왔다. 또 思潮^(사조)나 風潮^(풍조)에서처럼 일정한 기복을 가진 흐름을 지칭하기도 한다. 『설문해자』에서는 水가 의미부이고 朝의 생략된 모습이 소리부인 淖로 썼다.

字形 𣶒 𣶒 淖 𣶒金文 𣶒 𣶒古陶文 𣶒帛書 𣶒石刻古文 𣶒 說文小篆

●예● 潮流(조류), 潮水(조수), 滿潮(만조), 赤潮(적조)

662

照(비출 조): [炤], zhào, 火-9, 13, 32

字解 형성. 火^(불 화)가 의미부이고 昭^(밝을 소)가 소리부로, 불^(火)로 밝게^(昭) 비추다는 뜻이며, 이로부터 비치다, 밝다, 햇빛, 거울을 보다, 관리하다, 보살피다 등의 뜻이 나왔으며, 현대에 들어서는 사진, 신분증 등의 뜻도 나왔다. 달리 火가 의미부이고 김^(부를 소)가 소리부인 炤^(밝을 소)로 쓰기도 한다.

字形 **封**金文 **蟾** 說文小篆

●예● 照明(조명), 參照(참조), 對照(대조)

663

燥(마를 조): zào, 火-13, 17, 30

字解 형성. 火(불 화)가 의미부이고 喿(울 소)가 소리부로, 불(火)로 말리는 것을 말하며, 이로부터 건조하다, 수분이 없다 등의 뜻이 나왔다.

字形 **燥** 說文小篆

●예● 乾燥(건조)

664

租(구실 조): zū, 禾-5, 10, 32

字解 형성. 禾(벼 화)가 의미부이고 且(할아비 조또 차)가 소리부로, 토지세를 말하는데, 조상(且, 祖의 원래 글자)에게 바칠 구실로 받는 곡식(禾)이라는 뜻을 담았다. 이로부터 세금을 징수하다, 돈을 받고 빌리다, 빌려주다 등의 뜻이 나왔다.

字形 **租 租**簡牘文 **租** 說文小篆

●예● 租稅(조세)

665

組(끈 조): 组, zǔ, 糸-6, 11, 40

字解 형성. 糸(가는 실 멱)이 의미부이고 且(할아비 조또 차)가 소리부로, 실(糸)로 만든 끈의 일종을 말하는데, 작은 것은 갓끈으로 쓰며, 이로부터 관인을 매는 끈과 관직의 비유로 쓰였다. 또 실을 꼬아 끈을 만들다는

뜻에서 짜다, 組織(조직)하다, 구성하다 등의 뜻도 나왔다.

字形 **組** 金文 **綼** 古陶文 **組** 簡牘文 **組** 說文小篆

●예● 組織(조직), 勞組(노조), 組合(조합), 組成(조성)

졸

666

拙(졸할 졸): zhuō, 手-5, 8, 30

字解 형성. 手(손 수)가 의미부이고 出(날 출)이 소리부로, 손(手)이 서툴다는 뜻인데, 손(手)에서 벗어나 버려(出) 통제가 되지 않음을 반영했다. 이후 모자라다, 열악하다의 뜻이 나왔고, 자신을 낮추어 부르는 말로도 쓰였다.

字形 **拙** 簡牘文 **拙** 說文小篆

●예● 拙劣(졸렬), 拙速(졸속)

종

667

縱(늘어질 종): 纵, zòng, 糸-11, 17, 32

字解 형성. 糸(가는 실 멱)이 의미부이고 從(따를 종)이 소리부로, 실(糸)을 팽팽히 늘였다가 '놓음'을 말한다. 이로부터 쏘다, 출발하다 등의 뜻이 나왔으며, 긴장된 상태에서 풀어져 느슨함, 放縱(방종), 석방 등도 뜻하게 되었다. 중국의 간화자에서는 從을 从으로 줄인 纵으로 쓴다.

字形 **縱** **縱** 簡牘文 **縱** 說文小篆

●예● 操縱(조종), 縱橫(종횡), 放縱(방종)

좌

668

佐(도울 좌): zuǒ, 人-5, 7, 30

字解 형성. 人^(사람 인)이 의미부이고 左^(왼 좌)가 소리부로, 임금의 옆^(左)에서 보좌하는 사람^(人)을 말했고, 이로부터 돕다, 輔佐^(보좌)하다는 뜻이 나왔다.

字形 簡牘文 佐 玉篇

●예● 補佐(보좌)

669

座(자리 좌): zuò, 广-7, 10, 40

字解 형성. 广^(집 엄)이 의미부이고 坐^(앉을 좌)가 소리부로, '좌석'을 말하는데, 坐^(앉을 좌)에서 분화한 글자로, 사람이 앉을^(坐) 수 있는 구조물^(广)이라는 뜻을 담았다. 또 현대 중국어에서 커다란 구조물을 헤아리는 단위사로도 쓰인다.

●예● 座席(좌석), 計座(계좌), 座右銘(좌우명)

주

670

周(두루 주): [週], zhōu, 口-5, 8, 40

字解 상형. 이의 자원은 아직 정확하게 밝혀지지 않은 상태이다. 어떤 이는 砂金^(사금)을 채취하는 뜰채를 그렸다고 하며, 어떤 이는 물체에 稠密^(조밀)하게 조각을 해 놓은 모습이라고도 한다. 하지만 稠^(빽빽할 조)

나 凋^(시들 주) 등과의 관계를 고려해 볼 때 이는 밭^(田·전)에다 곡식을 빼곡히 심어 놓은 모습을 그린 것으로 보인다. 곡식을 밭에 빼곡히 심어 놓은 것처럼 '稠密하다'가 周의 원래 뜻으로 추정된다. 이후 나라 이름으로 쓰이게 되자 원래 뜻을 나타낼 때에는 禾^(벼 화)를 더한 稠로 분화함으로써 그것이 곡식^(禾)임을 구체화했다. 곡식을 심는 곳은 도성의 중심에서 벗어난 주변이므로 '주위'라는 뜻도 갖게 되었다. 현대 중국에서는 週^(돌 주)의 중국의 간화자로도 쓰인다.

字形 [甲骨文] [金文] [古陶文] [簡牘文] [古璽文] [石刻古文] 說文小篆 [說文古文]

●예● 周圍(주위), 周邊(주변)

671

奏(아뢸 주): zòu, 大-6, 9, 32

字解 회의. 원래는 추^(나아갈 도)와 廾^(두 손 마주잡을 공)과 屮^(떡잎 날 철)로 구성되었는데, 예서 이후 지금의 자형이 되었다. 어떤 물체^(屮)를 두 손으로 받들고^(廾) 앞으로 나아가는^(추) 모습에서 '나아가 아뢰다'는 뜻을 그렸고, 이로부터 바치다, 演奏^(연주)하다 등의 뜻이 나왔다.

字形 [簡牘文] [說文小篆] [說文古文]

●예● 演奏(연주), 合奏(합주)

672

州(고을 주): zhōu, 巛-3, 6, 52

字解 상형. 굽이쳐 흐르는 강^(川) 사이로 형성된 '모래톱'을 그렸는데, 이전

에는 큰 강을 경계로 행정구획이 결정되었기에 九州^(구주)에서처럼 행
정단위로 쓰였고, 그러자 원래의 뜻은 水를 더한 洲^(섬 주)로 분화했다.

字形 甲骨文 金文 簡牘文 帛書

古璽文 說文小篆 說文古文

●예● 光州(광주), 慶州(경주), 濟州(제주)

673

柱(기둥 주): zhù, 木-5, 9, 32

字解 형성. 木^(나무 목)이 의미부이고 主^(주인 주)가 소리부로, 나무^(木)로 만든 버
팀목^(主)인 '기둥'을 말하며, 기둥처럼 생긴 것이나 붓대 등을 지칭하
였다.

字形 說文小篆

●예● 電信柱(전신주), 一柱門(일주문), 支柱(지주)

674

株(그루 주): zhū, 木-6, 10, 32

字解 형성. 木^(나무 목)이 의미부이고 朱^(붉을 주)가 소리부로, 지면으로 돌출된
나무^(木)의 뿌리나 줄기, 식물 등을 말하며, 나무를 헤아리는 단위로
쓰였다.

字形 簡牘文 古璽文 說文小篆

●예● 株價(주가), 株式(주식)

675

洲(섬 주): zhōu, 水-6, 9, 32

字解 형성. 水(물 수)가 의미부이고 州(고을 주)가 소리부로, 물(水) 길에 생긴 모래톱(州)을 말하는데, 부속 도서, 물속의 육지, 대륙의 총칭으로도 쓰였다. 원래는 州로 썼으나 의미의 분화를 위해 水를 더해 분화한 글자이다.

●예● 三角洲(삼각주)

676

珠(구슬 주): zhū, 玉-6, 10, 32

字解 형성. 玉(옥 옥)이 의미부이고 朱(붉을 주)가 소리부로, 구슬이나 구슬처럼 생긴 물체를 말한다. 『설문해자』에서는 조개 음기의 정수가 만들어 내는 것이라고 한 것으로 보아 '진주'가 원래 뜻으로 보이며, 진주를 옅은 붉은색(朱)을 띠는 옥(玉)의 일종으로 보았음을 알 수 있다.

字形 珠 古陶文 珠 珠 珠 珠珠珠 珠 珠 古幣文 珠 簡牘文 珠 汗簡 珠 說文小篆

●예● 眞珠(진주), 珠玉(주옥)

677

舟(배 주): zhōu, 舟-0, 6, 30

字解 상형. "중국의 배는 매우 독특하다. 바닥은 평평하거나 원형이고, 용골(keel)도 없이 단지 튼튼한 노만 하나 있을 뿐이다. 이물(船頭·선두)과 고물(船尾·선두)은 직선을 이루고, 약간 위쪽을 향해 치켜들었다. 뱃전(舷·현)의 위쪽 가장자리부터 배의 바닥까지는 배를 다른 부분을 갈라주

는 견실한 방수벽으로 돼 있다. 이런 구조는 세계의 어느 곳에서도 찾아볼 수 없다." 중국의 과학사에 평생을 바쳤던 세계적 석학 조지프 니덤(Joseph Needham, 1900~1995)이 중국의 배를 두고 한 말이다. 갑골문에서의 舟는 독특한 구조의 중국 배를 너무나 사실적으로 그렸다. 소위 平底船(평저선)이라는 것인데, 이러한 배는 아직도 중국의 전역에서 강과 강을 오가며 물자를 실어 나르고 있으며, 수송의 주요 수단이 되고 있다.

字形 〔갑골문 그림〕甲骨文 〔금문 그림〕金文 〔간독문 그림〕簡牘文 〔설문소전 그림〕說文小篆

•예• 一葉片舟(일엽편주), 吳越同舟(오월동주), 方舟(방주)

678

鑄(쇠 부어 만들 주): 铸, zhù, 金-14, 22, 32

字解 형성. 金(쇠 금)이 의미부이고 壽(목숨 수)가 소리부로, 쇠(金)를 녹여 기물을 만들다, 주조하다는 뜻인데, 금문에서는 녹인 쇳물을 거푸집(金)에 부어 기물을 만드는 모습을 형상적으로 그렸다. 중국의 간화자에서는 소리부 壽를 초서체인 寿로 줄여 铸로 쓴다.

字形 〔갑골문 그림들〕甲骨文 〔금문 그림들〕金文 〔고도문 그림〕古陶文 〔간독문 그림〕簡牘文 〔설문소전 그림〕說文小篆

•예• 鑄造(주조), 鑄物(주물), 鑄貨(주화)

준

679

俊(준걸 준): [儁], jùn, 人-7, 9, 30

자~징 305

字解 형성. 人^(사람 인)이 의미부이고 夋^(천천히 걷는 모양 준)이 소리부로, 재덕이 뛰어난^(夋) 사람^(人) 즉 俊傑^(준걸)을 말하며, 이로부터 걸출하다, 아름답다의 뜻이 나왔다.

字形 𦜅 說文小篆

●예● 俊秀(준수)

680

準(수준기 준): 准, zhǔn, 水-10, 13, 42

字解 형성. 水^(물 수)가 의미부이고 隼^(새매 준)이 소리부로, 평평하다는 뜻인데, 균형을 잘 잡는 새매^(隼)처럼 물^(水)을 이용해 땅의 기울기를 재는 기구인 '수준기'를 말하기도 했다. 이로부터 基準^(기준), 水準^(수준), 準則^(준칙), 규칙 등의 뜻이 나왔고, 어떤 기준에 부합함을 말하기도 했다. 중국의 간화자에서는 准^(승인할 준)에 통합되었다.

字形 𤀲 說文小篆

●예● 水準(수준), 基準(기준), 準備(준비), 標準(표준)

681

遵(쫓을 준): zūn, 辵-12, 16, 30

字解 형성. 辵^(쉬엄쉬엄 갈 착)이 의미부이고 尊^(높을 존)이 소리부로, 존중하고 받들며^(尊) 따라 가는^(辵) 것을 말하며, 이로부터 쫓다, 따르다 등의 뜻이 나왔다.

字形 𧗂 說文小篆

●예● 遵守(준수), 遵法(준법)

중

682

仲(버금 중): zhòng, 人-4, 6, 32

字解 형성. 人^(사람 인)이 의미부이고 中^(가운데 중)이 소리부로, 사람의 항렬에서 가운데^(中)에 속한 사람^(人)을 말하며, 이로부터 순서상 가운데를 지칭했다.

字形 中 金文 中 古璽文 中 石刻古文 仲 說文小篆

●예● 仲媒(중매), 仲介(중개), 仲裁(중재)

증

683

憎(미워할 증): zēng, 心-12, 15, 32

字解 형성. 心^(마음 심)이 의미부이고 曾^(일찍 증)이 소리부로, 憎惡^(증오)하다, 미워하다는 뜻인데, 미워하는 마음^(心)이 겹겹이 쌓였음^(曾)을 반영했다.

字形 說文小篆

●예● 憎惡(증오), 愛憎(애증)

684

症(증세 증): [癥], zhēng, 疒-5, 10, 32

字解 형성. 疒^(병들어 기댈 녁)이 의미부이고 正^(바를 정)이 소리부로, 질병^(疒)의 증세^(病症·병증)를 말하는데, '증세'는 질병^(疒)의 정확한^(正) 속성을 보여 주기 때문이다. 현대 중국에서는 癥^(적취 징)의 중국의 간화자로도 쓰인

다.

●예● 症勢(증세), 症狀(증상), 痛症(통증)

685

蒸(찔 증): zhēng, 艸-10, 14, 32

字解 형성. 艸^(풀 초)가 의미부이고 烝^(찔 증)이 소리부로, 원래는 벗겨 낸 삼^(麻 마)의 껍질을 말했는데, 식물^(艸)의 일종인 삼은 불에 쪄서^(烝) 껍질을 벗겨 내기에 '찌다'는 뜻이, 다시 증기나 증기처럼 위로 올라가다의 뜻이 나왔다.

字形 簡牘文 說文小篆 說文或體

●예● 蒸發(증발), 水蒸氣(수증기)

686

贈(보낼 증): 赠, zèng, 貝-12, 19, 30

字解 형성. 貝^(조개 패)가 의미부이고 曾^(일찍 증)이 소리부로, 돈^(貝) 되는 여러 물건을 겹겹이^(曾) 싸서 보내는 행위를 말해, 재물^(貝)이 더해짐^(曾)을 말하며, 이로부터 보내다, 贈呈^(증정)하다 등의 뜻이 나왔다.

字形 簡牘文 說文小篆

●예● 寄贈(기증), 贈與(증여)

지

687

智(슬기 지): [㝉], zhì, 日-8, 12, 40

字解 형성. 日^(날 일)이 의미부이고 知^(알 지)가 소리부로, 슬기를 말하는데, 지

식$^{(知)}$이 일정한 세월$^{(日)}$을 지나야만 '슬기'이자 '지혜'가 됨을 반영했다. 『설문해자』에서는 白$^{(흰 백)}$과 亐$^{(어조사 우)}$가 의미부이고 知가 소리부인 𥏆로 썼다.

字形 杊 甲骨文 ᾝ䝅 ᾝ金文 ᾝ䝅ᾝᾝᾝ智 智簡牘文 㓻帛書 ᾝ石刻古文 ᾝ說文小篆 ᾝ說文古文

●예● 智慧(지혜), 機智(기지)

688

池(못 지): chí, 水-3, 6, 32

字解 형성. 水$^{(물 수)}$가 의미부이고 也$^{(어조사 야)}$가 소리부로, 못이나 소택이나 坱字$^{(해자성 밖으로 둘러 판 못)}$ 등을 말하는데, 여성$^{(也)}$의 품처럼 물$^{(水)}$이 한 곳으로 모인 곳이라는 뜻을 담았다.

字形 ᾝ簡牘文 池玉篇

●예● 天池(천지), 乾電池(건전지)

689

誌(기록할 지): 志, zhì, 言-7, 14, 40

字解 형성. 言$^{(말씀 언)}$이 의미부이고 志$^{(뜻 지)}$가 소리부로, 뜻$^{(志)}$이 담긴 말$^{(言)}$을 '기록하다'는 뜻이다. 이로부터 기호, 기록된 문장, 雜誌$^{(잡지)}$ 등의 뜻이 나왔다. 중국의 간화자에서는 志에 통합되었다.

字形 ᾝ說文小篆

●예● 雜誌(잡지), 月刊誌(월간지), 書誌(서지)

690

遲(늦을 지): 迟, chí, 辵-12, 16, 30

字解 형성. 辵^(쉬엄쉬엄 갈 착)이 의미부이고 犀^(무소 서)가 소리부로, 무소^(犀)처럼 느릿느릿한 걸음^(辵)을 말하며, 이로부터 느리다, 둔하다, 늦다 등의 뜻이 나왔다. 그전 갑골문에서는 사람이 사람을 업고 가는^(彳·척) 모습으로써 혼자 걸을 때보다 '더딘' 모습을 그렸다. 금문에 들면서 彳에 止^(발 지)가 더해져 辵이 되었고, 소전체에서 사람을 업은 모습이 무소^(犀)로 대체되어 지금처럼 되었다. 중국의 간화자에서는 소리부 犀를 尺^(자 척)으로 간단히 고친 迟로 쓴다.

字形 𣥆𣥆𢌆甲骨文 𤲑𤲑金文 𤲑說文小篆 𤲑說文籒文

●예● 遲刻(지각), 遲延(지연), 遲滯(지체)

직

691

織(짤 직): 织, zhī, 糸-12, 18, 40

字解 형성. 糸^(가는 실 멱)이 의미부이고 戠^(찰진 흙 시)가 소리부로, 비단 실^(糸)로 무늬를 새겨 넣으며^(戠) 베를 짜는 것을 말한다. 중국의 간화자에서는 소리부 戠를 只^(다만 지)로 간단히 바꾸어 织으로 쓴다.

字形 𢦔金文 𥾴簡牘文 𥾴說文小篆

●예● 組織(조직), 織女(직녀)

692

職(버슬 직): 职, [職], zhí, 耳-12, 18, 42

字解 형성. 耳^(귀 이)가 의미부이고 戠^(찰진 흙 시)가 소리부로, 직무, 직책이라는 뜻인데, 남의 말을 귀^(耳)에 새기는^(戠) 직책을 말해, 언제나 남의 자세한 사정을 귀담아듣고 남을 위해 봉사하는 것이 職務^(직무)의 원뜻임을 웅변해 주고 있다. 달리 耳 대신 身^(몸 신)이 들어간 軄으로 쓰기도 하는데, 이러한 직무는 몸소 실천해야 함을 강조했다. 중국의 간화자에서는 소리부 戠를 只^(다만 지)로 간단히 바꾸어 职으로 쓴다.

字形 金文 簡牘文 說文小篆

●예● 職員(직원), 職業(직업), 職場(직장)

진

693

振(떨칠 진): zhèn, 手-7, 10, 32

字解 형성. 手^(손 수)가 의미부이고 辰^(별 잔때 신)이 소리부로, 먹이를 포착한 조개^(辰)가 갑자기 움직이는 것과 같이 손^(手)에 의한 振動^(진동)을 말한다. 손^(手)을 펼쳐 남을 구제한다는 뜻에서 '구제'의 뜻도 함께 가진다.

字形 說文小篆

●예● 振作(진작), 不振(부진), 振興(진흥)

694

珍(보배 진): [珎, 鉁, 鎭], zhēn, 玉-5, 9, 40

字解 형성. 玉^(옥 옥)이 의미부이고 㐱^(숱 많을 진)이 소리부로, 옥^(玉)과 같은 귀중한 보배를 말하며, 이로부터 진귀한 음식, 귀중하다, 珍貴^(진귀)하다의 뜻이 나왔고, 인재나 미덕의 비유로도 쓰였다.

字形 甲骨文 古陶文 古璽文 說文小篆

●예● 珍貴(진귀), 山海珍味(산해진미)

695

鎭(진압할 진): 镇, zhèn, 金-10, 18, 32

字解 형성. 金^(쇠 금)이 의미부이고 眞^(참 진)이 소리부로, 무거운 쇠^(金) 같은 것으로 누르다는 뜻이며 이로부터 鎭壓^(진압)하다는 뜻도 나왔다. 鎭山^(진산)은 지덕으로써 한 지방을 진정하는 명산대악을 말한다.

字形 說文小篆

●예● 鎭壓(진압), 鎭火(진화)

696

陣(진영 진): 阵, zhèn, 阜-7, 10, 40

字解 회의. 阜^(언덕 부)와 車^(수레 거차)로 구성되어, 진을 치기 좋은 높다란 흙언덕배기^(阜)를 중심으로 전차^(車)들이 줄지어 '배치된' 모습을 그렸다. 중국의 간화자에서는 車를 초서체 车로 줄인 阵으로 쓴다.

●예● 退陣(퇴진), 陣營(진영), 陣地(진지)

697

陳(늘어놓을 진): 陈, chén, 阜-8, 11, 32

字解 회의. 阜^(언덕 부)와 東^(동녘 동)으로 구성되어, 흙을 파 만든 집^(阜) 앞에 물건을 담은 포대기^(東)들이 늘려진 모습으로부터 '진설하다'의 뜻이 나왔다. 이후 땅 이름과 나라 이름으로 가차되었는데, 하남성 宛丘^(완구) 지역을 말하며 舜^(순)의 후손인 嬀滿^(규만)이 봉해진 곳이라 한다. 중국

의 간화자에서는 東을 초서체 东으로 줄인 陈으로 쓴다.

字形 䢅 說文小篆

•예• 陳列(진열), 陳述(진술)

698

震(벼락 진): zhèn, 雨-7, 15, 32

字解 형성. 雨$^{(비 우)}$가 의미부이고 辰$^{(별 진때 신)}$이 소리부로, 꿈쩍도 하지 않다가 먹이를 포착하는 순간 갑자기 육중한 몸을 움직이며 모래 먼지를 일으키는 조개$^{(辰)}$의 인상적인 모습이 震을 만들어냈는데, 비$^{(雨)}$가 올 때 우렛소리를 내며 천지를 뒤엎을 듯한 기세의 '벼락'은 물속에서의 조개의 격렬한 움직임에 다름 아니기 때문이다.

字形 震 說文小篆

•예• 地震(지진), 强震(강진)

질

699

姪(조카 질): zhì, 女-6, 9, 30

字解 형성. 女$^{(여자 여)}$가 의미부이고 至$^{(이를 지)}$가 소리부로, 형제·자매의 아들을 말한다. 옛날에는 여자가 형제의 자녀를 부르는 말이었으나 晉$^{(진)}$ 이후로 남자도 형제의 아들을 姪이라 불렀다. 이후 동년배 남성의 친구의 자녀를 부르는 칭호로 쓰였다.

字形 𡜎 說文小篆

•예• 堂姪(당질), 姪婦(질부), 叔姪(숙질)

疾(병 질): jí, 疒-5, 10, 32

字解 회의. 疒^(병들어 기댈 녁)과 矢^(화살 시)로 구성되어, 화살^(矢)을 맞아 생긴 상처를 말하며, 이로부터 질병의 일반적 명칭이 되었고, 고통이나 원한의 뜻도 나왔다. 갑골문에서는 사람의 몸^(大)에 화살^(矢)이 박힌 모습을 그렸는데, 소전체에 들면서 사람^(大)이 병상^(疒)으로 변해 지금처럼 되었다. 화살에 맞으면 재빨리 치료해야 목숨을 건질 수 있었기에 疾에는 疾走^(질주)와 같이 '빠르다', '민첩하다'의 뜻도 생겼다.

字形 甲骨文 金文 古陶文 簡牘文 古璽文 說文小篆 說文古文 說文籀文

●예● 疾病(질병), 疾患(질환)

秩(차례 질): zhì, 禾-5, 10, 32

字解 형성. 禾^(벼 화)가 의미부이고 失^(잃을 실)이 소리부로, '볏단^(禾)을 쌓다'는 뜻이며, 옛날에는 곡식을 봉록으로 받았으므로 봉록의 뜻이, 또 봉록은 계급에 따라 정해지므로 순서나 차례 등의 뜻이 나왔다. 달리 10년을 지칭하기도 한다.

字形 簡牘文 說文小篆

●예● 秩序(질서)

징

702

徵(부를 징·치성 치): 征, zhēng, 彳-12, 15, 32

字解 형성. 微^(작을 미)의 생략된 모습이 의미부이고 王^(좋을 정)이 소리부인데, 『설문해자』에 의하면 은밀한^(微) 곳에 숨어 사는 사람^(王)을 청해와 '불러내다'는 뜻이라고 했다. 이로부터 부르다, 구하다, 징험 등의 뜻이 나왔다. 또 오음^(궁상각치우)의 하나를 말하기도 한다. 중국의 간화자에서는 征^(칠 정)에 통합되었다.

字形 𢼸 說文小篆

●예● 象徵(상징), 特徵(특징), 徵兆(징조), 徵集(징집)

703

懲(혼날 징): 惩, chéng, 心-15, 19, 30

字解 형성. 心^(마음 심)이 의미부이고 徵^(부를 징)이 소리부로, 징계하다는 뜻인데, 마음^(心)까지 불러내^(徵) 혼을 내고 경각심을 일으킨다는 뜻을 담았다. 중국의 간화자에서는 徵을 征^(칠 정)으로 줄인 惩으로 쓴다.

字形 𢠲 說文小篆

●예● 懲戒(징계), 懲罰(징벌)

후기 예서(隸書). 위상존호주(魏上尊號奏). 위(魏)나라 황초(黃初) 원
년(220)에 만들어 졌으며, 한나라 때의 표준 예서에서 해서(楷書)체
로 넘어가는 과도기적 모습을 보이고 있다.

ㅊ

차

704

差(어긋날 차): [差], chā, 工-7, 10, 40

字解 회의. 금문에서 左^(왼 좌)와 나머지 부분으로 구성되었는데, 左는 왼손을, 나머지 부분은 짚을 그렸다. 그래서 差는 왼손으로 새끼를 꼬는 모습을 형상화하였으며, 왼손으로 꼬는 새끼는 오른손으로 하는 것에 비해 정확하지도 못하고 굵기가 가지런하지 못하기 마련이다. 이로부터 差에는 參差^(참차들쑥날쑥하여 가지런하지 못한 모양)에서와 같이 '들쑥날쑥하다'나 差異^(차이)에서처럼 '모자라다'는 뜻이 생겼으며, 이후 자리를 비우고 출장을 가다는 뜻도 나왔다. 그러자 원래의 '꼬다'는 뜻은 手^(손 수)를 더하여 搓^(비빌 차)로 분화했다.

字形 ^{金文} ^{簡牘文} ^{說文小篆} ^{說文籀文}

●예● 差異(차이), 隔差(격차), 差別(차별)

착

705

捉(잡을 착): zhuō, 手-7, 10, 30

字解 형성. 手^(손 수)가 의미부이고 足^(발 족)이 소리부로, 손^(手)으로 발^(足)을 붙잡는 행위를 말하며, 이로부터 붙잡다, 捕捉^(포착)하다, 체포하다 등의

뜻이 나왔다.

字形 說文小篆

●예● 捕捉(포착)

706

錯(어긋날 착): 错, cuò, 金-8, 16, 32

字解 형성. 金^(쇠 금)이 의미부이고 昔^(옛 석)이 소리부로, 『설문해자』에서는 '도 금을 하다'는 뜻이라고 했는데, 쇠^(金)가 오래되어^(昔) '어긋나' 못쓰게 됨을 뜻하고, 이를 꾸미고자 겉에다 칠을 하는 것을 말한다. 이후 뒤섞이다, 부정확하다, 잘못되다, 나쁘다 등의 뜻이 나왔다.

字形 說文小篆

●예● 錯覺(착각), 錯視(착시), 錯誤(착오)

찬

707

讚(기릴 찬): zàn, 言-19, 26, 40

字解 형성. 言^(말씀 언)이 의미부이고 贊^(도울 찬)이 소리부로, 아름답고 훌륭한 것이나 위대한 것을 말^(言)로 칭송함^(贊)을 말하며, 이로부터 도우다의 뜻이 나왔다. 또 문체의 이름으로, 사람을 찬양하는 글을 말한다.

●예● 讚揚(찬양), 稱讚(칭찬), 讚辭(찬사), 自畫自讚(자화자찬)

708

贊(도울 찬): 赞, [賛], zàn, 貝-12, 19, 32

字解 회의. 貝^(조개 패)와 兟^(나아갈 신)으로 구성되어, 재물^(貝)을 갖고 예를 갖추

어 나아가^(祧) 뵙는 것을 말하고, 이로부터 '알현하다'의 뜻이 나왔다. 이로부터 贊助^(찬조)하다, '돕다'의 뜻이 나왔고, 다시 贊成^(찬성)과 稱讚^(칭찬)의 뜻도 나왔다.

🈂️字形 贊 說文小篆

●예● 贊成(찬성), 贊助(찬조), 協贊(협찬)

참

709

慘(참혹할 참): 惨, cǎn, 心-11, 14, 30

🈂️字解 형성. 心^(마음 심)이 의미부이고 參^(석 삼삼성 참간여할 참)이 소리부로, 마음^(心)이 비참하고 끔찍함을 말하며, 이로부터 지독하다, 얼굴을 찌푸리다, 고민하다 등의 뜻도 나고 정도가 많음을 지칭하게 되었다. 중국의 간화자에서는 參을 参으로 줄여 惨으로 쓴다.

🈂️字形 慘 說文小篆

●예● 慘敗(참패), 慘事(참사)

710

慙(부끄러울 참): 惭, [慚], cán, 心-11, 15, 30

🈂️字解 형성. 心^(마음 심)이 의미부이고 斬^(벨 참)이 소리부로, 거열형^(斬)에 처할 정도로 부끄러운 심리적^(心) 상태라는 뜻을 담았으며, 달리 慚^(부끄러울 참)으로 쓰기도 하며, 중국의 간화자에서는 좌우구조로 된 惭으로 쓴다.

🈂️字形 慙 說文小篆

창

711

倉(곳집 창): 仓, cāng, 人-8, 10, 32

字解 상형. 갑골문에서 지붕과 문과 기단이 갖추어져 습기나 쥐 등의 침입을 막도록 대 위에 만들어진 곡식 '창고'를 그렸다. 곳집이 원래 뜻이며, 이후 倉卒^(창졸)에서처럼 몹시 급박하다는 뜻으로 가차되었고, 또 蒼^(푸를 창)과 통용되어 푸른색을 뜻하기도 하였다. 중국의 간화자에서는 초서체로 줄인 仓으로 쓴다.

字形 甲骨文 金文 古陶文 簡牘文 古幣文 說文小篆

●예● 倉庫(창고)

712

創(비롯할 창): 创, [剏 剙], chuàng, 刀-10, 12, 42

字解 형성. 刀^(칼 도)가 의미부이고 倉^(곳집 창)이 소리부로, 칼^(刀) 같은 도구로 곳집^(倉)에 채울 곡식의 경작을 '시작'하다는 뜻인데, 금문에서는 밭을 가는 쟁기를 그려 이를 더욱 구체화 했다. 創의 이체자인 剏^(비롯할 창)은 칼 같은 도구^(刀)로 우물^(井)을 파는 모습에서 이것이 정착의 '시작'임을 나타냈는데, 이후 創에 통합되었다. 정착을 위해 우물을 파고, 밭을 가는 과정에서 상처를 입기 일쑤였고, 이 때문에 다치다, 상처를 입다는 뜻도 나왔다. 『설문해자』에서는 剏^(비롯할 창)으로 썼다. 중국의 간화자에서는 倉을 仓으로 간단하게 줄인 创으로 쓴다.

●예● 創出(창출), 創造(창조), 創業(창업), 創始(창시), 創製(창제), 獨創(독창), 創作(창작)

713

暢(펼 창): 畅, chàng, 日-10, 14, 30

字解 형성. 申(아홉째 지지 신)이 의미부이고 昜(볕 양)이 소리부로, 『옥편』에서는 도달하다(達)는 뜻이라고 했는데, 햇살(昜)이 뻗어 나와(申) 화사하게 내비추는 모습에서 和暢(화창)에서처럼 '화사하다'는 뜻이, 流暢(유창)에서처럼 '거침없이 내닫다'는 뜻이 나왔다. 그러나 『설문해자』에서는 畼(곡식 나지 않을 창)으로 써, 田(밭 전)이 의미부이고 昜이 소리부로, 농작물이 자라지 않는 광활한 논밭(田)을 말했으며, 이로부터 아무런 장애가 없다, 탁 트였다, 막힘이 없다 등의 뜻이 나왔다고 했다. 중국의 간화자에서는 昜을 㐆으로 간단하게 줄인 畅으로 쓴다.

●예● 和暢(화창), 流暢(유창)

714

蒼(푸를 창): 苍, cāng, 艸-10, 14, 32

字解 형성. 艸(풀 초)가 의미부이고 倉(곳집 창)이 소리부로, 풀(艸)처럼 푸른색을 말한다. 이후 남색의 뜻도 나왔고, 하늘을 뜻하기도 했다. 중국의 간화자에서는 倉을 仓으로 간단하게 줄인 苍으로 쓴다.

字形 蒼蒼 古陶文 蒼蒼 簡牘文 蒼蒼蒼 古璽文 蒼 石刻古文 蒼 說文小篆

●예● 蒼空(창공)

채

715

債(빚 채): zhài, 人-11, 13, 32

字解 형성. 人^(사람 인)이 의미부이고 責^(꾸짖을 책)이 소리부로, 다른 사람^(人)에게 갚아야 할^(責) '빚'이나 債務^(채무)를 말한다.

字形 𠌂簡牘文 債說文新附

●예● 負債(부채), 債務(채무), 債權(채권)

716

彩(무늬 채): cǎi, 彡-8, 11, 32

字解 형성. 彡^(터럭 삼)이 의미부이고 采^(딸 채)가 소리부로, 손^(爪·조)으로 나무^(木)의 과실을 따는 형상을 그린 采에 彡이 더해져, 화사하게 비치는 햇살^(彡) 아래 이루어지는 채집^(采) 행위를 그렸다. 이로부터 채색이나 色彩^(색채), 문채, 주목을 받다 등의 뜻이 나왔다. 또 옛날 도박의 일종인 주사위 놀이에서의 주사위 색깔을 뜻했으며, 이로부터 노름돈, 경품, 행운 등의 뜻이 나왔고, 훌륭한 기예 등을 칭찬하는 말로도 쓰였다.

字形 彩說文小篆

●예● 色彩(색채), 彩色(채색), 多彩(다채)

책

717

策(채찍 책): [筞, 策, 筴], cè, 竹-6, 12, 32

字解 형성. 竹^(대 죽)이 의미부이고 朿^(가시 자)가 소리부로, 대^(竹)로 만든 말채찍을 말했다. 이로부터 채찍질을 하다는 뜻도 나왔는데, 가시^(朿)처럼 아프게 만드는 것이라는 뜻을 담았다. 이후 글자를 쓸 수 있는 대쪽^(竹)을 지칭하게 되었으며, 이로부터 簡册^(간책)이나 對策^(대책)의 뜻이, 다시 計策^(계책), 책략, 의견 등의 뜻도 나왔다.

字形 簡牘文 說文小篆

●예● 政策(정책), 對策(대책), 解決策(해결책)

척

718

戚(겨레 척): [鏚], qī, 戈-7, 11, 32

형성. 戊^(다섯째 천간 무)가 의미부이고 叔^(아재비 숙)이 소리부로, '겨레'를 말한다. 소전체에서는 戉^(도끼 월)이 의미부이고 尗^(콩 숙)이 소리부로, 도끼^(戉)를 말했는데, 예서에서 戉이 같은 뜻의 戊로 변해 지금의 자형이 되었다. 이후 친근하다, 친밀하다는 뜻으로 쓰였고, 가까운 '겨레'라는 뜻도 가지게 되었다.

字形 金文 簡牘文 說文小篆

●예● 親戚(친척), 姻戚(인척), 外戚(외척)

719

拓(주울 척밀칠 탁): 托, [搨], zhí, tuò, tà, 手-5, 8, 32

字解 형성. 手^(손 수)가 의미부이고 石^(돌 석)이 소리부로, 손^(手)으로 '줍다'는 뜻
이며, 물건을 손으로 밀어 젖히다는 뜻도 가져 開拓^(개척)하다는 뜻이
나왔다. 또 종이를 먹으로 밀쳐서 인쇄한다는 뜻에서 墨拓^(묵타)이라
는 뜻도 나왔는데, 이때에는 '탁'으로 읽힘에 유의해야 한다. 중국의
간화자에서는 托^(밀 탁)에 통합되었다.

字形 𥑆 說文小篆

●예● 開拓(개척), 干拓(간척)

720

斥(물리칠 척): [庍], chì, 斤-1, 5, 30

字解 지사. 斤^(도끼 근)에 지사부호^(ヽ)를 더해 '도끼의 날'을 상징화했고, 이로
부터 '도려내 추방하다'는 의미를 그려냈으며, 이 때문에 배척하다,
물리치다, 비난하다 등의 뜻이 나왔다. 원래는 庍으로 써, 집^(广·엄)으
로부터 거꾸로^(屰·역) 나온다는 뜻에서 '추방'과 排斥^(배척)의 의미를 그
렸는데, 이후 지금의 자형으로 변했다.

字形 庍 簡牘文 庍 說文小篆

●예● 排斥(배척)

천

721

薦(천거할 천): 荐, jiàn, 艸-13, 17, 30

字解 형성. 금문에서 艸^(풀 우거질 망)이 의미부이고 廌^(법 치)가 소리부인데, 艸은 풀이 우거진 모습을, 廌는 해태를 그렸으며, 소전체에서 艸이 艸^(풀 초)로 줄어 지금의 자형이 되었다. 『설문해자』에서는 艸와 해태 같은 "짐승이 먹는 풀을 말한다."라고 했다. 그래서 薦은 이러한 풀로 만든 깔개, 즉 돗자리를 의미했다. 하지만, 해태는 法^(법 법)자에서도 볼 수 있듯 정의로운 동물의 상징이다. 그래서 薦은 신성한 해태가 먹는다는 신성한 풀로 만든 돗자리로 주로 제사 때 사용되었다. 그래서 『廣雅^(광아)』나 『左傳^(좌전)』 등을 살펴보면, 소나 양과 같은 희생물을 바치는 제사를 祭^(제사 제)라고 하지만 이러한 희생물이 없는 제사를 薦이라고 했다. 희생물이 동원되지 아니한 薦이라는 제사는 제수를 돗자리^(薦)에 받쳐 올렸기 때문에 붙여진 이름일 것이다. 그래서 薦은 '신에게 제수를 올리다'의 뜻을 갖는다. 이후 이와 연관되어 임금에게 올리는 것을 薦이라 일컬었는데, 그것은 다름 아닌 인재의 薦擧^(천거)였다. 그리하여 薦에는 推薦^(추천)하다는 뜻이 생겼다. 이렇게 되자 원래의 '돗자리'는 荐으로 분화했다. 중국의 간화자에서는 廌를 存^(있을 존)으로 바꾼 荐^(거듭자리 깔 천)으로 쓴다.

字形 金文　說文小篆

●예● 推薦(추천), 公薦(공천), 薦擧(천거)

722

賤(천할 천): 贱, jiàn, 貝-8, 15, 32

字解 형성. 貝^(조개 패)가 의미부이고 戔^(쌓일 전)이 소리부로, 값이 싸다는 뜻으로, 재산^(貝)이 얼마 남지 않은^(戔) 상태를 말하며, 이로부터 가난하다, '천하다', 멸시하다 등의 뜻이 나왔다. 중국의 간화자에서는 戔을 戋으로 간단하게 줄인 贱으로 쓴다.

字形 簡牘文 說文小篆

•예• 貴賤(귀천), 賤待(천대), 貧賤(빈천)

723

踐(밟을 천): 践, jiàn, 足-8, 15, 32

字解 형성. 足^(발 족)이 의미부이고 戔^(쌓일 전)이 소리부로, 발^(足)로 부스러지도록^(戔) '밟다'는 뜻이며, 이로부터 유린하다, 달려가다 등의 뜻이 나왔다. 중국의 간화자에서는 戔을 戋으로 간단하게 줄인 践으로 쓴다.

字形 帛書 簡牘文 石刻古文 說文小篆

•예• 實踐(실천)

724

遷(옮길 천): 迁, qiān, 辵-12, 16, 32

字解 형성. 辵^(쉬엄쉬엄 갈 착)이 의미부이고 䙴^(오를 선)이 소리부로, 옮겨^(䙴) 가다^(辵), 옮기다, 바꾸다는 뜻이다. 금문에서 왼쪽은 얼금얼금한 광주리 같은 것을 네 손으로 마주 든^(舁·여) 모습으로, 무거운 물건을 함께 들거나 집단 노동을 함께하는 모습을 그렸다. 여기에다 앉은 사람^(卩·절)과 성곽^(囗·위)이 결합해 '사람이 거주하는 곳'을 그린 邑^(고을 읍)이 더해진 것으로 보아 遷은 사람들이 새로 살 城^(성)을 만드는 모습을 형상화한 것으로 보인다. 그래서 遷의 원래 뜻은 築城^(축성)이다. 城을 쌓는 것은 새로운 삶터를 위해서이고 성이 만들어지면 그곳으로 옮겨가기 마련이다. 그래서 '옮기다'는 뜻도 생겼다. 소전체로 오면서 '옮기다'는 뜻을 강조하기 위해 辵^(쉬엄쉬엄 갈 착)이 더해졌고, 자형의 균형을 위해 오른쪽에 있던 邑이 준 채 䙴으로 통합되어 지금의 遷이

완성되었다. 중국의 간화자에서는 辶이 의미부이고 千^(일천 천)이 소리
부로 된 迁으로 쓴다.

字形 金文 石刻古文 說文小篆 說文古文

●예● 遷都(천도), 變遷(변천), 孟母三遷(맹모삼천)

철

725

哲(밝을 철): [喆], zhé, 口-7, 10, 32

字解 형성. 口^(입 구)가 의미부이고 折^(꺾을 절)이 소리부로, 명석하다는 뜻이다.
折은 판단하다는 뜻을 가져, 사고나 언사를 통해 정확한 판단을 할
수 있는 것, 혹은 그런 사람을 말하며, 이는 大智^(대지)의 표현으로 인
식되었다. 哲은 달리 折과 心^(마음 심)이 상하로 결합한 구조로도 쓰는
데 마음^(心)이 명석함^(折)을 말했다. 또 哲人의 언사나 행동은 극히 순
조롭고 길하다는 뜻에서 吉^(길할 길)이 셋 결합한 모습으로 쓰기도 했
고, 하나를 줄여서 喆로 쓰기도 했다. 현대 중국에서는 喆^(밝을 철)의
중국의 간화자로도 쓰인다.

字形 金文 古璽文
古四 說文小篆 說文或體 說文古文

●예● 哲學(철학), 明哲(명철)

726

徹(통할 철): 彻, chè, 彳-12, 15, 32

字解 회의. 원래 세 발 솥의 하나인 鬲^(솥 력막을 격)과 攴^(칠 복)으로 이루어져,

식사를 마치고 솥(鬲)을 치우는 모습으로부터 '撤去(철거)'와 '撤收(철수)'의 의미를 그렸다. 이후 手(손 수)를 더해 撤(거둘 철)로 만들었고, 그러한 행위가 주로 길에서 행해졌기에 手 대신 彳(조금 걸을 척)을 더해 徹을 만들었는데, 자형이 조금 변해 지금처럼 되었다. 중국의 간화자에서는 彳이 의미부이고 切(끊을 절)이 소리부인 구조의 彻로 쓴다.

字形 **所** 甲骨文 **所 所 所** 金文 **徹** 簡牘文 **徹** 說文小篆 **徹** 說文古文

●예● 徹底(철저), 貫徹(관철), 冷徹(냉철), 徹頭徹尾(철두철미)

첨

727

尖(뾰족할 첨): jiān, 小-3, 6, 30

字解 회의. 小(작을 소)가 위에 大(큰 대)가 아래에 놓여, 아래쪽이 크고 위쪽이 작은 尖塔(첨탑)의 이미지를 그렸다. 이로부터 尖에는 '뾰족하다'는 뜻과 '예리하다'는 뜻이 나오게 되었고, 다시 尖端(첨단)에서처럼 그 뾰족한 첨탑의 제일 끝에 있는 '최고'라는 의미도 가지게 되었다.

●예● 尖端(첨단), 尖銳(첨예)

728

添(더할 첨): [沾], tiān, 水-8, 11, 30

字解 형성. 水(물 수)가 의미부이고 忝(더럽힐 첨)이 소리부로, 물(水)을 더하다는 뜻에서 증가시키다의 뜻이 나왔으며, 송나라 이후로는 아이를 낳다는 뜻으로도 쓰였다. 옛날에는 忝 대신 占(차지할 점)이 들어간 沾(더할 첨)으로 쓰기도 했다.

•예• 添加(첨가), 添附(첨부), 添削(첨삭)

첩

729

妾(첩 첩): qiè, 女-5, 8, 30

字解 회의. 원래는 辛^(매울 신)과 女^(여자 여)의 결합으로, 묵형을 받은^(辛) 천한 여자^(女)를 말했는데, 이후 '첩'의 뜻으로 쓰였고, 자형도 조금 변했다.

字形 ![說文小篆] 說文小篆

•예• 妻妾(처첩), 愛妾(애첩)

청

730

廳(관청 청): 厅, tīng, 广-22, 25, 40

字解 형성. 广^(집 엄)이 의미부이고 聽^(들을 청)이 소리부로, 大廳^(대청) 마루가 갖추어진 관아를 말했는데, 관아는 일반 민중들의 의견을 잘 청취하고 아픈 사연들을 귀담아들어야^(聽) 하며, 그런 사람들이 머무는 큰 집이나^(广) 장소를 말한다. 중국의 간화자에서는 广을 厂^(기슭 엄)으로 바꾸고 聽을 丁^(넷째 천간 정)으로 줄인 厅으로 쓴다.

•예• 官廳(관청), 市廳(시청), 道廳(도청)

체

731

替(없앨 체): tì, 日-8, 12, 30

🔖 회의. 용기에 담긴 목 잘린 돼지를 그려 희생물로 쓰고 난 후 '폐기'하는 모습을 형상했고, 이로부터 '없애다'의 뜻이 나왔는데, 그릇이 曰^(가로 왈)로 변하고 목 잘린 돼지가 夫^(지아비 부)로 변해 지금의 자형이 되었다. 『설문해자』에서는 竝^(나란히 병)이 의미부이고 白^(흰 백)이 소리부인 暜로 썼고, 이의 이체자로 竝과 曰로 구성된 구조와 㪿^(나아갈 신)과 曰로 구성된 두 가지를 제시했다.

🔖 金文 說文小篆 說文或體

●예● 代替(대체), 交替(교체)

732

替(막힐 체): 滯, zhì, 水-11, 14, 32

🔖 형성. 水^(물 수)가 의미부고 帶^(띠 대)가 소리부로, '막히다'는 뜻이다. 띠처럼 넓고 길게^(帶) 흐르는 강물^(水)은 무엇에 막힌 듯 천천히 느리게 흐르기 마련이고 언뜻 보면 마치 서로 엉기어^(滯) 정지해 있는 듯한데, 이 때문에 '막히다', 정체되다, 흐르지 않다 등의 뜻이 나왔다. 간화자에서는 帶를 带로 줄인 滞로 쓴다.

🔖 說文小篆

●예● 沈滯(침체), 停滯(정체), 延滯(연체)

733

逮(미칠 체): dài, 辵-8, 12, 30

🔖 형성. 辵^(쉬엄쉬엄 갈 착)이 의미부이고 隶^(미칠 이)가 소리부로, 따라가서^(辵) 대상물의 꼬리를 붙잡음^(隶)을 형상화했고, 이로부터 목표물에 '미치다'와 逮捕^(체포)하다는 뜻이 나왔다.

●예● 逮捕(체포)

734

遞(갈마들 체): 递, dì, 辵-10, 14, 30

字解 형성. 辵(쉬엄쉬엄 갈 착)이 의미부이고 虒^(뿔 범 사)가 소리부로, 임무 등을 차례로 가서^(辵) 바꾸는 것을 말하며, 이로부터 교체하다, 보내다, 차례 등의 뜻이 나왔다. 중국의 간화자에서는 소리부 虒을 弟^(아우 제)로 줄인 递로 쓴다.

字形 說文小篆

●예● 郵遞局(우체국), 遞信(체신)

초

735

抄(베낄 초): [鈔, 秒, 吵], chāo, 手-4, 7, 30

字解 형성. 手^(손 수)가 의미부이고 少^(적을 소)가 소리부로, '베끼다'는 뜻인데, 원래는 手 대신 金^(쇠 금)이 들어간 鈔^(노략질할 초)로 썼고, 이의 속자이다. 『설문해자』에서는 "쇠숟가락^(金)이나 손^(手)으로 낱알로 된 작은^(少) 물체를 긁어모으는 것을 말한다."라고 했으며, 이로부터 '긁어모으다'의 뜻이, 다시 '약탈하다'의 뜻이 나왔다. 또 손으로 작은 미세한 부분까지 그대로 옮겨 적는다는 뜻에서 '베끼다'는 의미가 나왔다.

字形 簡牘文 說文小篆

●예● 抄本(초본), 抄錄(초록)

736

礎(주춧돌 초): 础, chǔ, 石-13, 18, 32

字解 형성. 石^(돌 석)이 의미부이고 楚^(모형 초)가 소리부로, 모형나무^(楚)처럼 재
질이 단단한 기둥을 받치는 주춧돌^(石)을 뜻하며, 이로부터 기초의 뜻
이 나왔다. 중국의 간화자에서는 소리부 楚를 出^(날 출)로 간단하게 바
꾼 础로 쓴다.

字形 〔礎〕 說文小篆

●예● 基礎(기초), 礎石(초석)

737

秒(초 초·까끄라기 묘): miǎo, 禾-4, 9

字解 형성. 禾^(벼 화)가 의미부이고 少^(적을 소)가 소리부로, 벼^(禾)의 잔잔한^{(少, 小와}
^{통용됨)} '까끄라기'를 말한다. 벼^(禾)의 가장 작은 부분을 지칭하던 데서
시간의 가장 작은 단위인 '초'도 뜻하게 되었다.

字形 〔秒〕 說文小篆

●예● 分秒(분초), 秒速(초속)

738

肖(닮을 초): xiào, 肉-3, 7, 32

字解 형성. 肉^(月·고기 육)이 의미부이고 小^(작을 소)가 소리부로, 잘게^(小) 썰어 놓
은 고깃덩어리^(肉)를 말했다. 고기를 잘게 썰어 놓으면 고기의 종류에
관계없이 대체로 비슷해 보이며 구분이 힘들어진다. 이로부터 肖에
는 '작다'는 뜻 이외에도 '닮다'는 뜻이 나오게 되었다. 보통 不肖^(불초)

라고 하면 자식이 부모 앞에서 자신을 낮추어 부르는 말인데, '선조 만큼 훌륭하게 닮지^(肖) 못한^(不) 못난이'라는 뜻이다. 이로부터 肖에는 다시 어리석고 별 볼일 없는 사람이라는 뜻이 생겼다.

●字形● ⺌金文 ⺌古陶文 ⺌ ⺌盟書 肖簡牘文 肖 說文小篆

●예● 不肖(불초), 肖像畵(초상화)

739

超(뛰어넘을 초): chāo, 走-5, 12, 32

●字解● 형성. 走^(달릴 주)가 의미부이고 召^(부를 소)가 소리부로, 뛰어 올라^(走) 넘어 감을 말한다. 이후 일정 범위를 넘어나는 것을 뜻하게 되었다.

●字形● 超古璽文 超 說文小篆

●예● 超越(초월), 超過(초과), 超人(초인)

촉

740

促(재촉할 촉): cù, 人-7, 9, 32

●字解● 형성. 人^(사람 인)이 의미부이고 足^(발 족)이 소리부로, 압박하다, 급박하다, 促迫^(촉박)하다, 促進^(촉진)하다는 뜻인데, 사람^(人)의 발걸음^(足)을 '재촉하다'는 뜻을 담았다.

●字形● 促簡牘文 促 說文小篆

●예● 督促(독촉), 促進(촉진), 促發(촉발), 促求(촉구)

741

燭(촛불 촉): 烛, zhú, 火-13, 17, 30

字解 형성. 火^(불 화)가 의미부이고 蜀^(나라 이름 촉)이 소리부로, 밤에 대궐의 뜰에 피우는 횃불^(火)을 말했는데, 이후 '촛불'을 지칭하게 되었으며, 불을 밝히다, 자세히 살피다 등의 뜻이 나왔다. 중국의 간화자에서는 蜀을 虫^(벌레 충)으로 줄인 烛으로 쓴다.

字形 說文小篆

•예• 華燭(화촉)

742

觸(닿을 촉): 触, chù, 角-13, 20, 32

字解 형성. 角^(뿔 각)이 의미부이고 蜀^(나라 이름 촉)이 소리부로, 애벌레^(蜀)에 돌출된 뿔^(角)처럼 생긴 觸手^(촉수)를 말하며, 이로부터 '接觸^(접촉)하다', 부딪히다, 촉각 등의 의미가 생겼다. 중국의 간화자에서는 蜀을 虫^(벌레 충)으로 줄인 触으로 쓴다.

字形 金文 說文小篆

•예• 觸覺(촉각), 接觸(접촉)

총

743

總(거느릴 총): 总, zǒng, 糸-11, 17, 42

字解 형성. 糸^(가는 실 멱)이 의미부이고 悤^(바쁠 총)이 소리부로, 실이나 머리 등을 한데 모아서 실^(糸)로 묶는 것을 말했고, 이로부터 함께 모으다,

한데 모으다, 총괄하다, 개괄하다의 뜻이 나왔고, 언제나, 줄곧, 여하튼 간에 등의 뜻도 나왔다. 總角^(총각)은 머리를 뿔^(角)처럼 묶은^(總) 사람이라는 뜻인데, 이는 결혼하지 않았음의 표지였다. 중국의 간화자에서는 总으로 간단하게 줄여 쓴다.

字形 🔣 🔣 簡牘文 🔣 說文小篆

●예● 總理(총리), 總長(총장), 總額(총액), 總務(총무)

744

聰(귀 밝을 총): 聪, cōng, 耳-11, 17, 30

字解 형성. 耳^(귀 이)가 의미부이고 悤^(바쁠 총)이 소리부로, 훤히 뚫린 밝은^(悤) 귀^(耳)로써 남의 말을 잘 들어 살핌을 말했고, 이로부터 '聰明^(총명)함'의 뜻이 나왔다. 중국의 간화자에서는 悤을 总으로 줄여 聪으로 쓴다.

字形 🔣 🔣 🔣 簡牘文 🔣 說文小篆

●예● 聰明(총명), 聰氣(총기)

745

銃(총 총): 铳, chòng, 金-6, 14, 42

字解 형성. 金^(쇠 금)이 의미부이고 充^(찰 충)이 소리부로, 도끼자루를 끼우도록 도끼머리에 뚫은 구멍을 말하는데, 쇠^(金) 도끼에 뚫어놓은 구멍을 채워 넣다^(充)는 뜻이다. 이 때문에 쇠 구멍에 화약을 채워 넣어 사용하는 무기인 '총'도 뜻하게 되었다.

●예● 銃器(총기), 銃擊(총격), 銃聲(총성), 拳銃(권총), 銃彈(총탄)

최

746

催(재촉할 최): cuī, 人-11, 13, 32

字解 형성. 人^(사람 인)이 의미부이고 崔^(높을 최)가 소리부로, 사람^(人)을 재촉하다는 뜻이며, 이로부터 사람을 부리다 등의 뜻이 나왔다.

字形 說文小篆

●예● 主催(주최), 開催(개최)

추

747

抽(뽑을 추): [搯], chōu, 手-5, 8, 30

字解 형성. 手^(손 수)가 의미부이고 由^(말미암을 유)가 소리부로, 손^(手)으로 끌어당겨 뽑아냄을 말한다. 『설문해자』에서는 원래 搯^(뽑을 추)로 썼는데, 由 대신 留^(머물 류)가 들어갔다. 『설문해자』의 혹체에서는 手가 의미부이고 秀^(빼어날 수)가 소리부인 구조로 되기도 했다.

字形 搯 說文小篆 抽 說文或體

●예● 抽出(추출), 抽象(추상)

748

醜(추할 추): 丑, chǒu, 酉-10, 17, 30

字解 형성. 鬼^(귀신 귀)가 의미부이고 酉^(닭 유)가 소리부로, 악귀를 쫓고자 가면을 쓴 모습^(鬼)에서 '흉측하고 추악함'을 그렸다. 중국의 간화자에서는

丑^(소 축)에 통합되었다.

字形 酠^{古陶文} 醜^{簡牘文} 醜^{說文小篆}

●예● 醜態(추태), 醜惡(추악), 醜雜(추잡), 醜聞(추문)

축

749

畜(쌓을 축): chù, 田-5, 10, 32

字解 상형. 창자와 연이어진 胃^(밥통 위)의 형상이었는데 자형이 변해 지금처럼 되었으며, 식품을 저장하여 쌓아둘 수 있음을 형상화했다. 이로부터 육류의 저장을 가능하게 해주는 가축의 사육이라는 의미로 확대되었으며, 그렇게 되자 원래의 '저장하다'는 의미는 다시 곡식^(禾·화)을 더한 稸^(쌓을 축)이나 풀^(艸·초)을 더한 蓄^(쌓을 축)으로 분화되었다.

字形 甲骨文 金文 簡牘文 帛書 說文小篆

●예● 畜産業(축산업), 家畜(가축), 畜舍(축사), 牧畜(목축)

750

築(쌓을 축): 筑, zhù, 竹-10, 16, 42

字解 형성. 木^(나무 목)이 의미부이고 筑^(악기 이름 축)이 소리부로, 쌓다는 뜻인데, 곁 나무^(木)를 대고 황토를 넣고서 달구로 다져가며 담이나 성을 '쌓는' 모습을 그렸다. 금문에서는 대^(竹·죽) 나무^(木)와 두 손으로^(廾·극) 달구^(工·공)를 잡은 모습이 생생하게 그려졌다. 중국의 간화자에서는 筑^(악기 이름 축)에 통합되었다.

●예● 建築(건축), 新築(신축), 築造(축조), 構築(구축)

751

縮(오므라들 축): 缩, suō, 糸-11, 17, 40

字解 형성. 糸^(가는 실 멱)이 의미부이고 宿^(묵을 숙)이 소리부로, 오므라들다는 뜻인데, 실^(糸)을 묶어 물체의 속성을 잠재워^(宿) 펼쳐지지 못하도록 하다는 뜻을 담았다. 이로부터 묶다, 오므라들다, 줄어들다, 물러나다, 부족하다 등의 뜻이 나왔다.

字形 說文小篆

●예● 縮小(축소), 減縮(감축), 短縮(단축), 壓縮(압축), 伸縮性(신축성), 縮尺(축척)

752

蓄(쌓을 축): xù, 艸-10, 14, 42

字解 형성. 艸^(풀 초)가 의미부이고 畜^(쌓을 축)이 소리부로, 채소^(艸) 같은 것을 저장하다^(畜)는 뜻이다. 달리 稸으로도 쓰는데, 곡식^(禾)의 저장임을 강조했다.

字形 簡牘文 說文小篆

●예● 蓄積(축적), 備蓄(비축), 含蓄(함축), 蓄財(축재)

753

逐(쫓을 축): zhú, 辵-7, 11, 30

字解 형성. 豕^(돼지 시)가 의미부이고 辵^(쉬엄쉬엄 갈 착)이 소리부로, 멧돼지^(豕)를

쫓아가는^(走) 사냥 법을 그렸고, 이로부터 짐승을 뒤쫓다, 몰아내다, 추구하다, 경쟁하다, 따르다 등의 뜻이 나왔다.

字形 甲骨文 金文 古陶文 簡牘文

說文小篆

●예● 逐出(축출)

충

754

逐(찌를 충): 冲, chōng, 行-9, 15, 32

字解 형성. 行^(갈 행)이 의미부이고 重^(무거울 중)이 소리부로, 큰길^(行)을 말하며 교통의 요지라는 뜻도 나왔다. 또 직선으로 난 길을 따라 달려가다, 돌격하다의 뜻도 나왔다. 『설문해자』에서는 行이 의미부이고 童^(아이 동)이 소리부인 衝으로 썼고, 중국의 간화자에서는 冲^(빌 충)에 통합되었다.

字形 簡牘文 說文小篆

●예● 衝擊(충격), 衝突(충돌), 衝動(충동), 左衝右突(좌충우돌)

취

755

臭(냄새 취): xiù, 自-4, 10, 30

字解 회의. 犬^(개 견)과 自^(스스로 자, 鼻의 원래 글자)로 구성되어, '냄새'를 말했는데, 후각이 인간보다 1백만 배 이상 발달했다고 알려진 개^(犬)의 코^(自)에서 그 이미지를 가져왔다. 臭는 원래 좋고 나쁨에 관계없이 모든

'냄새'를 부르는 통칭이었으나, 한나라 이후 나쁜 냄새만을 뜻하게 되면서 香^(향기 향)과 대칭적으로 사용되었다. 그러자 원래의 동사적 의미는 口^(입 구)를 더한 嗅^(냄새 맡을 후)로 분화했는데, 口는 냄새를 구분하기 위해 코로 냄새 맡고 입으로 맛을 보는 이미지를 반영해 주고 있다.

字形 🦌 甲骨文 🦌 簡牘文 🦌 說文小篆

●예● 惡臭(악취), 體臭(체취), 口臭(구취)

756

趣(달릴 취): qù, 走-8, 15, 40

字解 형성. 走^(달릴 주)가 의미부이고 取^(취할 취)가 소리부로, 목적한 것을 쟁취하기^(取) 위해 빠른 걸음^(走)으로 '달려감'을 말하며, 이로부터 의향이나 趣向^(취향), 지향, 뜻 등의 뜻이 나왔다.

字形 🦌 金文 🦌 簡牘文 🦌 說文小篆

●예● 趣味(취미), 趣向(취향), 情趣(정취), 興趣(흥취)

757

醉(취할 취): zuì, 酉-8, 15, 32

字解 형성. 酉^(닭 유)가 의미부이고 卒^(군사 졸)이 소리부로, (술에) 취하다는 뜻인데, 술^(酉) 마시는 것의 마지막^(卒) 단계가 '취함'임을 말해준다.

字形 🦌 說文小篆

●예● 心醉(심취), 滿醉(만취), 醉客(취객)

측

758

側(곁 측): 侧, cè, 人-9, 11, 32

字解 형성. 人(사람 인)이 의미부이고 則(법칙 착·곧 즉)이 소리부로, 사람(人)의 곁(則)을 말하며, 곁은 중심이 아니므로 側室(측실)에서처럼 정식이 아니라는 뜻도 갖게 되었다.

字形 〔〕 說文小篆

●예● 側近(측근), 側面(측면), 兩側(양측), 北側(북측), 右側(우측)

759

測(잴 측): 测, cè, 水-9, 12, 42

字解 형성. 水(물 수)가 의미부이고 則(법칙 착·곧 즉)이 소리부로, 물(水)의 깊이를 재다는 뜻으로부터 '測定(측정)하다'는 뜻이 나왔고, 다시 推測(추측)하다, 알다, 방문하다 등의 뜻이 나왔다.

字形 〔〕金文 〔〕說文小篆

●예● 測量(측량), 測定(측정), 觀測(관측), 豫測(예측), 推測(추측)

층

760

層(층 층): 层, céng, 尸-12, 15, 40

字解 형성. 尸(주검 시)가 의미부이고 曾(일찍 증)이 소리부로, 시루(曾. 甑의 원래 글자)처럼 층층이 포개서 쌓은 집(尸)을 말하며, 이로부터 중첩되다, 포개

다, 높다, 깊다 등의 뜻이 나왔다. 중국의 간화자에서는 曾을 云^{(이를}
^{운)}으로 간단하게 줄인 层으로 쓴다.

字形 層 說文小篆

●예● 階層(계층), 富裕層(부유층), 高層(고층), 深層(심층)

치

761

値(값 치): 值, zhí, 人-8, 10, 32

字解 형성. 人^(사람 인)이 의미부이고 直^(곧을 직)이 소리부로, 사람과 사람^(人)이
똑바로^(直) 맞대어 선 모습에서 서로 마주치다, 만나다, 대하다의 뜻
이 나왔고, 다시 동등한 양쪽의 '價値^(가치)', 상품의 가격 등을 뜻하게
되었다. 중국의 간화자에서는 值로 쓴다.

字形 値 說文小篆

●예● 價値(가치), 數値(수치)

762

恥(부끄러워할 치): 耻, chǐ, 心-6, 10, 32

字解 형성. 心^(마음 심)이 의미부이고 耳^(귀 이)가 소리부로, 부끄러워하다, 수치
스럽게 여기다는 뜻인데, 수치는 마음^(心)으로부터 느끼며 수치를 당
하면 귀^(耳)가 붉어진다는 의미를 그렸다. 고대 중국에서 수치심이 생
기면 귀뿌리가 붉어진다고도 하며, 귀를 가리키는 손짓은 수치스런
행동을 하지 말라는 뜻이기도 하여, 귀는 수치의 상징이었다. 달리
耳가 의미부이고 止^(발 지)가 소리부인 耻로 쓰기도 하는데, 중국의 간
화자에서는 耻에 통합되었다.

●예● 恥辱(치욕), 恥部(치부), 厚顔無恥(후안무치), 不恥下問(불치하문)

763

置(둘 치): 置, [寘], zhì, 网-8, 13, 42

字解 형성. 网(그물 망)이 의미부이고 直(곧을 직)이 소리부로, 그물(网)에서 풀어 놓아 주다는 뜻이며, 석방하다, 버리다, 폐기하다의 뜻이 나왔으며, 이후 이와 대칭되는 개념인 '設置(설치)'라는 뜻으로도 쓰였다. 중국의 간화자에서는 置로 쓴다.

字形 𤊾 𤊾 簡牘文 𤊾 說文小篆

●예● 設置(설치), 裝置(장치), 放置(방치), 位置(위치), 配置(배치)

칠

764

漆(옻 칠): qī, 水-11, 14, 32

字解 형성. 水(물 수)가 의미부이고 桼(옻 칠)이 소리부로, 원래는 石扶風(석부풍) 杜陵(두릉)현에서 나와 동쪽으로 흘러 渭水(위수)로 흘러드는 강 이름이 었다. 이후 옻나무(桼)의 즙(木)을 이용해 칠을 하는 '옻칠'을 말하게 되었고, 현대에 들어서는 '페인트'도 뜻하게 되었다.

字形 𣏕 桼 簡牘文 𣾰 說文小篆

●예● 漆板(칠판), 漆器(칠기)

침

765

侵(범할 침): qīn, 人-7, 9, 42

字解 회의. 人^(사람 인)과 帚^(비 추)와 又^(또 우)로 구성되어, 사람^(人)이 손^(又)에 빗자루^(帚)를 든 모습으로, 사당을 청소하는 모습을 그렸는데, 해서 이후 巾^(수건 건)이 생략되어 지금의 자형이 되었다. 이로부터 들어가다, 侵入^(침입)하다, 侵犯^(침범)하다 등의 뜻이 나왔다. 갑골문에서는 간혹 牛^(소 우)가 더해져 희생을 사당으로 몰고 가는 모습을 상징적으로 표현했으며, 금문에서는 尸^(주검 시)가 더해져 그곳이 조상의 영혼이 있는 곳임을 표현하기도 했다.

字形 甲骨文 金文 帛書 說文小篆

●예● 侵入(침입), 侵犯(침범), 侵攻(침공)

766

寢(잠잘 침): 寝, [寑], qǐn, 宀-11, 14, 40

字解 형성. 爿^(나뭇조각 장)이 의미부이고 寢^(잘 침, 寢의 籀文)이 소리부로, 침상^(爿)에서 잠을 자다^(寢)는 뜻을 그렸고, 이로부터 '잠자다'의 뜻이 나왔고, 잠자는 곳을 지칭하게 되었다. 중국의 간화자에서는 寝으로 줄여 쓴다.

字形 甲骨文 金文 簡牘文 說文小篆 說文籀文

●예● 寢室(침실), 寢臺(침대), 就寢(취침)

767

枕(베개 침): zhěn, 木-4, 8, 30

字解 형성. 木(나무 목)이 의미부이고 尤(머뭇거릴 유)가 소리부로, 누울 때 머리를 받혀주는 나무로 만든 '베개'를 말하며, 이로부터 눕다, 자다의 뜻이 나왔다. 수레의 짐칸 아래쪽에 대는 가름 목을 말하며, 철로에 까는 침목의 뜻도 나왔다.

字形 𣏁 說文小篆

●예● 木枕(목침), 高枕安眠(고침안면)

768

沈(가라앉을 침): 沉, chén, 水-4, 7, 32

字解 형성. 水(물 수)가 의미부이고 尤(머뭇거릴 유)가 소리부로, 물에 '가라앉히다'는 뜻이다. 갑골문에서는 소나 양 등 희생이 강물(水)에 빠진(尤) 모습인데, 소나 양을 강에 '빠트려' 산천에 제사를 지내던 모습을 그렸다. 중국의 간화자에서는 沉으로 쓴다.

字形 𤽜 𤽜 𤽜 𤽜甲骨文 𤽜 𤽜金文 𤽜古陶文 𣲳說文小篆

●예● 沈沒(침몰), 沈滯(침체), 沈默(침묵)

769

浸(담글 침): [濅, 寖], jìn, 水-7, 10, 32

字解 형성. 원래는 濅으로 써, 水(물 수)가 의미부이고 寑(잘 침, 寢의 籒文)이 소리부였는데, 자형이 줄어 지금처럼 되었다. 액체(水) 속에 담그다가 원래 뜻이며, 물에 잠기다, 액체나 기체 등이 스며들다의 뜻이 나왔다.

字形 𤲰 𤲰甲骨文 𤲰說文小篆

●예● 浸水(침수), 浸透(침투)

칭

770

稱(저울 칭): 秤, 称, chēng, 禾-9, 14

<big>字解</big> 형성. 禾^(벼 화)가 의미부이고 冉^(두 가지를 한꺼번에 들 칭)이 소리부로, 곡물^(禾) 등을 손에 들고서^(冉) 무게를 짐작해 보는 모습을 그렸다. 원래는 冉^(두 가지를 한꺼번에 들 칭)으로 썼으나, 이후 무게를 달아야 했던 가장 중요한 대상이 곡물^(禾)이었기에 禾가 더해져 지금처럼 되었다. 이후 무게나 가격 등을 부르다는 뜻에서 부르다, 호칭 등의 뜻이 나왔다. 중국의 간화자에서는 저울을 뜻할 때에는 冉 대신 平^(평평할 평)이 들어가 회의구조로 된 秤^(저울 칭)으로, 또 호칭을 뜻할 때에는 冉을 尔^(너 이, 爾의 중국의 간화자)로 줄인 称^(일컬을 칭)으로 쓴다.

<big>字形</big> 甲骨文 金文 簡牘文 說文小篆

●예● 名稱(명칭), 稱讚(칭찬), 稱頌(칭송), 呼稱(호칭), 指稱(지칭), 尊稱(존칭)

타

771

墮(떨어질 타): 堕, duò, 土-12, 15, 30

字解 형성. 土(흙토)가 의미부이고 隋(수나라수)가 소리부로, 땅(土)으로 떨어지다는 뜻이며, 이로부터 추락하다, 탈락하다, 墮落(타락)하다 등의 뜻이 나왔다. 중국의 간화자에서는 堕로 줄여 쓴다.

●예● 墮落(타락)

772

妥(온당할 타): tuǒ, 女-4, 7, 30

字解 회의. 爪(손톱조)와 女(여자여)로 구성되어, 편안하다는 뜻인데, 손(爪)으로 여자(女)를 어루만지다는 뜻을 그렸다. 이로부터 편안하다, 안치하다, 적당하다, 적합하다, 妥當(타당)하다 등의 뜻이 나왔다.

字形 甲骨文 卒金文

●예● 妥協(타협), 妥當(타당), 妥結(타결)

탁

773

卓(높을 탁): zhuó, 十-6, 8, 50

字解 회의. 금문에서 人(사람인)과 早(새벽조)로 구성되어, 일찍(早) 서는 아이(人)

라는 의미를 담았는데, 자형이 변해 지금처럼 되었다. 금문의 다른
자형에서는 부가 子^(아이 자)로 바뀌어 일찍 서는 아이임을 더욱 강조
하기도 했다. 直立^(직립)이 인간을 동물과 구별해 주는 중요한 특징의
하나이듯, 일찍부터 설 수 있다는 것은 조숙함으로, 나아가 뛰어난
것으로 인식되었을 것이다. 이로부터 卓越^(탁월)하다, 뛰어나다, 높다
등의 뜻이 생겼다.

字形 𦥑 𣥐 金文 𩰫 說文小篆 𣥐 說文古文

•예• 卓越(탁월), 卓球(탁구), 食卓(식탁), 卓子(탁자)

774

托(밀 탁): 託, tuō, 手-3, 6, 30

字解 형성. 手^(손 수)가 의미부이고 乇^(부탁할 탁)이 소리부로, 손^(手)으로 '밀다'는
뜻이며, 拓^(미칠 탁)과 같이 쓰인다. 현대 중국에서는 託^(부탁할 탁)의 중국
의 간화자로도 쓰인다.

•예• 依托(의탁)

775

濁(흐릴 탁): 浊, zhuó, 手-13, 16, 30

字解 형성. 水^(물 수)가 의미부이고 蜀^(나라 이름 촉)이 소리부로, 齊^(제)군 廣^(광)현
爲山^(위산)에서 나와 동북쪽으로 흘러 鉅定^(거정)으로 들어가는 강^(水)을
말했으나, 이후 물^(水)이 맑지 않다, 혼탁하다, 혼란하다 등의 뜻으로
쓰였으며, 탁음 즉 유성음^(성대 떨림소리)을 지칭하기도 한다. 중국의 간
화자에서는 蜀을 虫^(벌레 충)으로 줄여 浊으로 쓴다.

字形 𧶘 金文 𤀎 說文小篆

•예● 混濁(혼탁), 濁流(탁류), 濁酒(탁주)

776

濯(씻을 탁): zhuó, 水-14, 17, 30

(字解) 형성. 水^(물 수)가 의미부이고 翟^(꿩 적)이 소리부로, 물^(水)에 씻다, 빨다는 뜻이다.

(字形) 翟 金文 濯 說文小篆

•예● 洗濯(세탁)

탄

777

彈(탄알 탄): 弹, tán, dàn, 弓-12, 15, 40

(字解) 형성. 弓^(활 궁)이 의미부이고 單^(홑 단)이 소리부로, 갑골문에서는 활^(弓)에 돌 구슬이 장착된 모습을 그렸고, 이후 單이 더해져 지금의 자형이 되었다. 사냥이나 전쟁^(單)에 쓰는 활^(弓)로부터 '彈丸^(탄환)'이라는 의미를 그렸으며, 이로부터 '튕기다', 발사하다, 탄성 등의 뜻이 나왔으며, (악기나 솜 등을) 타다는 뜻도 나왔다. 중국의 간화자에서는 單을 单으로 간단히 줄여 弹으로 쓴다.

(字形) 甲骨文 彈 說文小篆 彈 說文或體

•예● 爆彈(폭탄), 彈壓(탄압), 彈丸(탄환), 防彈服(방탄복)

778

嘆(읊을 탄): 叹, [嘆], tàn, 欠-11, 15, 40

(字解) 형성. 欠^(하품 흠)이 의미부이고 堇^(노란 진흙 근)이 소리부로, 입을 크게 벌려

고$^{(欠)}$ 하늘에 도와 달라고 탄식하는$^{(堇)}$ 모습을 그렸다. 이로부터 탄식하다, 찬미하다, 읊조리다, 노래 부르다 등의 뜻도 나왔다. 달리 欠 대신 口$^{(입 구)}$가 들어간 嘆으로 쓰기도 했다. 중국의 간화자에서는 堇을 간단한 부호 又$^{(또 우)}$로 바꾸어 叹으로 쓴다.

字形 𦱎 說文小篆

●예● 恨歎(한탄), 歎息(탄식), 痛歎(통탄), 風樹之歎(풍수지탄)

779

炭(숯 탄): tàn, 火-5, 9, 50

字解 형성. 원래는 火$^{(불 화)}$가 의미부이고 厂$^{(언덕 안, 岸의 생략된 모습)}$이 소리부였으나, 예서 이후 灰$^{(재 회)}$가 의미부이고 山$^{(뫼 산)}$이 소리부인 구조로 바뀌었다. 목탄을 말하는데, 산$^{(山)}$에서 나는 재$^{(灰)}$라는 뜻을 담았다.

字形 𤆄 簡牘文 炭 說文小篆

●예● 石炭(석탄), 炭鑛(탄광), 無煙炭(무연탄)

780

誕(태어날 탄): 诞, dàn, 言-7, 14, 30

字解 형성. 言$^{(말씀 언)}$이 의미부이고 延$^{(끌 연)}$이 소리부로, 말$^{(言)}$을 끌어 장황하게 늘여 놓는 것$^{(延)}$을 말하며, 이로부터 떠벌리다, 확대하다, 허망하다, 속이다의 뜻이 나왔다. 또 아이를 낳으면 크게 떠벌린다는 뜻에서 誕生$^{(탄생)}$하다의 뜻도 나왔다.

字形 延 金文 誕 石刻古文 誕 說文小篆 𧩵 說文籀文

●예● 誕生(탄생), 聖誕(성탄)

탈

781

奪(빼앗을 탈): 夺, duó, 大-11, 14, 32

字解 회의. 원래는 衣^(옷 의)와 隹^(새 추)와 寸^(마디 촌)으로 이루어져, 손^(寸)으로 잡은 새^(隹)를 옷^(衣)으로 덮어 놓았으나 날아가 버린 모습을 형상화했으며, 이로부터 '벗어나다', '잃어버리다', '빼앗다' 등의 뜻이 나왔다. 이후 衣가 大^(큰 대)로 변해 지금의 자형이 되었으며, 중국의 간화자에서는 隹를 생략하여 夺로 쓴다.

字形 金文 簡牘文 說文小篆

●예● 奪還(탈환), 奪取(탈취), 爭奪(쟁탈), 收奪(수탈)

탐

782

貪(탐할 탐): 贪, tān, 貝-4, 11, 30

字解 형성. 貝^(조개 패)가 의미부이고 今^(이제 금)이 소리부로, 아끼다, 탐하다는 뜻인데, 지금^(今) 눈앞에 보이는 재물^(貝)에 '욕심을 내다'는 뜻을 담았으며, 이로부터 貪慾^(탐욕), 욕망 등의 뜻이 나왔다.

字形 說文小篆

●예● 貪慾(탐욕), 小貪大失(소탐대실), 貪官汚吏(탐관오리)

탑

塔(탑 탑): [墖], tǎ, 土-10, 13, 32

字解 형성. 土(흙 토)가 의미부이고 答(좀 콩 답)이 소리부로, 흙이나 흙을 구운 벽돌로 쌓은 탑을 말하는데, '부도'로 번역되는 산스크리트어의 'stupa' 혹은 팔리어의 'Thūpo'의 음역어이다.

●예● 石塔(석탑), 尖塔(첨탑), 象牙塔(상아탑)

탕

湯(끓일 탕): 汤, tāng, 水-9, 12, 32

字解 형성. 水(물 수)가 의미부이고 昜(볕 양)이 소리부로, 햇볕처럼(昜, 陽의 원래 글자) 뜨거운 국물(水)을 말한다. 이로부터 뜨겁게 끓이다는 뜻도 나왔으며, 탕을 지칭하기도 한다. 중국의 간화자에서는 昜을 汤으로 간단하게 줄여 汤으로 쓴다.

字形 金文　古陶文　簡牘文　帛書　古璽文　石刻古文　說文小篆

●예● 再湯(재탕), 雜湯(잡탕), 冷湯(냉탕)

태

怠(게으를 태): dài, 心-5, 9, 30

字解 형성. 心(마음 심)이 의미부이고 台(별 태)가 소리부로, 즐거워(台) 마음(心)이 풀어짐을 말하며, 이로부터 怠慢(태만)하다, 해이하다 등의 뜻이 나왔다.

字形 肙 金文 羕 說文小篆

●예● 怠慢(태만), 過怠料(과태료)

態(모양 태): 态, tài, 心-10, 14, 42

字解 형성. 心(마음 심)이 의미부이고 能(능할 능)이 소리부로, 상태나 정황, 모양, 자태 등을 말하는데, 이러한 것이 심리 상태(心)의 반영임을 말해준다. 『설문해자』에서는 회의 구조로 보았으며, 청나라 때의 段玉裁(단옥재)도 마음(心) 속에 있는 재능(能)이 밖으로 드러나는 법이며, 이것이 모양이라고 해 회의구조로 설명했다. 하지만 桂馥(계복)은 能의 고대음이 耐(견딜 내)와 같다는데 근거해 能이 소리부라고 했다. 중국의 간화자에서는 态로 써, 心이 의미부이고 太(클 태)가 소리부인 형성구조로 변했다.

字形 羕 說文小篆

●예● 狀態(상태), 事態(사태), 態度(태도), 花容月態(화용월태)

787

殆(위태할 태): dài, 歹-5, 9, 32

字解 형성. 歹^(뼈 부서질 알)이 의미부이고 台^(별 태)가 소리부로, 죽음^(歹)에 이를 정도로 '위태로움'을 말하며, 이로부터 위험하다, 危殆^(위태)롭다, 두렵다, 의혹 등의 뜻이 나왔다.

字形 [說文小篆]

●예● 危殆(위태)

택

788

擇(가릴 택): 择, zé, zhái, 手-13, 16, 40

字解 형성. 手^(손 수)가 의미부이고 睪^(엿볼 역)이 소리부로, 눈으로 자세히 살펴^(睪) 손^(手)으로 가려냄을 말하며, 이로부터 선택하다, 구별하다, 붙잡다 등의 뜻이 나왔다. 중국의 간화자에서는 睪을 圣으로 간단하게 줄여 择으로 쓴다.

字形 [金文] [帛書] [簡牘文] [說文小篆]

●예● 選擇(선택), 擇日(택일), 兩者擇一(양자택일)

789

澤(못 택): 泽, zé, 水-13, 16, 32

字解 형성. 水^(물 수)가 의미부이고 睪^(엿볼 역)이 소리부로, 광택이 나다가 원래 뜻인데, 흐르지 않고 고여 있는 물^(水)은 잔잔하여 햇살을 반사해 광택이 난다는 뜻을 담았다. 이후 '못'이나 '沼澤^(소택)'의 일반적인 지칭

이 되었고, 은혜나 恩澤^(은택) 등의 뜻도 나왔다. 중국의 간화자에서는 睪을 爭으로 간단하게 줄여 泽으로 쓴다.

字形 🖼🖼 古璽文 🖼🖼 石刻古文 澤 說文小篆

•예• 惠澤(혜택), 潤澤(윤택), 光澤(광택)

토

790

吐(토할 토): tǔ, 口-3, 6, 32

字解 형성. 口^(입 구)가 의미부이고 土^(흙 토)가 소리부로, 입^(口) 속의 것을 토해 땅^(土)에다 내뱉는 것을 말하며, 이로부터 버리다, 吐說^(토설·숨겼던 사실을 비로소 밝혀서 말함)하다, 드러내다 등의 뜻이 나왔다.

字形 吐 說文小篆

•예• 實吐(실토)

791

討(칠 토): 讨, tǎo, 言-3, 10, 40

字解 회의. 言^(말씀 언)과 寸^(마디 촌)으로 구성되어, 다스리다, 정벌하다가 원래 뜻이다. 적을 칠 때에는 먼저 여론을 조성하고 그런 다음에 행동에 옮긴다. 言은 치고자 하는 대상의 죄상을 말로 하여 정벌의 당위성을 조성함을, 寸은 손을 뜻하여 실제 행동을 상징한다. 정벌은 반드시 다양한 각도에서 논의가 필요하다는 뜻에서 '討議^(토의)하다', 연구하다, 탐구하다, (상대방의 기분을) 건드리다 등의 뜻이 나왔다.

字形 🖼 說文小篆

•예• 檢討(검토), 討論(토론), 討議(토의), 聲討(성토), 討伐(토벌)

통

792

痛(아플 통): tòng, 疒-7, 12, 40

字解 형성. 疒(병들어 기댈 녁)이 의미부이고 甬(길 용)이 소리부로, 온몸을 관통하듯 큰(甬) 아픔(疒)을 말하며, 이로부터 苦痛(고통)이나 심한 충격 등의 뜻이, 다시 대단히, 한껏, '철저하게'라는 뜻도 나왔다.

字形 睡虎秦簡 痛 說文小篆

•예• 苦痛(고통), 痛哭(통곡), 痛歎(통탄), 頭痛(두통), 痛症(통증)

투

793

透(통할 투): tòu, 辵-7, 11, 32

字解 형성. 辵(쉬엄쉬엄 갈 착)이 의미부이고 秀(빼어날 수)가 소리부로, 뛰어서 넘어가다(辵)는 뜻이며, 달리 통과하다(辵)는 뜻이라고도 한다. 속까지 통했다는 뜻에서 透徹(투철)하다와 기밀을 누설하다 등의 뜻이 나왔다.

字形 透 說文小篆

•예• 透徹(투철), 透明(투명), 浸透(침투), 透視(투시)

794

鬪(싸움 투): 斗, [鬭, 鬦], dòu, 鬥-10, 20, 40

字解 형성. 원래는 서로 마주 보며 두 손으로 싸우는 모습을 그린 鬥(싸울

^{투)}로 썼는데, 예서에 들면서 소리부인 豆^(콩 두)와 손동작을 강조한 寸^(마디 촌)이 더해져 지금의 鬪가 되었다. 달리 鬭나 鬥로 쓰기도 한다. 중국의 간화자에서는 斗^(말 두)에 통합되었다.

字形 甲骨文 簡牘文 說文小篆

●예● 鬪爭(투쟁), 戰鬪(전투), 鬪魂(투혼), 鬪志(투지), 拳鬪(권투)

파

795

把(잡을 파): bǎ, 手-4, 7, 30

字解 형성. 手(손 수)가 의미부이고 巴(땅 이름 파)가 소리부로, 꽉 쥐다는 뜻인데, 손(手)을 굽혀(巴) 단단히 쥐다는 뜻을 담았다. 이후 把握(파악)하다의 뜻이 나왔고, 손에 쥘 수 있는 것을 헤아리는 단위로 쓰였다. 당나라 이후로는 목적어를 전치할 때 쓰는 문법소로도 쓰였다.

字形 說文小篆

●예● 把守(파수)

796

播(뿌릴 파): bō, 手-12, 15, 30

字解 형성. 手(손 수)가 의미부이고 番(순서 번)이 소리부로, 播種(파종)하다, 널리 퍼트리다는 뜻인데, 손(手)을 이용해 밭(番)에다 씨를 뿌리다는 뜻을 담았다. 금문에서는 手 대신 攵(칠 복)이 들어가 손에 도구를 쥔 모습을 형상적으로 그렸다.

字形 金文 簡牘文 說文小篆 說文古文

●예● 播種(파종), 傳播(전파)

797

派(물갈래 파): pài, 水-6, 9, 40

字解 형성. 水^(물 수)가 의미부이고 辰^(물 갈래져 흐를 파, 永의 뒤집은 모습)가 소리부로, 물 ^(水)의 갈래^(辰)를 그려 '지류'를 나타냈다. 이후 갈래의 뜻이 나왔고, 다시 정치적 입장이나 학문적 주장, 學派^(학파), 여러 다른 스타일 등을 뜻하게 되었으며, 할당하다, 배분하다, 派遣^(파견)하다의 뜻도 나왔다.

字形 **佫** 金文 **猕** 說文小篆

●예● 學派(학파), 派遣(파견), 派兵(파병), 左派(좌파), 派生(파생), 親日派(친일파)

798

罷(그만둘 파): 罢, bà, 网-10, 15, 30

字解 회의. 网^(그물 망)과 能^(능할 능)으로 구성되어, 그만두다는 뜻인데, 재주꾼인 곰^(能, 羆의 본래 글자)을 그물^(网)에 가두어 제 능력을 쓰지 못하게 함을 말하며, 이로부터 끝내다, '고달프다'의 뜻이 나왔으며, 어기사로도 쓰였다. 중국의 간화자에서는 能을 去^(갈 거)로 간단하게 줄여 罢로 쓴다.

字形 **羆** 簡牘文 **罷** 說文小篆

●예● 罷業(파업), 罷免(파면), 罷場(파장)

799

頗(자못 파): 颇, pō, 頁-5, 14, 30

字解 형성. 頁^(머리 혈)이 의미부이고 皮^(가죽 피)가 소리부로, 머리^(頁)가 한쪽으로

치우침을 말했는데, 이로부터 偏頗^(편파)적이나 불완전함이라는 뜻이 나왔으며, 이로부터 자못, 상당히 등의 뜻도 갖게 되었다.

字形 𩕾𩕾古陶文 𩕙 說文小篆

●예● 偏頗(편파), 頗多(파다)

판

800

板(널판자 판): [版, bǎn, 木-4, 8, 50]

字解 형성. 木^(나무 목)이 의미부이고 反^(되돌릴 반)이 소리부로, 널판자를 말하며, 달리 木 대신 片^(조각 편)이 들어간 版으로 쓰기도 한다. 현대 중국에서는 闆^(주인 반)의 중국의 간화자로 쓰인다.

字形 𣏟簡牘文 板 玉篇

●예● 看板(간판), 黑板(흑판), 懸板(현판), 鐵板(철판)

801

版(널 판): [枫, bǎn, 片-4, 8, 32]

字解 형성. 片^(조각 편)이 의미부이고 反^(되돌릴 반)이 소리부로, 성이나 담 등을 쌓을 때 흙을 다지도록 흙의 양쪽에 대던 널판자를 말한다. 보통 10센티미터 정도 되도록 다져지면, 널판자를 떼서 올리고 다시 흙을 채워 다지는 식으로 반복한다. 版은 그런 식으로 반복해^(反) 사용하는 나무판자^(片)라는 뜻이다. 이후 나무판자는 활자가 나오기 전 나무판에 글을 새겨 인쇄하던 木版^(목판)을 지칭하게 되었고, 初版^(초판), 再版^(재판) 등과 같이 그렇게 인쇄된 횟수를 나타낼 때에도 쓰이게 되었다. 달리 片 대신 木^(나무 목)이 들어간 板으로 쓰기도 한다.

字形 版簡牘文 版 說文小篆

•예• 出版(출판), 木版(목판), 初版(초판)

802

販(팔 판): 贩, fàn, 貝-4, 11, 30

字解 형성. 貝^(조개 패)가 의미부이고 反^(되돌릴 반)이 소리부로, 싼 값^(貝)에 사서 비싸게 되파는^(反, 返의 원래 글자) 것을 말하며, 사리사욕으로 외국 자본과 결탁하여 제 나라의 이익을 해치는 일이나 그런 일을 하는 사람^{(買辦} ^{매판)}을 지칭하게 되었으며, 소규모 상인의 뜻도 나왔다.

字形 販 說文小篆

•예• 販賣(판매), 販禁(판금)

편

803

偏(치우칠 편): piān, 人-9, 11, 32

字解 형성. 人^(사람 인)이 의미부이고 扁^(넓적할 편)이 소리부로, 치우치다, 공평하지 않다, 부정확하다는 뜻으로, 내 걸린 편액^(扁)처럼 '두드러진' 사람^(人·인)을 말했다. 이는 개성이 뚜렷하거나 일반적 표준과 차이를 보이는 존재를 '치우친 인간'으로 보아 부정적으로 평가했던 고대 중국인들의 가치관을 보여준다.

字形 偏 說文小篆

•예• 偏見(편견), 偏頗(편파), 偏向(편향), 偏重(편중)

804

編(엮을 편): 编, biān, 糸-9, 15, 32

字解 형성. 糸(가는 실 멱)이 의미부이고 扁(넓적할 편)이 소리부로, 납작한 조각 편(扁)을 실(糸)로 '엮다'는 뜻이며, 옛날에는 글을 대나 나무 조각 편에 썼기 때문에 서적의 뜻이 나왔고, 책의 헤아리는 단위로 쓰였으며, 編輯(편집)하다, 순서대로 엮다, 조직하다 등의 뜻이 나왔다.

字形 ⾨甲骨文 編 說文小篆

●예● 編成(편성), 改編(개편)

805

遍(두루 편): [徧], biàn, 辵-9, 13, 30

字解 형성. 辵(쉬엄쉬엄 갈 착)이 의미부이고 扁(넓적할 편)이 소리부로, 원래는 사거리(彳·척)에 내걸린 글(扁)을 말했는데, 이후 彳이 같은 뜻의 辵으로 변하고 의미도 '두루 퍼지다', '普遍(보편)' 등의 뜻을 갖게 되었다. 이는 사람의 왕래가 빈번한 사거리에 내걸린 글이 온 사방으로 퍼져 나가 일반화될 수 있었기 때문으로 보인다. 이후 횟수를 헤아리는 단위사로도 쓰였다.

●예● 普遍(보편), 遍歷(편력)

평

806

評(꿇을 평): 评, píng, 言-5, 12, 40

字解 형성. 言(말씀 언)이 의미부이고 平(평평할 평)이 소리부로, 공평한(平) 말(言)로 평가하고 품평함을 말한다. 이로부터 評論(평론), 評語(평어), 옥의 평결

을 담당하던 관직 이름 등의 뜻이 나왔다.

字形 ⟨그림⟩ 簡牘文 評 廣韻

•예• 批評(비평), 評論(평론), 評價(평가), 品評(품평)

폐

807

幣(비단 폐): 币, bì, 巾-11, 14, 30

字解 형성. 巾^(수건 건)이 의미부이고 敝^(해질 폐)가 소리부로, 새로운^(敝·폐) 옷감^(巾)이라는 의미로, 幣帛^(폐백)에서처럼 예물로 보내는 비단을 말하며, 이로부터 예물이나 貨幣^(화폐)의 뜻까지 생겨났다. 중국의 간화자에서는 币로 간단하게 줄여 쓴다.

字形 ⟨그림⟩ 簡牘文 ⟨그림⟩ 說文小篆

•예• 貨幣(화폐), 紙幣(지폐), 僞幣(위폐)

808

廢(폐할 폐): 废, fèi, 广-12, 15, 32

字解 형성. 广^(집 엄)이 의미부이고 發^(쏠 발)이 소리부로, 쏠 수 있는 활^(發)을 집^(广) 속에 넣어둠으로써 쓰지 않고 폐기하다는 뜻을 그렸다. 중국의 간화자에서는 發을 发로 간단히 줄여 废로 쓴다.

字形 ⟨그림⟩ 簡牘文 ⟨그림⟩ 說文小篆

•예• 廢止(폐지), 荒廢(황폐), 廢人(폐인), 廢水(폐수), 廢校(폐교)

809

弊(해질 폐): bì, 廾-11, 14, 32

(字解) 형성. 廾^(두 손 마주잡을 공)이 의미부고 敝^(해질 폐)가 소리부인 구조이지만, 갑골문에서는 베 조각^(巾)을 나무막대로 치는데^(攴·攵·복) 조각편들이 떨어지는 모습을 그려, 이것이 낡아 '해진' 베임을 형상화했으며, 두 손을 그린 廾^(두 손 마주잡을 공)을 더해 동작을 더욱 강조했다. 이로부터 (옷이) 해지다의 뜻이, 다시 病弊^(병폐)라는 뜻이 나왔다.

(字形) 𧗳 說文小篆

●예● 病弊(병폐), 弊害(폐해), 弊端(폐단)

810

肺(허파 폐): fèi, 肉-4, 8, 32

(字解) 형성. 肉^(고기 육)이 의미부이고 市^(슬갑 불)이 소리부로, '허파'를 말하는데, 슬갑^(市)처럼 넓적하게 퍼진 모양의 장기^(肉)라는 뜻을 담았다.

(字形) 𦟭 說文小篆

●예● 肺炎(폐렴), 心肺(심폐)·

811

蔽(덮을 폐): bì, 艸-11, 15, 30

(字解) 형성. 艸^(풀 초)가 의미부이고 敝^(해질 폐)가 소리부로, 『설문해자』에서는 '작은 풀^(艸)'이라고 했는데, 『광아』에서는 감추다는 뜻이라고 한 것을 참작하면, 풀^(艸)로 덮어 감추는 것을 말한다. 이로부터 덮다, 가리다, 隱蔽^(은폐)하다, 비호하다, 폐단 등의 뜻이 나왔다.

簡牘文 說文小篆

●예● 隱蔽(은폐)

포

812

包(쌀 포): bāo, 勹-3, 5, 42

字解 형성. 巳^(여섯째 지지 사)가 의미부이고 勹^(쌀 포)가 소리부로, 아직 팔이 생기지 않은 아이^(巳,사)가 뱃속에서 어미의 몸에 둘러싸여 진 모습이다. 包가 일반적인 의미로 쓰이자 원래 뜻은 肉^(고기 육)을 더한 胞^(태보 포)로 만들어 분화했다.

字形 簡牘文 說文小篆

●예● 包含(포함), 包裝(포장), 包容(포용), 包圍(포위), 小包(소포)

813

捕(사로잡을 포): bǔ, 手-7, 10, 32

字解 형성. 手^(손 수)가 의미부이고 甫^(클 보)가 소리부로, 손^(手)으로 '사로잡다'는 뜻이며, 이로부터 붙잡다, 逮捕^(체포)하다의 뜻이 나왔다.

字形 簡牘文 說文小篆

●예● 逮捕(체포), 捕捉(포착), 生捕(생포), 捕獲(포획)

814

浦(개 포): pǔ, 水-7, 10, 32

字解 형성. 水^(물 수)가 의미부이고 甫^(클 보)가 소리부로, 채소밭^(甫)처럼 넓게

형성된 물^(水) 가를 말하며, 이로부터 강가나 바닷가라는 뜻이 나왔다.

字形 ⬚ 簡牘文 🌊 說文小篆

•예• 浦口(포구)

815

胞(태보 포): bāo, 肉-5, 9, 40

字解 형성. 肉^(고기 육)이 의미부이고 包^(쌀 포)가 소리부로, 몸체^(肉)에 둘러싸인 ^(包) 태보^(자궁 속에서 태아를 감싸주는 난막)를 말한다. 이로부터 자궁의 뜻이 나왔고, 같은 뱃속에서 나온 형제, 同胞^(동포)를 지칭하게 되었다.

字形 🐚 說文小篆

•예• 細胞(세포), 同胞(동포)

816

飽(물릴 포): 饱, bǎo, 食-5, 14, 30

字解 형성. 食^(밥 식)이 의미부이고 包^(쌀 포)가 소리부로, 음식^(食)을 배불리^(包) 먹었음을 말하며, 이로부터 충분하다, 만족하다의 뜻이 나왔다.

字形 🍚 說文小篆

•예• 飽食(포식), 飽滿(포만)

폭

817

幅(폭 폭): fú, 巾-9, 12, 30

字解 형성. 巾^(수건 건)이 의미부이고 畐^(가득할 복)이 소리부로, 베^(巾)로 된 '옷감의 넓이'를 말했는데, 이후 비단^(巾)에 축복하는^(畐, 福의 원래 글자) 글을 쓴 '족자'를 뜻하게 되었다.

字形 **幅** 簡牘文　**幅** 說文小篆

●예● 大幅(대폭), 畵幅(화폭)

818

幅(터질 폭): bào, 火-15, 19, 40

字解 형성. 火^(불 화)가 의미부이고 暴^(사나울 폭포)이 소리부로, 세찬 햇빛^(暴)처럼 불^(火)을 일으키며 爆發^(폭발)하다는 뜻이다. 이로부터 爆竹^(폭죽), 갑자기 터지다, 갑자기 등의 뜻도 나왔다.

字形 **爆** 說文小篆

●예● 爆發(폭발), 爆彈(폭탄), 爆破(폭파), 爆笑(폭소)

丑

819

標(우듬지 표): 标, biāo, 木-11, 15, 40

字解 형성. 木^(나무 목)이 의미부이고 票^(불똥 튈 표)가 소리부로, 나무의 윗부분 끝을 말했으나, 나무^(木) 조각으로 만든 '표'를 뜻하게 되었다. 票^(불똥 튈 표)에서 분화했으며, 중국의 간화자에서는 票를 示^(보일 시)로 간단하게 바꾼 标로 쓴다.

字形 **標** 說文小篆

●예● 目標(목표), 標準(표준), 標識(표지), 標本(표본), 商標(상표), 標

示(표시)

820

漂(떠돌 표): piāo, 水-11, 14, 30

字解 형성. 水(물 수)가 의미부이고 票(불똥 튈 표)가 소리부로, 물(水)에 위로 불꽃 날리듯(票) 가볍게 떠 다니다는 뜻이다. 이로부터 漂流(표류)하다, 유랑하다, 날리다의 뜻이 나왔고, 가벼운 모양, 높고 먼 모양 등을 지칭하게 되었다.

字形 𤄷 說文小篆

●예● 漂流(표류)

821

票(불똥 튈 표): piào, 示-6, 11, 42

字解 형성. 원래는 㷂(가벼울 표)로 써 火(불 화)가 의미부이고 䙴(오를 선)이 소리부로, 불길(火)이 위로 솟구치는(䙴) 모습을 그렸는데 자형이 줄어 지금처럼 되었으며, 날아다니는 불똥으로부터 '유통되다', '빠르다' 등의 뜻이 나왔다. 이후 어떤 물건의 값을 보증하며 유통되는 쪽지라는 의미에서 郵票(우표)나 車票(차표)에서와 같이 '표'를 뜻하게 되었다. 그러자 원래 의미는 火를 더한 熛(불똥 표)로 분화했고, 또 '표'라는 의미를 더욱 명확하게 하고자 木을 더한 標(우듬지 표)로 분화했는데, 종이가 보편화하기 전 나무(木) 조각에다 글을 써 징표로 삼았기 때문이다.

字形 𤅪 𤅪 簡牘文

●예● 投票(투표), 郵票(우표), 開票(개표), 得票(득표)

피

822

疲(지칠 피): pí, 疒-5, 10, 40

字解 형성. 疒(병들어 기댈 녁)이 의미부이고 皮(가죽 피)가 소리부로, 피로해 지치면 피부(皮)가 병든(疒) 것처럼 꺼칠꺼칠해짐을 말한다. 이로부터 疲勞(피로)하다, 쇠약하다 등의 뜻이 나왔다.

字形 𤺺 𤻕 簡牘文 𤻱 古璽文 𤺥 說文小篆

●예● 疲勞(피로), 疲困(피곤), 疲弊(피폐)

823

被(이불 피): [帔], bèi, 衣-5, 10, 32

字解 형성. 衣(옷 의)가 의미부이고 皮(가죽 피)가 소리부로, 겉(皮)에 덮는 베(衣)로 만든 이불을 말하며, 이로부터 표면이나 덮개라는 뜻이 나왔다. 또 피동을 나타내는 문법소로도 쓰인다.

字形 𧛝 簡牘文 𧚍 說文小篆

●예● 被害(피해), 被殺(피살), 被疑者(피의자), 被動(피동)

824

避(피할 피): bì, 辵-13, 17, 40

字解 형성. 辵(쉬엄쉬엄 갈 착)이 의미부이고 辟(임금 벽)이 소리부로, 갈라놓은(辟) 다른 영역으로의 옮겨 감(辵)을 말하며, 이로부터 '피하다'의 뜻이 나왔다.

字形 簡牘文 說文小篆

●예● 避暑(피서), 不可避(불가피), 逃避(도피), 回避(회피), 避難(피난)

필

825

畢(마칠 필): 毕, bì, 田-6, 11, 32

字解 상형. 새를 잡는 기구를 그렸다. 윗부분은 그물(网)을, 아랫부분은 손잡이를 형상했으며, 이런 사냥용 그물이면 모든 사냥감을 다 잡을 수 있다는 뜻에서 '마치다', 완성하다, 결국, 모두, 완전하다 등의 뜻이 나왔다. 중국의 간화자에서는 比^(견줄 비)와 十^(열 십)으로 구성된 毕로 줄여 쓴다.

字形 甲骨文 金文 古陶文 簡牘文 說文小篆

●예● 畢竟(필경), 檢查畢(검사필), 未畢(미필)

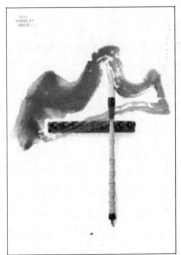
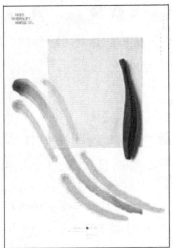

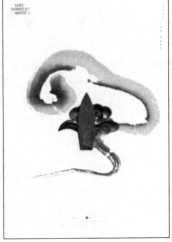

한자를 응용한 디자인. 문방사우 판매점 광고. 산(山), 수(水), 풍(風), 운
(云)(雲의 원래 글자이자 중국의 간화자)

하

826

荷(연 하): hé, hè, 艸-7, 11, 32

字解 형성. 艸^(풀 초)가 의미부이고 何^(어찌 하)가 소리부로, 식물^(艸)인 연꽃의 잎을 말하는데, 이후 '연'을 뜻하게 되었다. 또 何^(어찌 하)에서 艸를 더해 분화한 글자이기 때문에 '짊어지다'는 뜻도 가진다.

字形 甲骨文 簡牘文 古璽文 說文小篆

●예● 荷重(하중), 過負荷(과부하)

학

827

鶴(학 학): 鹤, hè, 鳥-10, 21, 32

字解 형성. 鳥^(새 조)가 의미부이고 隺^(뜻 고상할 각)이 소리부로, '학'을 말하는데, 높이 나는^(隺) 새^(鳥)라는 뜻을 담았으며, 이후 학의 색깔이 희기 때문에 흰색의 비유로도 쓰였다.

字形 說文小篆

●예● 鶴首苦待(학수고대), 群鷄一鶴(군계일학)

한

828

旱(가물 한): hàn, 日-3, 7, 30

字解 형성. 日^(날 일)이 의미부이고 干^(방패 간)이 소리부로, 해^(日)가 장대^(干)처럼 높이 떠올라 날이 가물다는 뜻이며, 日이 干 위에 놓이는 상하구조로써 해가 하늘 한가운데 높이 떠 있는 모습을 강조했다. 이에 비해 좌우구조로 된 旰^(해 질 간)은 해^(日)가 장대^(干) 옆에 있어 해가 넘어가는 모습을 강조했다.

字形 旱 古陶文 旱 旱 簡牘文 旱 說文小篆

• 예• 大旱(대한), 旱害(한해), 旱災(한재)

829

汗(땀 한): hàn, 水-3, 6, 32

字解 형성. 水^(물 수)가 의미부이고 干^(방패 간)이 소리부로, '땀'을 말하는데, 몸^(干)에 흐르는 물^(水)이라는 의미를 담았다. 또 중국 북방 민족의 우두머리를 일컫는 '칸^(可汗·가한)'의 음역자로도 쓰였다.

• 예• 汗蒸幕(한증막), 多汗症(다한증)

할

830

割(나눌 할): gē, 刀-10, 12, 32

字解 형성. 刀^(칼 도)가 의미부이고 害^(해칠 해)가 소리부로, 칼^(刀)로 깎아 내다는 뜻인데, 금문에서는 청동 기물을 만드는 거푸집^(金)과 칼^(刀)로 이루어

져, 거푸집을 묶었던 끈을 칼로 '잘라내는' 모습을 그렸다. 이로부터 자르다, 분할하다, 끊다, 살해하다, 짐승을 죽이다, 요리하다 등의 뜻이 나왔다.

字形 金文 簡牘文 石刻古文 說文小篆

●예● 役割(역할), 割引(할인), 分割(분할), 割當(할당)

함

831

含(머금을 함): hán, 口-4, 7, 32

字解 형성. 口$^{(입 구)}$가 의미부이고 今$^{(이제 금)}$이 소리부로, 입$^{(口)}$ 속에 무엇인가를 머금은 모습을 그렸다. 머금은 채 내놓지 않는다는 뜻에서 包含$^{(포함)}$에서처럼 포용하다는 뜻이, 含蓄$^{(함축)}$에서처럼 감정을 표출하지 않다, 어떤 감정적 색채를 지니다는 뜻까지 나왔다.

字形 漢印 石刻古文 說文小篆

●예● 含蓄(함축), 包含(포함), 含量(함량)

832

咸(다 함): xián, 口-6, 9, 30

字解 회의. 口$^{(입 구)}$와 戌$^{(개 술)}$로 구성되어, 무기$^{(戌)}$를 들고 입$^{(口)}$으로 '함성'을 지르는 모습을 그렸다. 喊聲$^{(함성)}$은 '모두'가 함께 질러야 한다는 뜻에서 모두나 함께라는 뜻이 나왔다. 그러자 원래 뜻은 다시 口를 더한 喊$^{(소리 함)}$으로 분화했다. 현대 중국에서는 鹹$^{(짤 함)}$의 중국의 간화자로도 쓰인다.

字形 甲骨文 金文 古陶文 簡牘文

古璽文 石刻古文 說文小篆

●예● 咸興差使(함흥차사)

833

陷(빠질 함): xiàn, 阜-8, 11, 32

字解 형성. 阜(언덕 부)가 의미부이고 臽(함정 함)이 소리부로, 흙(阜) 구덩이에 사
람의 발이 빠진(臽) 모습을 그렸고, 이로부터 빠지다, 함정, 음모, 음
해 등의 뜻이 나왔다.

字形 說文小篆

●예● 陷沒(함몰), 缺陷(결함), 陷落(함락), 謀陷(모함)

항

884

巷(거리 항): [衖, xiàng, 己-6, 9, 30

字解 회의. 共(함께 공)과 巳(여섯째 지지 사)로 구성되어, 사람(巳)들이 함께(共) 걸어
다니고 공유할 수 있는 '거리'나 '골목'을 말하며, 광산의 갱도를 지
칭하기도 한다. 원래는 衖(거리 항)으로 써 마을(邑) 사람들이 함께 걸어
다니고 공유하는(共) '골목길'을 말했는데, 이후 邑(고을 읍)이 巳로 변해
지금의 자형이 되었다. 『설문해자』에서는 달리 衖과 共으로 구성된
衖으로 쓰기도 했다.

字形 古陶文 簡牘文 說文小篆 說文篆文

●예● 巷間(항간)

835

抗(막을 항): kàng, 手-4, 7, 40

字解 형성. 手^(손 수)가 의미부이고 亢^(목 항)이 소리부로, 손^(手)으로 버텨^(亢) 내다는 뜻이며, 이로부터 항거하다, 대적하다, 거절하다 등의 뜻이 나왔다.

字形 扚 說文小篆

•예• 對抗(대항), 抗拒(항거), 抵抗(저항), 抗議(항의)

836

港(항구 항): gǎng, 水-9, 12, 42

字解 형성. 水^(물 수)가 의미부이고 巷^(거리 항)이 소리부로, 항구를 말하는데, 물길^(水)이 닿아있는 거리^(巷)라는 의미를 담았다. 또 홍콩^(Hong Kong)의 한자 이름인 香港^(향항)의 줄임형으로도 쓰인다.

字形 濭 說文新附字

•예• 港口(항구), 開港(개항), 空港(공항), 出港(출항)

837

航(배 항): háng, 舟-4, 10, 42

字解 형성. 舟^(배 주)가 의미부이고 亢^(목 항)이 소리부로, 원래 물의 부력을 견딜^(亢) 수 있도록 배^(舟)를 나란히 잇대어 만든 다리 즉 浮橋^(부교)를 말했다. 이로부터 물 위를 건너다, 항해하다는 뜻이 있게 되었다.

•예• 航空(항공), 航海(항해), 航路(항로), 運航(운항), 難航(난항)

838

項(목 항): 项, xiàng, 頁-3, 12, 32

字解 형성. 頁^(머리 혈)이 의미부이고 工^(장인 공)이 소리부로, 머리^(頁)의 뒤쪽 아래에 있는 '목덜미'를 말한다. 이후 사물의 종류나 조목을 말해 '項目^(항목)'이라는 뜻이 나왔고, 經費^(경비)를 뜻하기도 했다.

字形 ᴢ頁 簡牘文　項 說文小篆

●예● 項目(항목), 條項(조항), 事項(사항)

해

839

奚(어찌·여자 종 해): xī, 大-7, 10, 30

字解 회의. 爪^(손톱 조)와 幺^(작을 요)와 大^(큰 대)로 구성되어, 사람^(大)을 줄^(幺)로 묶어 손^(爪)으로 끌며 일을 시키는 '여자 노예'를 그렸다. 이후 '어찌'라는 의문사로 가차되면서 본래의 뜻은 상실했다.

840

該(그 해): 该, gāi, 言-6, 13, 30

字解 형성. 言^(말씀 언)이 의미부이고 亥^(돼지 해)가 소리부로, 군대 안에서의 언약^(言)을 말했는데, 이후 '그'라는 대명사와 '반드시'라는 부사로 가차되었다.

字形 該 說文小篆

●예● 該當(해당), 該博(해박)

핵

841

核(씨 핵): [覈], hé, 木-6, 10, 40

字解 형성. 木^(나무 목)이 의미부이고 亥^(돼지 해)가 소리부로, '씨'를 말하는데, 『설문해자』에서는 나무^(木)의 이름이며 이민족들은 이 나무의 껍질로 상자를 만든다고 했다. 단옥재의 『설문해자주』에서도 이미 '과실의 씨'라는 의미로만 쓰이고 원래 뜻은 상실했다고 했다.

字形 🔲 說文小篆

●예● 核心(핵심), 核武器(핵무기)

향

842

享(드릴 향): [亯], xiǎng, 亠-6, 8, 30

字解 형성. 子^(아들 자)가 의미부이고 亯^(누릴 향)의 생략된 부분이 소리부로, 종묘^(亯)에서 자손들^(子)이 제사를 드리는 모습을 그렸고, 이로부터 제사를 드리다, 누리다의 뜻이 나왔다. 원래는 亯으로 써, 제사를 드리는 종묘를 그린 상형자였으나 子를 더해 지금의 자형이 되었다. 자손들^(子)이 종묘^(亯) 등에서 제사를 지내고 신에게 제물을 바친다는 뜻에서 '드리다'의 뜻이, 제사를 받는 조상신의 처지에서 '누리다'의 뜻이 나왔다.

字形 🔲🔲🔲🔲甲骨文 🔲🔲🔲🔲🔲金文 🔲 🔲古陶文 🔲帛書 🔲簡牘文 🔲石刻古文 🔲 說文小篆

●예● 享樂(향락)

843

響(울림 향): 响, xiǎng, 音-8, 22, 32

字解 형성. 音(소리 음)이 의미부이고 鄕(시골 향)이 소리부로, 식사 대접(饗)이나
잔치 때 연주하는 음악(音)으로부터 음악을 울리다의 뜻이, 다시 音響
(음향)에서처럼 음악 소리의 뜻이 나왔고 소리가 나다, 소리가 크다는
뜻도 있게 되었다. 중국의 간화자에서는 鄕을 向(향할 향)으로 줄여 响
으로 쓴다.

字形 說文小篆

●예● 音響(음향), 影響(영향), 反響(반향)

헌

844

憲(법 헌): 宪, [憲], xiàn, 心-12, 16, 40

字解 회의. 금문에서 선명한 모습의 눈(目목)과 눈 위로는 투구 같은 모양이
그려졌고 아랫부분은 心(마음 심)이다. 心은 경우에 따라서는 더해지지
않은 때도 있어 자형을 구성하는 결정적인 요소는 아닌 것으로 보
인다. 『설문해자』에서는 憲을 두고 '穎敏(영민)함을 뜻하며 心과 目이
의미부이고 害의 생략된 모습이 소리부이다'고 했지만 그다지 설득
력이 있어 보이지는 않는다. 금문의 자형에 근거한다면 쓴 冠(관)에
장식물이 늘어져 눈을 덮은 모습이 憲이며, 이 때문에 화려한 장식
을 단 冕旒冠(면류관)이 원래 뜻이고, 이로부터 '덮다'나 '드리우다'는
뜻이 생긴 것으로 추정할 수 있다. 憲은 이후 온 세상을 덮는다는

뜻에서 어떤 중요한 법령을 公表^(공표)하다는 뜻도 생겼다. 그리고 憲에 心이 더해진 것은 세상 사람들이 마음으로 복종할 수 있는 그러한 법령이어야 한다는 뜻에서였을 것이다. 이후 떠나다, 법령, 헌법 등의 뜻이 나왔다. 중국의 간화자에서는 宀^(집 면)이 의미부이고 先^(먼저 선)이 소리부인 宪으로 쓴다.

字形 金文 甲骨文 說文小篆

●예● 憲法(헌법), 改憲(개헌), 制憲節(제헌절)

845

獻(바칠 헌): 献, xiàn, 犬-16, 20, 32

字解 회의. 원래 鬲^(솥 력막을 격)과 犬^(개 견)으로 구성되어, 제사에 '바칠' 개고기^(犬)를 솥^(鬲)에 삶는 모습을 그렸는데, 금문에 들면서 소리부인 虍^(호랑이 호)가 더해져 獻이 되었다. 바치다, 봉헌하다가 원래 뜻이며, 제수품이라는 뜻도 나왔다. 중국의 간화자에서는 鬳^(솥 권)을 南^(남녘 남)으로 줄여 献으로 쓴다.

字形 甲骨文 金文 盟書 簡牘文 說文小篆

●예● 獻血(헌혈), 獻身(헌신), 獻花(헌화), 貢獻(공헌), 文獻(문헌)

846

軒(초헌 헌): 轩, xuān, 車-3, 10, 30

字解 형성. 車^(수레 거차)가 의미부이고 干^(방패 간)이 소리부로, 옛날 대부 이상이 타던 높고 큰^(干) 수레^(車)를 말했으며, 아름답게 치장한 수레를, 나아가 높은 집 등을 뜻하게 되었다. 중국의 간화자에서는 車를 车로

줄여 軒으로 쓴다.

字形 古璽文 軒 說文小篆

●예● 東軒(동헌)

험

847

險(험할 험): 险, xiǎn, 阜-13, 16, 40

字解 형성. 阜^(언덕 부)가 의미부이고 僉^(다 첨)이 소리부로, '험한' 언덕^(阜)을 말하며, 이로부터 험준하다, 어렵다, 危險^(위험)하다 등의 뜻이 나왔다. 중국의 간화자에서는 僉을 佥으로 줄여 险으로 쓴다.

字形 說文小篆

●예● 險難(험난), 危險(위험), 保險(보험)

848

驗(증험할 험): 验, yàn, 馬-13, 23, 42

字解 형성. 馬^(말 마)가 의미부이고 僉^(다 첨)이 소리부로, 말^(馬)의 이름을 말했는데, 이후 效驗^(효험)이나 經驗^(경험), 효과 등의 뜻으로 가차되었다. 중국의 간화자에서는 僉을 佥으로 줄여 验으로 쓴다.

字形 說文小篆

●예● 經驗(경험), 試驗(시험), 實驗(실험), 體驗(체험)

현

849

懸(매달 현): 悬, xuán, 心-16, 20, 32

字解 형성. 心^(마음 심)이 의미부이고 縣^(매달 현)이 소리부로, 머리^(首)를 자르고 심장^(心)을 꺼내어 나무에 매달아 놓은 것으로부터 '매달다'는 뜻을 그렸다. 중국의 간화자에서는 縣을 县으로 줄여 悬으로 쓴다.

字形 𢖒𢖒𢖒 金文 縣 縣 簡牘文 縣 說文小篆

●예● 懸垂幕(현수막), 懸板(현판), 懸賞金(현상금)

850

玄(검을 현): xuán, 玄-0, 5, 32

字解 상형. 『설문해자』에서는 '아직 덜 자란 아이'라고 풀이했지만, 자형과 그다지 맞아 보이지 않으며, 오히려 玄^(검을 현)이 실타래를 그린 幺^(작을 요)의 변형으로 보는 것이 더 합당해 보인다. 즉 幺는 糸^(가는 실 멱)의 아랫부분을 줄인 형태이고, 糸은 絲^(실 사)의 반쪽이다. 다시 말해 絲를 절반으로 줄인 것이 糸이요, 糸을 절반으로 줄인 것이 幺이며, 이로부터 幺에 '작다'는 뜻이 나온 것으로 풀이할 수 있다. 검붉은 색으로 염색한 실타래를 말했으며, 이로부터 검다는 뜻이, 속이 검어 깊이를 알 수 없다는 의미에서 깊다, '심오하다', 이해하기 어렵다는 뜻이, 다시 진실하지 않아 믿을 수 없다는 뜻도 나왔다.

字形 𣬛 甲骨文 𣬛 金文 𣬛 玄 簡牘文 𣬛 說文小篆 𣬛 說文古文

●예● 玄米(현미), 玄武巖(현무암)

851

絃(악기 줄 현): 弦, xián, 糸-5, 11, 30

字解 형성. 糸^(가는 실 멱)이 의미부이고 玄^(검을 현)이 소리부로, 악기의 줄을 말
한다. 원래는 弦으로 써 실^(玄)이 활^(弓)에 매여진 것을 말했다. 중국의
간화자에서는 弦^(시위 현)에 통합되었다.

字形 絃 說文小篆

●예● 絃樂器(현악기), 伯牙絕絃(백아절현)

852

縣(매달 현): 县, [縣], xuán, xiàn, 糸-10, 16, 30

字解 형성. 系^(이을 계)가 의미부이고 県^(거꾸로 매달 교, 首의 거꾸로 된 모습)가 소리부로,
머리를 거꾸로^(県) 실에 매단^(系) 모습을 그렸다. 금문에서는 木^(나무 목)
이 더해져, 눈이 달린 '머리'를 줄로 나무 끝에 매달았음을 더욱 형
상적으로 그려, '매달다'는 뜻을 그렸다. 이후 가차되어 행정 조직의
하나인 '현'으로 지칭하게 되었다. 그러자 원래 뜻은 다시 心^(마음 심)을
더해 懸^(매달 현)으로 분화했다. 중국의 간화자에서는 县으로 쓴다.

字形 縣金文 縣 縣簡牘文 縣 說文小篆

●예● 縣監(현감), 縣令(현령), 郡縣(군현)

853

顯(나타날 현): 显, xiǎn, 頁-14, 23, 40

字解 형성. 頁^(머리 혈)이 의미부이고 㬎^(드러날 현)이 소리부로, 머리^(頁)를 드러내
^(㬎) 살피다는 뜻을 그렸다. 『설문해자』에서는 '머리의 장식물을 드러
내다'는 뜻으로 해석했지만, 금문을 보면 햇볕^(日·일)에 실^(絲·사)을 말리

면서 얼굴^(頁)을 내밀어 살피는 모습을 그린 것이 분명해 보인다. 실은 가늘어서 햇빛 아래서 보면 잘 '드러나기'에 '드러내다', '밝다' 등의 뜻이 나왔다. 중국의 간화자에서는 显으로 줄여 쓴다.

字形 𩒙 𩒰 𩒰 𩒤 𩒰 金文 𩒰 𩒰 盟書 𩒰 顯 簡牘文 𩒰 說文小篆

●예● 顯著(현저), 顯微鏡(현미경)

혈

854

穴(구멍 혈): [岤], xué, 穴-0, 5, 32

字解 상형. 입구 양쪽으로 받침목이 갖추어진 동굴 집을 그렸는데, 동굴 집은 지상 건축물이 만들어지기 전의 초기 거주형식이다. 특히 질 좋은 황토 지역에서 쉽게 만들 수 있었던 동굴 집은 온도나 습도까지 적당히 조절되는 훌륭한 거주지였다. 따라서 穴의 원래 뜻은 동굴 집이고, 여기서 '굴'과 사람이 살 수 있는 '공간'의 뜻이 나왔고, 이후 인체나 땅의 '혈'까지 지칭하게 되었다. 달리 岤로 쓰기도 하는데, 동굴이 산^(山)에 만들어진 것임을 강조했다.

字形 內 簡牘文 穴 說文小篆

●예● 穴居(혈거)

혐

855

嫌(싫어할 혐): xián, 女-10, 13, 30

字解 형성. 女^(여자 여)가 의미부이고 兼^(겸할 겸)이 소리부로, 사람^(女)에 대한 불

펑이나 의혹이나 의심 등을 말한다. 이로부터 미워하다, 싫어하다, 혐의를 두다 등의 뜻이 나왔는데, 사람의 상징으로 여자^(女)가 채택된 것은 남성중심 사회의 일면을 엿보게 해 준다.

字形 簡牘文 說文小篆

●예● 嫌惡(혐오)

협

856

嫌(옆구리 협): xié, 肉-6, 10, 32

字解 형성. 肉^(고기 육)이 의미부이고 劦^(힘 합할 협)이 소리부인 상하구조로, 양쪽 겨드랑이 아래쪽의 신체부위^(肉)인 옆구리를 말하며, 좌우구조로 된 脇^(옆구리 협)과 같이 쓴다.

字形 說文小篆

●예● 威脅(위협), 脅迫(협박)

형

857

亨(형통할 형): hēng, 亠-5, 7, 30

字解 상형. 享^(드릴 향)은 같은 자원에서 출발한 글자로 宗廟^(종묘)의 모습을 그려 모두 '祭物^(제물)로 드리는 삶은 고기'가 원래 뜻이었다. 하지만, 이후 둘로 분화하여, 享은 제사를 받는 처지에서 '누리다'는 뜻을, 亨은 제사를 드리는 처지에서 제사를 잘 모시면 만사가 亨通^(형통)한다고 해서 亨通의 의미로 쓰였다. 그러자 '삶다'는 뜻을 나타낼 때에는

다시 火^(불 화)를 더하여 烹^(삶을 팽)이 되었다. 烹은 兎死狗烹^(토사구팽)이라는 고사로 우리에게 익숙한 글자이기도 하다.

•예• 萬事亨通(만사형통)

858

螢(개똥벌레 형): 萤, yíng, 虫-10, 16, 30

字解 형성. 虫^(벌레 충)이 의미부이고 熒^(등불 형)의 생략된 모습이 소리부로, 밝은 빛을 내는^(熒) 벌레^(虫), 즉 반딧불을 말한다. 중국의 간화자에서는 윗부분의 炏^(불 성할 개)를 艹^(풀 초)로 줄여 萤으로 쓴다.

•예• 螢光燈(형광등), 螢雪之功(형설지공)

859

衡(저울대 형): héng, 行-10, 16, 32

字解 회의. 원래 行^(갈 행)과 角^(뿔 각)과 大^(큰 대)로 이루어져, 사거리^(行)에서 수레를 끄는 소의 뿔^(角)에 큰^(大) '가름대'를 묶은 모습을 그렸다. 이는 붐비는 사거리를 지날 때 사람이 소뿔에 받힐까 염려되어 뿔에 커다란 가름대를 단 모습으로 추정되며, 가름대가 옛날의 저울을 닮아 '저울'을 뜻하게 되었고, 무게를 달다는 뜻도 생겼다.

字形 衡 衡 金文 衡 衡 衡 簡牘文 衡 說文小篆 衡 說文古文

•예• 均衡(균형), 平衡(평형), 衡平性(형평성)

혜

860

兮(어조사 혜): xī, 八-2, 4, 30

字解 회의. 丂^(공교할 교)와 八^(여덟 팔)로 구성되어, 악기^(丂)에서 나온 소리가 퍼지는^(八) 모습을 그렸다. 일찍부터 어기사로 쓰였으며, 문장의 중간이나 끝에 들어가 말을 잠시 멈추어 운율을 조정하는 역할을 했다.

字形 甲骨文 金文 說文小篆

861

慧(슬기로울 혜): huì, 心-11, 15, 32

字解 형성. 心^(마음 심)이 의미부이고 彗^(비 혜)가 소리부로, 총명하다는 뜻이다. 혜성^(彗)처럼 반짝이는 지혜를 가졌다는 뜻에서 '슬기롭다'는 의미가 들었고, 슬기와 지혜는 심장에서 나온다는 뜻에서 心이 더해졌다.

字形 簡牘文 說文小篆

●예● 智慧(지혜), 慧眼(혜안)

호

862

互(서로 호): [篁], hù, 二-2, 4, 30

字解 상형. 자형에 대한 의견이 분분하지만, 소전체에서 아래위의 두 획^(二) 사이로 밧줄 같은 것이 서로 걸려 있는 모습으로 추정되며, 밧줄을 걸려면 양쪽 모두에 거는 데가 필요하므로 이로부터 相互^(상호)에서처럼 '서로'라는 뜻이 생긴 것으로 보인다. 『설문해자』에서는 竹^(대 죽)을 더한 篁로 쓰기도 했다.

字形 說文小篆 說文或體

●예● 相互(상호), 互惠(호혜), 互換(호환)

863

毫(가는 털 호): háo, 毛-7, 11, 30

字解 형성. 毛^(털 모)가 의미부이고 高^(높을 고)의 생략된 모습이 소리부로, 높게 ^(高) 자란 털^(毛)을 말했다. 키가 큰 털일수록 더 가늘게 보이기 때문에 대단히 작은 물건이나 그런 것을 재는 척도와 단위를 말하게 되었다. 옛 문헌에 의하면, 10絲^(사)를 1毫, 10毫를 1釐^(리)라 했다.

字形 毫 簡牘文 毫 玉篇

●예● 秋毫(추호), 揮毫(휘호)

864

浩(클 호): [澔], hào, 水-7, 10, 32

字解 형성. 水^(물 수)가 의미부이고 告^(알릴 고)가 소리부로, 물^(水)이 크고 넓음을 말하며, 크다, 높다, 물결이 도도하다 등의 뜻도 가진다. 달리 告 대신 皓^(흴 호)가 들어간 澔^(클 호)로 쓰기도 한다.

字形 浩 古璽文 浩 說文小篆

●예● 浩然之氣(호연지기)

865

胡(턱밑 살 호): [鬍], hú, 肉-5, 9, 32

字解 형성. 肉^(고기 육)이 의미부이고 古^(옛 고)가 소리부로, '턱밑에 늘어진 살'을 뜻했다. 이후 턱살이 축 늘어졌다는 뜻에서 서북쪽 이민족을 지칭하게 되었고, 그러자 원래 뜻은 髟^(머리털 드리워 질 표)를 더해 鬍^(수염 호)로 분화했다. 현대 중국에서는 鬍의 중국의 간화자로도 쓰인다.

字形 胡 胡 胡 古陶文 享 享 古璽文 胡 說文小篆

●예● 胡蝶(호접)

866

護(보호할 호): 护, hù, 言-14, 21, 42

字解 형성. 言^(말씀 언)이 의미부이고 蒦^(자 확)이 소리부로, 말^(言)로 변호하고 비호하다는 뜻이었는데, 보호하다의 뜻으로 발전했다. 중국의 간화자에서는 蒦을 戶^(지게 호)로 줄여 护로 쓴다.

字形 護 說文小篆

●예● 保護(보호), 守護(수호), 看護(간호), 辯護(변호)

867

豪(호걸 호): [䝗], háo, 豕-7, 14, 32

字解 형성. 豕^(돼지 시)가 의미부이고 高^(높을 고)의 생략된 모습이 소리부로, 호걸을 말하는데, 멧돼지^(豕) 등에 난 높고^(高) 거센 털처럼 '힘센 사람'이 호걸이자 우두머리임을 그렸다. 이로부터 豪傑^(호걸), 豪放^(호방)하다의 뜻이, 다시 특수한 힘을 가진 사람을 지칭하게 되었다. 『설문해자』에서는 소리부인 希^(털이 긴 톨 이)가 의미부이고 高가 소리부인 구조인 䝗로 써, 소리부인 高가 생략되지 않은 채 사용되었다.

字形 豪 古陶文 豪 簡牘文 䝗 說文小篆 豪 說文籀文 豪 玉篇

●예● 豪傑(호걸), 豪華(호화), 强豪(강호), 文豪(문호), 豪雨(호우)

혹

868

惑(미혹될 혹): huò, 心-8, 12, 32

〔字解〕 형성. 心(마음 심)이 의미부이고 或(혹시 혹)이 소리부로, 혹시(或)라도 미련을 가지며 미혹되는 마음(心)을 말하며, 이로부터 疑惑(의혹), 어지럽다 등의 뜻이 나왔다.

〔字形〕 🦴金文 🦴古陶文 🦴簡牘文 🦴古璽文 🦴說文小篆

●예● 疑惑(의혹), 誘惑(유혹), 迷惑(미혹), 不惑(불혹)

혼

869

昏(어두울 혼): hūn, 日-4, 8, 30

〔字解〕 회의. 氏(성씨 씨)와 日(날 일)로 구성되어, 해(日)가 씨 뿌리는 사람(氏)의 발 아래로 떨어진 시간대를 말하였다. 해가 지면 '어두워' 사물을 제대로 분간할 수 없으므로 昏은 '흐릿함'도 뜻하게 되었다. 또 옛날의 결혼은 이 시간대에 이루어졌는데, 이때에는 女(여자 여)를 더하여 婚(혼인할 혼)으로 구분해 표현했다.

〔字形〕 🦴🦴甲骨文 🦴🦴🦴簡牘文 🦴說文小篆

●예● 昏定晨省(혼정신성), 黃昏(황혼), 昏迷(혼미)

870

魂(넋 혼): hún, 鬼-4, 14, 32

字解 형성. 鬼^(귀신 귀)가 의미부이고 云^(이를 운)이 소리부로, 넋을 말하는데, 사람이 죽어 귀신^(鬼)이 되어 하늘로 올라간다^(云)는 뜻을 담았다. 魄^(넋 백)도 '넋'을 말하지만, 魂보다 뒤에 등장한 글자이다. 고대 중국인들은 육체에서 영혼^(魂)이 분리되면 죽게 되며, 분리된 영혼은 땅속에 머문다고 생각했다. 이후 天神^(천신)과 地神^(지신)의 개념이 형성되면서 魂은 천신에 대응되고 지신에 대응할 魄이 만들어졌고, 이렇게 魂과 魄이 분리되어 魂은 정신을 魄은 육체를 담당하는 존재로 여겨졌다. 사람이 죽으면 魂은 하늘로 올라가고 魄은 땅으로 내려가게 되고, 하늘로 올라가는 魂을 神으로 부르고, 땅으로 돌아가는 魄을 鬼라 일컫기도 했다.

字形 魂 說文小篆

●예● 靈魂(영혼), 鬪魂(투혼), 招魂(초혼)

홀

871

忽(소홀히 할 홀): hū, 心-4, 8, 32

字解 형성. 心^(마음 심)이 의미부이고 勿^(말 물)이 소리부로, 마음^(心)에 두지 않고^(勿) '잊어버리다'는 뜻이다. 또 잊어버렸다가 갑자기 생각나다는 뜻에서 '갑자기'라는 의미도 나왔다.

字形 忽 金文 忽 說文小篆

●예● 忽然(홀연), 疏忽(소홀)

홍

872

弘(넓을 홍): hóng, 弓-2, 5, 30

字解 지사. 갑골문에서 활(弓)에 지사 부호(一)가 더해졌는데, 이후 이 부호가
ㅿ(사사 사)로 변해 지금의 자형이 되었다. 이 부호는 화살이 시위를 떠
날 때 내는 큰 소리를 상징하였으며, 이로부터 '크다', '강력하다',
'확대하다'의 뜻이 나왔다.

字形 ﹇甲骨文 ﹇金文 ﹇說文小篆

●예● 弘益人間(홍익인간), 弘報(홍보)

873

洪(큰 물 홍): hóng, 水-6, 9, 32

字解 형성. 水(물 수)가 의미부이고 共(함께 공)이 소리부로, '홍수'를 말하며, 이
로부터 '크다'는 뜻도 나왔는데, 모두가 함께(共) 손을 맞잡고 막아야
하는 큰물(水) 즉 洪水(홍수)임을 그렸다.

字形 ﹇說文小篆

●예● 洪水(홍수)

874

鴻(큰 기러기 홍): 鸿, hóng, 鳥-6, 17, 30

字解 형성. 鳥(새 조)가 의미부이고 江(강 강)이 소리부로, 기러기를 말한다. 기

러기는 큰 새이기에 크다는 뜻이 나왔는데, 長江^(장강)처럼 큰^(江) 새^(鳥)라는 뜻을 담았다.

字形 ![說文小篆] 說文小篆

●예● 鴻雁(홍안)

화

875

禍(불행 화): 祸, huò, 示-9, 14, 32

字解 형성. 示^(보일 시)가 의미부이고 咼^(円·뼈 발라낼 과)가 소리부로, 제사^(示)를 지낼 때 썼던 점복용 뼈^(咼)로써 '재앙'의 의미를 그렸는데, 재앙이 닥쳐올까 신에게 도움을 청하며 점을 쳤던 때문으로 보인다. 재앙으로부터 해, 과실 등의 뜻이 나왔다. 중국의 간화자에서는 咼를 呙로 줄여 祸로 쓴다.

字形 ![甲骨文 金文 簡牘文 說文小篆] 甲骨文 金文 簡牘文 說文小篆

●예● 禍福(화복), 災禍(재화), 禍根(화근), 士禍(사화)

876

禾(벼 화): hé, 禾-0, 5, 30

字解 상형. 익어 고개를 숙인 곡식의 모습인데, 이를 주로 '벼'로 풀이하지만 벼가 남방에서 수입된 것임을 고려하면 갑골문을 사용하던 황하 중류의 중원 지역에서 그려낸 것은 야생 '조'일 가능성이 높다. 하지만, 벼가 수입되면서 오랜 주식이었던 조를 대신해 모든 곡물의 대표로 자리하게 된다. 그래서 '벼', '수확'과 관련되어 있으며, 곡물은 중요한 재산이자 세금으로 내는 물품이었기에 稅金^(세금) 등에 관련된

글자를 구성하기도 한다.

字形 甲骨文 金文 古陶文 簡牘文

說文小篆

•예• 禾尺(화척), 禾穀(화곡)

확

877

擴(넓힐 확): 扩, kuò, 手-15, 18, 30

字解 형성. 手^(손 수)가 의미부이고 廣^(넓을 광)이 소리부로, 손^(手)으로 잡아당겨 넓게^(廣) 펼친다는 뜻이며, 이로부터 擴大^(확대)하다, 擴張^(확장)하다 등의 뜻이 나왔다. 중국의 간화자에서는 廣을 厂^(집 엄)으로 줄여 扩으로 쓴다.

•예• 擴張(확장), 擴大(확대), 擴散(확산), 擴充(확충)

878

確(굳을 확): 确, què, 石-10, 15, 42

字解 형성. 石^(돌 석)이 의미부이고 隺^(뜻 고상할 각)이 소리부로, 굳다는 뜻인데, 큰^(隺) 돌^(石)처럼 견고하다는 뜻을 담았다. 『설문해자』에서는 石이 의미부이고 角^(뿔 각)이 소리부인 确으로 썼고, 혹체에서는 소리부가 殻^(내려칠 각)으로 바뀌었다. 중국의 간화자에서도 『설문해자』처럼 确으로 쓴다.

字形 說文小篆 說文或體

•예• 確定(확정), 確信(확신), 確認(확인), 正確(정확), 明確(명확), 確

實(확실)

879

穫(벼 벨 확): huò, 禾-14, 19, 30

字解 형성. 禾^(벼 화)가 의미부이고 蒦^(자 확)이 소리부로, '收穫^(수확)함'을 말하는데, 곡식^(禾)을 거두어 들여 획득하다^(蒦)는 뜻을 담았다.

字形 甲骨文 簡牘文 說文小篆

●예● 收穫(수확)

환

880

丸(알 환): wán, 丶-2, 3, 30

字解 지사. 소전체에서부터 나타나는데, 『설문해자』에서는 仄^(기울 측)의 뒤집은 모습으로 써 "기울어진 채 빙빙 돌아가는 것을 말하며, 둥글다는 뜻이다."라고 풀이했다. 이는 기울어지지^(仄) 않음을 상징하고, 따라서 사람이 손으로 무언가를 돌리는 모습으로 추정된다. 둥근 것은 빙빙 돌아가며 바로 서지 못한다. 그래서 丸에 '둥글다'는 뜻이 들었고, 다시 丸藥^(환약)과 같이 둥글게 만든 알약을 부르게 되었다. 현대 옥편에서 丶^(점 주)부수에 편입되었지만 丶와는 의미적 관련이 없는 글자이다.

字形 說文小篆

●예● 彈丸(탄환), 丸藥(환약)

換(바꿀 환): huàn, 手-9, 12, 32

字解 형성. 手^(손 수)가 의미부이고 奐^(빛날 환)이 소리부로, 奐에서 분화한 글자이다. 어떤 것을 집으로 가져와 바꾸는^(奐) 행위^(手)를 말하며, 이로부터 변경하다, 交換^(교환)하다, 바꾸다의 뜻이 나왔다.

字形 㱿 說文小篆

•예• 換錢(환전), 交換(교환), 轉換(전환), 換乘(환승), 換氣(환기)

882

環(고리 환): 环, huán, 玉-13, 17, 40

字解 형성. 玉^(옥 옥)이 의미부이고 瞏^(놀라서 볼 경)이 소리부로, 가운데가 뚫린 둥근 모양^(瞏)의 옥^(玉)을 말하며, 이후 '고리', 둘러싸다 등의 뜻이 생겼다. 중국의 간화자에서는 瞏을 不^(아닐 불)로 간단히 줄여 环으로 쓴다.

字形 㥈 㻌環金文 㻌環簡牘文 瓃古璽文 環 說文小篆

•예• 環境(환경), 循環(순환), 一環(일환), 花環(화환)

883

還(돌아올 환): 还, huán, 辵-13, 17, 32

字解 형성. 辵^(쉬엄쉬엄 갈 착)이 의미부이고 瞏^(놀라서 볼 경)이 소리부로, 갔다가^(辵) 둥근 원을 그리듯^(瞏) 한 바퀴 돌아서 오다는 뜻이며, 이로부터 돌아오다, ^(군사 등을)되돌리다, 돌려주다는 뜻이 나왔고, 다시 여전히, 더욱더 등의 뜻도 나왔다. 중국의 간화자에서는 瞏을 不^(아닐 불)로 간단히 줄여 还으로 쓴다.

字形 金文 簡牘文 說文小篆

●예● 歸還(귀환), 奪還(탈환), 返還(반환), 錦衣還鄕(금의환향)

황

884

況(하물며 황): 况, kuàng, 水-5, 8, 40

字解 형성. 水(물 수)가 의미부이고 兄(맏 형)이 소리부로, 원래는 況으로 써 얼음(冫, 병)처럼 차가운 물을 말했는데, 이후 '하물며'라는 부사로 가차되었고, 冫이 형체가 비슷한 氵(水)로 변해 況이 되었다. 중국의 간화자에서는 원래의 况으로 쓴다.

字形 甲骨文 說文小篆 況 玉篇

●예● 狀況(상황), 情況(정황), 不況(불황), 好況(호황)

885

荒(거칠 황): huāng, 艸-6, 10, 32

字解 형성. 艸(풀 초)가 의미부이고 巟(망할 황)이 소리부로, 잡초(艸)만 끝없이 펼쳐져 있는(巟) 황무지를 말한다.

字形 金文 石刻古文 說文小篆

●예● 荒野(황야), 虛荒(허황), 荒廢(황폐)

회

886

悔(뉘우칠 회): huǐ, 心-7, 10, 32

字解 형성. 心^(마음 심)이 의미부이고 每^(매양 매)가 소리부로, 후회하고 뉘우침을 말한다. 어머니^(每)에 대한 마음^(心)은 다 자라고 철이 들어서야 뒤늦게 느끼게 되는 법, 어머니의 깊은 마음을 잘 헤아리지 못했음을 후회하고 뉘우치다는 뜻을 반영했다. 每는 母^(어미 모)에서 분화한 글자로, 비녀를 꽂은 성인 여성을 그렸는데, 단독으로 쓰일 때에는 '매양'으로만 쓰이고 원래 뜻은 사라졌으나, 敏^(민첩할 민) 같은 합성자에서는 '어미'의 뜻이 남아 있다.

字形 🖊 金文 🖊🖊 簡牘文 🖊 說文小篆

●예● 後悔(후회), 悔恨(회한), 悔改(회개)

887

懷(품을 회): 怀, huái, 心-16, 19, 32

字解 형성. 心^(마음 심)이 의미부이고 褱^(품을 회)가 소리부로, 가슴^(心) 속에 품고 있는^(褱) 생각을 말했는데, 품다, 가슴 앞 등의 뜻으로 확장되었다. 중국의 간화자에서는 褱를 不^(아닐 불)로 간단하게 줄여 怀로 쓴다.

字形 🖊 說文小篆

●예● 懷抱(회포), 懷疑(회의), 懷柔(회유)

획

888

劃(그을 획): 划, huá, huà, 刀-12, 14, 32

字解 형성. 刀^(칼 도)가 의미부이고 畫^(그림 화)가 소리부로, 칼^(刀)로 도형을 그리는 것^(畫)을 말하며, 칼은 붓처럼 유연하지 않아 직선으로 나타나기에

'획을 긋다', 획분하다, 나누다, 설계하다, 計劃^(계획)하다 등의 뜻이 나왔다. 중국의 간화자에서는 畫를 戈^(창 과)로 간단히 줄인 划^(삿대 화)에 통합되었다.

字形 說文小篆

●예● 計劃(계획), 區劃(구획), 劃一(획일)

889

獲(얻을 획): 获, huò, 犬-14, 17, 32

字解 형성. 犬^(개 견)이 의미부이고 蒦^(자 확)이 소리부로, 사냥개^(犬)를 동원해 새^(隹환)를 잡다^(又·우)는 뜻을 그렸고, 이로부터 획득하다, 취득하다의 뜻이 나왔다. 갑골문에서는 손^(又)으로 새^(隹)를 잡은 모습으로써 '획득하다'는 의미를 그렸는데, 이후 隹^(새 추)가 볏을 가진 새^(隹)로 변해 蒦이 되었고, 다시 사냥에 동원되던 개^(犬)를 더해 지금의 獲이 되었다. 중국의 간화자에서는 蒦을 犬으로 줄여 获으로 쓰며, 穫^(벼 벨 확)의 중국의 간화자로도 쓰인다.

字形 甲骨文 金文 簡牘文 石刻古文 說文小篆

●예● 獲得(획득), 捕獲(포획)

횡

890

橫(가로 횡): héng, 木-12, 16, 32

字解 형성. 木^(나무 목)이 의미부이고 黃^(누를 황)이 소리부로, 빗장을 거는 나무^(木)를 말했는데, 빗장은 가로로 걸기에 '가로', 물체의 길이라는 뜻이 나왔다.

字形 橫古璽文 橫 說文小篆

●예● 橫斷(횡단), 縱橫(종횡), 橫死(횡사)

효

891

曉(새벽 효): 晓, xiǎo, 日-12, 16, 30

字解 형성. 日^(날 일)이 의미부이고 堯^(요임금 요)가 소리부로, 해^(日)가 높이^(堯) 떠올라 날이 밝다는 뜻이며, 이로부터 '새벽'의 의미가 나왔다. 해가 떠오르면 보이지 않던 것이 분명하게 보이므로, 이후 '알다'는 뜻까지 갖게 되었다. 중국의 간화자에서는 堯를 초서체인 尧로 줄인 晓로 쓴다.

字形 曉 說文小篆

●예● 曉星(효성)

후

892

侯(과녁 후): hóu, 人-7, 9, 30

字解 형성. 人^(사람 인)이 의미부이고 矦^(임금 후)가 소리부인데, 갑골문에서는 矦로 써, 과녁과 화살^(矢)을 그렸으며, 옛날 잔치 때 하던 활쏘기를 형상화했다. 활쏘기가 公侯白子南^(공후백자남) 등 제후들의 전용 놀이였기에 '제후'라는 뜻이 나왔다. 이후 諸侯^(제후)라는 의미를 더욱 강화하기 위해 人을 더해 侯가 되었다. 그러자 원래의 의미는 巾^(수건 건)을 더한 帿^(과녁 후)로 분화했는데, 과녁을 베^(巾)로 만들었다는 뜻을 담았

다.

字形 [甲骨文] [金文] [古陶文] [盟書] [簡牘文] [帛書] [石刻古文] 說文小篆 說文古文

●예● 諸侯(제후)

893

侯(물을 후): [儌], hòu, 人-8, 10, 40

字解 형성. 人^(사람 인)이 의미부이고 侯^(과녁 후)가 소리부로, 활 쏘는^(侯) 것을 옆에서 가만히 지켜보다는 뜻이었는데, 이후 안부를 묻다는 뜻으로 쓰였다. 옛날에는 5일을 1候라고 했으며 이 때문에 時候^(시후)에서처럼 '때'를 뜻하기도 했다. 『설문해자』에서는 侯 대신 矦^(임금 후)가 들어간 儌로 썼다.

字形 [簡牘文] 說文小篆

●예● 候補(후보), 徵候(징후), 氣候(기후)

훼

894

毁(헐 훼): [譭, 燬], huǐ, 殳-9, 13, 30

字解 회의. 臼^(절구 구)와 土^(흙 토)와 殳^(창 수)로 구성되었는데, 흙^(土)을 절구^(臼)에 넣고 창이나 몽둥이^(殳)로 부수는 모습을 그린 것으로 추정되며, 이로부터 부수다, 훼멸하다, 비방하다의 뜻이 나왔다. 금문에서는 土 대신 壬^(좋을 정)이 들어갔고, 예서 이후 工^(장인 공)으로 변해 지금의 자형이 되었는데, 工은 옛날 흙을 다지는 달구를 그렸다.

字形 毇 金文 毇 簡牘文 毇 說文小篆 毇 說文古文

•예• 毁損(훼손)

휘

895

揮(휘두를 휘): 挥, huī, 手-9, 12, 40

字解 형성. 手^(손 수)가 의미부이고 軍^(군사 군)이 소리부로, 손^(手)을 움직여 군대^(軍)를 지휘하듯, 크게 휘두름을 말하며, 이로부터 指揮^(지휘)하다, 發揮^(발휘)하다 등의 뜻이 나왔다. 중국의 간화자에서는 挥로 줄여 쓴다.

字形 揮 說文小篆

•예• 發揮(발휘), 指揮(지휘), 一筆揮之(일필휘지)

896

輝(빛날 휘): 辉, [煇, 暉], huī, 車-8, 15, 30

字解 형성. 光^(빛 광)이 의미부이고 軍^(군사 군)이 소리부로, 태양의 둘레^(軍)로 발산되는 빛^(光)을 말하며, 光 대신 日^(날 일)이나 火^(불 화)가 들어간 暉^(빛날 휘)나 煇^(빛날 휘)와 같이 쓴다. 중국의 간화자에서는 辉로 줄여 쓴다.

•예• 光輝(광휘)

휴

897

携(끌 휴): [攜], xié, 手-10, 13, 30

字解 형성. 手^(손 수)가 의미부이고 巂^(제비 휴)가 소리부로, '손으로 잡고 끌다'

는 뜻인데, 자형이 줄어 지금처럼 되었으며, 攜^(끌 휴)의 속자이다. 손^(手)에 쥐다는 뜻으로부터 끌고 가다, 携帶^(휴대)하다 등의 뜻이 나왔다.

字形 ![篆] 說文小篆

●예● 携帶(휴대), 提携(제휴)

흡

898

吸(숨 들이쉴 흡): xī, 口-4, 7, 42

字解 형성. 口^(입 구)가 의미부이고 及^(미칠 급)이 소리부로, 숨을 입^(口)으로 들이쉬다는 뜻이며, 이로부터 빨아들이다, 악기를 연주하다 등의 뜻이 나왔다.

字形 ![漢印] 漢印 ![篆] 說文小篆

●예● 呼吸(호흡), 吸收(흡수), 吸煙(흡연)

희

899

戲(놀 희): 戏, [戯], xì, 戈-12, 16

字解 형성. 戈^(창 과)가 의미부이고 虛^(빌 허)가 소리부인데, 虛는 원래 虍^(옛 질그릇 희)로 쓰던 것이 변해서 된 것이다. 원래는 받침대 위에 호랑이를 올려놓고^(虍) 창^(戈)으로 희롱하며 장난질 치던 모습에서 遊戲^(유희)라는 뜻을 그렸다. 중국의 간화자에서는 虛를 간단한 부호 又^(또 우)로 바꾸어 戏로 쓴다.

字形 ![金文] ![金文] ![金文] ![金文] ![金文] 金文 ![古陶文] 古陶文 ![簡牘文] 簡牘文 ![古璽文] 古璽文 ![說文] 說文

小篆

●예● 遊戲(유희)

900

稀(드물 희): xī, 禾-7, 12, 32

字解 형성. 禾^(벼 화)가 의미부이고 希^(바랄 희)가 소리부로, 곡식^(禾)이 드문드문^(希) 심겨진 모습으로부터 드물다, 성기다, 적다, 稀少^(희소) 등의 뜻을 그렸다.

字形 **秽** 簡牘文 **鬚** 說文小篆

●예● 稀薄(희박), 稀貴(희귀), 稀微(희미), 古稀(고희)

고등학교용
900한자 어원사전

색인

어휘 색인

拒絕(거절)　　激戰(격전)　　京畿(경기)
據點(거점)　　隔差(격차)　　輕薄(경박)
健康(건강)　　絹絲(견사)　　景福宮(경복궁)
件數(건수)　　牽牛(견우)　　經費(경비)
健全(건전)　　牽引(견인)　　傾斜(경사)
乾電池(건전지)　肩章(견장)　　傾斜(경사)
乾燥(건조)　　絹織(견직)　　經營(경영)
建築(건축)　　結局(결국)　　敬畏(경외)
乞人(걸인)　　缺勤(결근)　　經緯(경위)
傑作(걸작)　　決斷(결단)　　經濟(경제)
傑出(걸출)　　決裂(결렬)　　慶弔事(경조사)
劍客(검객)　　缺席(결석)　　慶州(경주)
劍道(검도)　　結束(결속)　　硬直(경직)
檢査(검사)　　缺損(결손)　　警察(경찰)
檢査畢(검사필)　缺點(결점)　　警察署(경찰서)
檢索(검색)　　缺陷(결함)　　傾聽(경청)
儉素(검소)　　兼備(겸비)　　傾向(경향)
檢疫(검역)　　謙讓(겸양)　　經驗(경험)
檢閱(검열)　　兼用(겸용)　　階級(계급)
檢證(검증)　　兼任(겸임)　　階段(계단)
檢察(검찰)　　兼職(겸직)　　計略(계략)
檢討(검토)　　謙虛(겸허)　　繫留(계류)
激動(격동)　　頃刻(경각)　　啓蒙(계몽)
激勵(격려)　　境界(경계)　　系譜(계보)
隔離(격리)　　警戒(경계)　　繼續(계속)
激憤(격분)　　警告(경고)　　繼承(계승)

契約(계약)　　　枯死(고사)　　　孔子(공자)
系列(계열)　　　考査(고사)　　　功績(공적)
契員(계원)　　　孤兒(고아)　　　恐妻家(공처가)
戒律(계율)　　　枯葉(고엽)　　　公薦(공천)
計座(계좌)　　　高溫多濕(고온다습)　空港(공항)
階層(계층)　　　故障(고장)　　　貢獻(공헌)
系統(계통)　　　孤掌難鳴(고장난명)　過敏(과민)
桂皮(계피)　　　鼓吹(고취)　　　寡婦(과부)
計劃(계획)　　　高層(고층)　　　過負荷(과부하)
高架道路(고가도로)　高枕安眠(고침안면)　誇示(과시)
顧客(고객)　　　苦痛(고통)　　　誇張(과장)
高官大爵(고관대작)　古稀(고희)　　　過程(과정)
高句麗(고구려)　曲折(곡절)　　　過怠料(과태료)
孤軍奮鬪(고군분투)　共感帶(공감대)　關係(관계)
高級(고급)　　　攻擊(공격)　　　官公署(관공서)
苦惱(고뇌)　　　恭敬(공경)　　　寬大(관대)
孤獨(고독)　　　公卿大夫(공경대부)　觀覽(관람)
考慮(고려)　　　貢納(공납)　　　關聯(관련)
高麗(고려)　　　空欄(공란)　　　官祿(관록)
孤立(고립)　　　攻掠(공략)　　　官僚(관료)
姑母(고모)　　　恐龍(공룡)　　　官吏(관리)
枯木(고목)　　　公募(공모)　　　管理(관리)
鼓舞(고무)　　　公務員(공무원)　官婢(관비)
姑婦(고부)　　　攻守(공수)　　　管樂器(관악기)
古墳(고분)　　　供養(공양)　　　寬容(관용)
告祀(고사)　　　公演(공연)　　　觀點(관점)

貫徹(관철)
官廳(관청)
觀測(관측)
貫通(관통)
狂亂(광란)
鑛物(광물)
鑛夫(광부)
狂奔(광분)
鑛山(광산)
廣域市(광역시)
狂人(광인)
光州(광주)
光澤(광택)
光輝(광휘)
掛圖(괘도)
掛鐘時計(괘종시계)
怪奇(괴기)
怪力(괴력)
怪物(괴물)
怪聲(괴성)
怪獸(괴수)
矯角殺牛(교각살우)
校監(교감)
敎壇(교단)
矯導所(교도소)
橋梁(교량)

交涉(교섭)
郊外(교외)
矯正(교정)
交際(교제)
交替(교체)
交換(교환)
求乞(구걸)
球技(구기)
驅動(구동)
丘陵(구릉)
區別(구별)
區分(구분)
具備(구비)
構想(구상)
構成(구성)
拘束(구속)
區域(구역)
救濟(구제)
構造(구조)
俱存(구존)
苟且(구차)
具體的(구체적)
構築(구축)
口臭(구취)
區劃(구획)
國境(국경)

國旗(국기)
國祿(국록)
局面(국면)
國寶(국보)
國賓(국빈)
國籍(국적)
國際(국제)
菊花(국화)
群鷄一鶴(군계일학)
軍隊(군대)
群衆(군중)
郡縣(군현)
屈曲(굴곡)
屈服(굴복)
屈辱(굴욕)
屈折(굴절)
屈指(굴지)
窮極(궁극)
窮理(궁리)
弓矢(궁시)
宮殿(궁전)
窮地(궁지)
勸奬(권장)
拳銃(권총)
拳鬪(권투)
厥女(궐녀)

厥者(궐자)　　　僅僅(근근)　　　記念碑(기념비)
軌道(궤도)　　　斤數(근수)　　　基督敎(기독교)
軌跡(궤적)　　　勤愼(근신)　　　記錄(기록)
龜鑑(귀감)　　　根源(근원)　　　騎馬兵(기마병)
龜頭(귀두)　　　謹弔(근조)　　　基盤(기반)
貴賓(귀빈)　　　金庫(금고)　　　寄附(기부)
鬼神(귀신)　　　金冠(금관)　　　騎士(기사)
貴賤(귀천)　　　金塊(금괴)　　　起床(기상)
歸還(귀환)　　　禁忌(금기)　　　寄生(기생)
糾明(규명)　　　錦上添花(금상첨화)　　起訴(기소)
規範(규범)　　　金屬(금속)　　　寄宿舍(기숙사)
規律(규율)　　　禽獸(금수)　　　技術(기술)
規定(규정)　　　金額(금액)　　　記述(기술)
規制(규제)　　　錦衣夜行(금의야행)　　飢餓(기아)
規則(규칙)　　　錦衣還鄕(금의환향)　　企業(기업)
糾彈(규탄)　　　金一封(금일봉)　　祈雨祭(기우제)
糾合(규합)　　　急騰(급등)　　　祈願(기원)
龜裂(균열)　　　急迫(급박)　　　起源(기원)
均衡(균형)　　　肯定(긍정)　　　紀元前(기원전)
克己(극기)　　　紀綱(기강)　　　奇人(기인)
克服(극복)　　　器械(기계)　　　忌日(기일)
劇場(극장)　　　機械(기계)　　　記載(기재)
根幹(근간)　　　奇怪(기괴)　　　基準(기준)
根據(근거)　　　技巧(기교)　　　寄贈(기증)
勤儉(근검)　　　器具(기구)　　　機智(기지)
近郊(근교)　　　棄權(기권)　　　氣盡脈盡(기진맥진)

基礎(기초)

紀行文(기행문)

機會(기회)

企劃(기획)

氣候(기후)

緊急(긴급)

緊要(긴요)

緊張(긴장)

吉祥(길상)

ㄴ

欄干(난간)

亂動(난동)

暖爐(난로)

亂入(난입)

蘭草(난초)

難航(난항)

濫用(남용)

納得(납득)

納付(납부)

納稅(납세)

娘子(낭자)

內閣(내각)

耐性(내성)

內侍(내시)

內視鏡(내시경)

內臟(내장)

冷却(냉각)

冷淡(냉담)

冷凍(냉동)

冷藏庫(냉장고)

冷徹(냉철)

冷湯(냉탕)

努力(노력)

老鍊(노련)

奴婢(노비)

奴隷(노예)

老翁(노옹)

老人亭(노인정)

勞組(노조)

錄音(녹음)

論述(논술)

農奴(농노)

弄談(농담)

農繁期(농번기)

雷管(뇌관)

腦裏(뇌리)

樓閣(누각)

漏落(누락)

累卵之危(누란지위)

漏水(누수)

累積(누적)

屢次(누차)

漏出(누출)

能熟(능숙)

ㄷ

茶器(다기)

茶道(다도)

茶飯事(다반사)

多樣(다양)

多彩(다채)

多汗症(다한증)

段階(단계)

檀君(단군)

檀紀(단기)

段落(단락)

斷面(단면)

端緒(단서)

團束(단속)

端雅(단아)

斷切(단절)

團體(단체)

短縮(단축)

擔當(담당)

淡水(담수)

擔任(담임)

答辯(답변)

踏步(답보)

踏査(답사)

踏襲(답습)

當局(당국)

當付(당부)

糖分(당분)

唐詩(당시)

黨員(당원)

堂姪(당질)

大槪(대개)

大關嶺(대관령)

代名詞(대명사)

代辯人(대변인)

對象(대상)

貸與(대여)

對偶(대우)

隊員(대원)

對酌(대작)

大腸(대장)

大丈夫(대장부)

對照(대조)

對策(대책)

代替(대체)

貸出(대출)

大幅(대폭)

大旱(대한)

對抗(대항)

大海一滴(대해일적)

陶工(도공)

道具(도구)

陶器(도기)

逃亡(도망)

圖謀(도모)

挑發(도발)

塗色(도색)

圖書館(도서관)

跳躍(도약)

稻熱病(도열병)

盜用(도용)

導入(도입)

盜賊(도적)

挑戰(도전)

逃走(도주)

途中(도중)

道廳(도청)

塗炭(도탄)

逃避(도피)

桃花(도화)

毒感(독감)

獨寡占(독과점)

督勵(독려)

毒蛇(독사)

毒性(독성)

篤實(독실)

毒藥(독약)

獨酌(독작)

獨裁(독재)

獨占(독점)

獨創(독창)

督促(독촉)

敦篤(돈독)

豚肉(돈육)

突發(돌발)

突然(돌연)

突出(돌출)

突破口(돌파구)

突風(돌풍)

同價紅裳(동가홍상)

東南亞(동남아)

同年輩(동년배)

同僚(동료)

同盟(동맹)

同伴者(동반자)

同病相憐(동병상련)

東奔西走(동분서주)

動詞(동사)

凍傷(동상)

銅像(동상)

童謠(동요)

東夷(동이)

銅錢(동전)	滿潮(만조)	盲目的(맹목적)
凍土(동토)	滿醉(만취)	盟誓(맹서)
同胞(동포)	漫評(만평)	猛獸(맹수)
東軒(동헌)	漫畵(만화)	猛威(맹위)
頭腦(두뇌)	忘却(망각)	盲人(맹인)
頭髮(두발)	罔極(망극)	孟子(맹자)
豆腐(두부)	妄靈(망령)	綿絲(면사)
頭痛(두통)	望樓(망루)	免疫(면역)
鈍角(둔각)	茫茫大海(망망대해)	面積(면적)
鈍感(둔감)	妄想(망상)	綿織物(면직물)
鈍器(둔기)	妄言(망언)	滅菌(멸균)
屯田(둔전)	茫然自失(망연자실)	滅亡(멸망)
得票(득표)	望遠鏡(망원경)	滅種(멸종)
等級(등급)	媒介(매개)	冥福(명복)
燈臺(등대)	媒介體(매개체)	名詞(명사)
登錄(등록)	賣渡(매도)	冥想(명상)
登龍門(등용문)	埋立(매립)	銘心(명심)
登載(등재)	埋沒(매몰)	名譽(명예)
ㅁ	梅實(매실)	明哲(명철)
麻衣(마의)	埋葬(매장)	名稱(명칭)
幕間(막간)	媒體(매체)	明確(명확)
莫無可奈(막무가내)	梅花(매화)	毛孔(모공)
漠然(막연)	脈絡(맥락)	募金(모금)
滿了(만료)	猛禽(맹금)	模倣(모방)
萬事亨通(만사형통)	猛烈(맹렬)	模範(모범)
滿朔(만삭)	孟母三遷(맹모삼천)	募兵(모병)

模樣(모양)

侮辱(모욕)

某月某日(모월모일)

母乳(모유)

謀議(모의)

模造品(모조품)

募集(모집)

某處(모처)

謀陷(모함)

冒險(모험)

木刻(목각)

牧童(목동)

木蓮(목련)

木雁(목안)

牧場(목장)

牧畜(목축)

木枕(목침)

木版(목판)

目標(목표)

沒頭(몰두)

沒落(몰락)

苗木(묘목)

墓碑(묘비)

墓地(묘지)

無窮花(무궁화)

武器(무기)

舞臺(무대)

武陵桃源(무릉도원)

霧散(무산)

無償(무상)

貿易(무역)

無煙炭(무연탄)

無酌定(무작정)

無限軌道(무한궤도)

黙念(묵념)

黙黙不答(묵묵부답)

文壇(문단)

門樓(문루)

文脈(문맥)

文盲(문맹)

文廟(문묘)

文獻(문헌)

文豪(문호)

物件(물건)

眉間(미간)

迷宮(미궁)

迷路(미로)

美貌(미모)

未詳(미상)

未嘗不(미상불)

微生物(미생물)

微細(미세)

微笑(미소)

未熟(미숙)

美術(미술)

迷信(미신)

迷兒(미아)

美粧院(미장원)

微積分(미적분)

未畢(미필)

迷惑(미혹)

敏感(민감)

民亂(민란)

民謠(민요)

密獵(밀렵)

蜜語(밀어)

蜜月(밀월)

ㅂ

博覽會(박람회)

博物館(박물관)

薄氷(박빙)

博士(박사)

拍手(박수)

博愛(박애)

拍子(박자)

博學多識(박학다식)

半徑(반경)

返納(반납)

反騰(반등)
叛亂(반란)
盤石(반석)
返送(반송)
叛逆(반역)
反影(반영)
班長(반장)
返品(반품)
反響(반향)
返還(반환)
發刊(발간)
拔群(발군)
發付(발부)
發芽(발아)
發揮(발휘)
傍觀(방관)
芳年(방년)
放漫(방만)
芳名錄(방명록)
防腐(방부)
防疫(방역)
放映(방영)
防衛(방위)
防潮堤(방조제)
放縱(방종)
方舟(방주)

傍聽客(방청객)
放置(방치)
防彈服(방탄복)
妨害(방해)
芳香(방향)
防火壁(방화벽)
倍加(배가)
背景(배경)
配慮(배려)
背叛(배반)
背山臨水(배산임수)
倍數(배수)
拜謁(배알)
培養(배양)
背泳(배영)
配偶者(배우자)
倍率(배율)
背恩忘德(배은망덕)
排除(배제)
排斥(배척)
排出(배출)
配置(배치)
排他的(배타적)
背後(배후)
白眉(백미)
白髮(백발)

伯父(백부)
白沙場(백사장)
伯牙絕絃(백아절현)
煩惱(번뇌)
飜覆(번복)
繁盛(번성)
飜譯(번역)
繁榮(번영)
煩雜(번잡)
繁昌(번창)
罰金(벌금)
罰則(벌칙)
範圍(범위)
犯人(범인)
犯罪(범죄)
犯行(범행)
法規(법규)
法院(법원)
碧溪水(벽계수)
碧眼(벽안)
壁紙(벽지)
壁畵(벽화)
辨明(변명)
邊方(변방)
辨別(변별)
辨償(변상)

變遷(변천)
辯護(변호)
辯護士(변호사)
別莊(별장)
病菌(병균)
竝列(병렬)
病床(병상)
竝設(병설)
兵役(병역)
病院(병원)
病弊(병폐)
屛風(병풍)
竝行(병행)
保健所(보건소)
普及(보급)
寶物(보물)
報償(보상)
寶石(보석)
補藥(보약)
補完(보완)
保障(보장)
補佐(보좌)
補充(보충)
普通(보통)
普遍(보편)
保險(보험)

保護(보호)
覆蓋川(복개천)
福券(복권)
複道(복도)
腹部(복부)
服飾(복식)
複雜(복잡)
卜債(복채)
腹痛(복통)
複合(복합)
本據地(본거지)
封建主義(봉건주의)
蜂起(봉기)
蜂蜜(봉밀)
封墳(봉분)
鳳仙花(봉선화)
封鎖(봉쇄)
鳳凰(봉황)
附近(부근)
負擔(부담)
部隊(부대)
附錄(부록)
副社長(부사장)
部署(부서)
副業(부업)
賦與(부여)

富裕(부유)
富裕層(부유층)
赴任(부임)
副作用(부작용)
不條理(부조리)
不振(부진)
附着(부착)
負債(부채)
腐敗(부패)
符合(부합)
符號(부호)
附和雷同(부화뇌동)
副會長(부회장)
北緯(북위)
北側(북측)
憤怒(분노)
分斷(분단)
紛亂(분란)
分離(분리)
粉末(분말)
墳墓(분묘)
分班(분반)
奮發(분발)
分配(분배)
分析(분석)
分水嶺(분수령)

紛失(분실)

分裂(분열)

粉乳(분유)

紛爭(분쟁)

奔走(분주)

分秒(분초)

粉筆(분필)

分割(분할)

不可避(불가피)

不良輩(불량배)

不祥事(불상사)

不肖(불초)

不恥下問(불치하문)

不惑(불혹)

不況(불황)

崩壞(붕괴)

崩御(붕어)

比較(비교)

悲劇(비극)

非難(비난)

肥大(비대)

悲戀(비련)

肥料(비료)

肥滿(비만)

碑文(비문)

秘密(비밀)

碑石(비석)

卑俗(비속)

卑劣(비열)

費用(비용)

比率(비율)

秘資金(비자금)

備蓄(비축)

批判(비판)

批評(비평)

卑下(비하)

賓客(빈객)

頻度(빈도)

頻發(빈발)

頻繁(빈번)

貧賤(빈천)

ㅅ

事件(사건)

射擊(사격)

斯界(사계)

四顧無親(사고무친)

沙丘(사구)

詐欺(사기)

舍廊(사랑)

司令官(사령관)

沙漠(사막)

斜面(사면)

思慕(사모)

司法府(사법부)

寫本(사본)

思索(사색)

斜線(사선)

社說(사설)

邪惡(사악)

斜陽(사양)

事緣(사연)

寺院(사원)

社員(사원)

思惟(사유)

似而非(사이비)

辭任(사임)

社長(사장)

辭典(사전)

辭職(사직)

寫眞(사진)

詐稱(사칭)

事態(사태)

辭退(사퇴)

辭表(사표)

事項(사항)

士禍(사화)

社會(사회)

削減(삭감)

朔望(삭망)
削除(삭제)
朔風(삭풍)
山脈(산맥)
山岳(산악)
山賊(산적)
山海珍味(산해진미)
殺菌(살균)
殺人未遂(살인미수)
三角洲(삼각주)
三綱五倫(삼강오륜)
三輪車(삼륜차)
三旬九食(삼순구식)
上納(상납)
上司(상사)
想像(상상)
詳細(상세)
上昇(상승)
象牙(상아)
象牙塔(상아탑)
喪輿(상여)
上映(상영)
桑田碧海(상전벽해)
象徵(상징)
狀態(상태)
商標(상표)

商品券(상품권)
相互(상호)
償還(상환)
狀況(상황)
塞翁之馬(새옹지마)
色眼鏡(색안경)
索引(색인)
色彩(색채)
索出(색출)
省略(생략)
生栗(생률)
生涯(생애)
生捕(생포)
生活記錄簿(생활기록부)
書架(서가)
書簡(서간)
逝去(서거)
書庫(서고)
西紀(서기)
書類(서류)
署名(서명)
庶民(서민)
敍述(서술)
誓約書(서약서)
庶子(서자)

書籍(서적)
書誌(서지)
徐行(서행)
石綿(석면)
釋放(석방)
石炭(석탄)
石塔(석탑)
先驅者(선구자)
選拔(선발)
宣誓(선서)
宣揚(선양)
宣言(선언)
宣傳(선전)
選擇(선택)
宣布(선포)
旋回(선회)
先後輩(선후배)
設置(설치)
涉外(섭외)
攝政(섭정)
攝取(섭취)
性格(성격)
城郭(성곽)
省墓(성묘)
城壁(성벽)
盛需期(성수기)

成熟(성숙)
聲援(성원)
成長率(성장률)
成績(성적)
聖誕(성탄)
聲討(성토)
細菌(세균)
世紀(세기)
洗鍊(세련)
世襲(세습)
洗濯(세탁)
細胞(세포)
燒却(소각)
騷動(소동)
騷亂(소란)
消滅(소멸)
消防署(소방서)
消費(소비)
昭詳(소상)
蘇生(소생)
所屬(소속)
訴訟(소송)
消息(소식)
燒失(소실)
疏外(소외)
逍遙(소요)

疏遠(소원)
所謂(소위)
騷音(소음)
所藏(소장)
掃除(소제)
召集(소집)
小貪大失(소탐대실)
疏通(소통)
疏忽(소홀)
召還(소환)
屬性(속성)
損傷(손상)
損失(손실)
損害(손해)
刷新(쇄신)
衰弱(쇠약)
衰退(쇠퇴)
首丘初心(수구초심)
水菊(수국)
需給(수급)
受納(수납)
手段(수단)
受諾(수락)
修鍊(수련)
收錄(수록)
睡眠(수면)

受侮(수모)
搜査(수사)
搜索(수색)
輸送(수송)
手術(수술)
隨時(수시)
修飾(수식)
垂楊(수양)
水泳(수영)
需要(수요)
輸入(수입)
水滴(수적)
守錢奴(수전노)
修整(수정)
修訂(수정)
水準(수준)
水蒸氣(수증기)
垂直線(수직선)
輸出(수출)
數値(수치)
收奪(수탈)
隨筆(수필)
隨行(수행)
輸血(수혈)
守護(수호)
收穫(수확)

熟眠(숙면)
宿泊(숙박)
熟成(숙성)
孰是孰非(숙시숙비)
肅然(숙연)
叔姪(숙질)
瞬間(순간)
殉敎者(순교자)
殉國(순국)
脣亡齒寒(순망치한)
巡訪(순방)
巡視(순시)
瞬息間(순식간)
殉職(순직)
巡察(순찰)
循環(순환)
襲擊(습격)
濕氣(습기)
濕度(습도)
昇格(승격)
承諾(승낙)
僧舞(승무)
勝負(승부)
昇進(승진)
時刻(시각)
視覺(시각)

侍女(시녀)
示範(시범)
時點(시점)
市廳(시청)
試驗(시험)
食糧(식량)
食中毒(식중독)
食卓(식탁)
愼獨(신독)
新羅(신라)
神靈(신령)
信賴(신뢰)
神秘(신비)
伸張(신장)
愼重(신중)
新築(신축)
伸縮性(신축성)
實狀(실상)
實績(실적)
實際(실제)
實踐(실천)
實吐(실토)
實驗(실험)
心琴(심금)
審問(심문)
尋訪(심방)

心腹(심복)
審査(심사)
深山幽谷(심산유곡)
審議(심의)
心臟(심장)
心醉(심취)
深層(심층)
審判(심판)
心肺(심폐)
十字架(십자가)
雙曲線(쌍곡선)
雙方(쌍방)

ㅇ

餓死(아사)
亞聖(아성)
亞鉛(아연)
亞熱帶(아열대)
惡鬼(악귀)
樂器(악기)
惡夢(악몽)
樂譜(악보)
惡臭(악취)
案件(안건)
眼鏡(안경)
安寧(안녕)
雁書(안서)

安逸(안일)

謁見(알현)

暗誦(암송)

壓卷(압권)

壓力(압력)

押留(압류)

壓迫(압박)

押韻(압운)

壓縮(압축)

哀乞(애걸)

愛憎(애증)

愛妾(애첩)

額面(액면)

額數(액수)

厄運(액운)

野球(야구)

野黨(야당)

野獸(야수)

約束(약속)

躍進(약진)

讓渡(양도)

養豚(양돈)

陽曆(양력)

兩班(양반)

養蜂(양봉)

梁上君子(양상군자)

樣式(양식)

糧食(양식)

兩者擇一(양자택일)

兩側(양측)

諒解(양해)

於焉間(어언간)

抑留(억류)

抑壓(억압)

抑制(억제)

嚴格(엄격)

嚴肅(엄숙)

業績(업적)

餘暇(여가)

女傑(여걸)

旅券(여권)

與黨(여당)

輿論(여론)

女僧(여승)

餘裕(여유)

與奪(여탈)

譯官(역관)

疫病(역병)

驛舍(역사)

逆轉(역전)

驛前(역전)

役割(역할)

連繫(연계)

軟骨(연골)

演劇(연극)

蓮根(연근)

延期(연기)

演技(연기)

連絡(연락)

燃料(연료)

連累(연루)

研磨(연마)

聯盟(연맹)

戀慕(연모)

燕尾服(연미복)

憐憫(연민)

聯邦(연방)

聯想(연상)

演說(연설)

燃燒(연소)

沿岸(연안)

戀愛(연애)

軟弱(연약)

演藝人(연예인)

戀人(연인)

延長(연장)

戀情(연정)

演奏(연주)

延着(연착)　零點(영점)　汚染(오염)

延滯(연체)　詠歎(영탄)　吳越同舟(오월동주)

軟體動物(연체동물)　零下(영하)　嗚呼(오호)

鉛筆(연필)　影響(영향)　擁壁(옹벽)

聯合(연합)　靈魂(영혼)　擁護(옹호)

沿海(연해)　映畵(영화)　緩急(완급)

沿革(연혁)　映畵館(영화관)　完了(완료)

宴會(연회)　銳角(예각)　完遂(완수)

熱狂(열광)　豫告(예고)　完熟(완숙)

劣等感(열등감)　銳利(예리)　緩行(완행)

閱覽(열람)　銳敏(예민)　緩和(완화)

劣惡(열악)　豫防(예방)　王冠(왕관)

鹽度(염도)　豫報(예보)　王宮(왕궁)

念慮(염려)　豫想(예상)　王陵(왕릉)

染色(염색)　藝術(예술)　王妃(왕비)

鹽田(염전)　豫約(예약)　外貌(외모)

廉恥(염치)　禮儀(예의)　外戚(외척)

獵奇(엽기)　豫定(예정)　要綱(요강)

獵銃(엽총)　豫測(예측)　搖動(요동)

嶺南(영남)　娛樂(오락)　搖亂(요란)

英敏(영민)　五輪旗(오륜기)　遙遠(요원)

映像(영상)　傲慢(오만)　腰痛(요통)

零上(영상)　汚名(오명)　慾望(욕망)

零細(영세)　汚物(오물)　慾心(욕심)

營業(영업)　烏飛梨落(오비이락)　容器(용기)

領域(영역)　五十肩(오십견)　龍頭蛇尾(용두사미)

庸劣(용렬)
勇猛(용맹)
容貌(용모)
容恕(용서)
用役(용역)
愚公移山(우공이산)
優待(우대)
愚鈍(우둔)
憂慮(우려)
愚弄(우롱)
友邦(우방)
愚夫愚婦(우부우부)
偶像(우상)
優先(우선)
優勢(우세)
優秀(우수)
優雅(우아)
優劣(우열)
牛乳(우유)
右翼(우익)
郵遞局(우체국)
右側(우측)
郵便(우편)
郵票(우표)
羽化登仙(우화등선)
雲霧(운무)

韻文(운문)
運輸業(운수업)
運營(운영)
韻律(운율)
運轉(운전)
運航(운항)
原稿(원고)
原稿紙(원고지)
元旦(원단)
元帥(원수)
遠征(원정)
援助(원조)
源泉(원천)
月刊(월간)
月刊誌(월간지)
月桂冠(월계관)
月桂樹(월계수)
越權(월권)
越墻(월장)
危機(위기)
緯度(위도)
慰勞(위로)
慰問(위문)
違反(위반)
違背(위배)
違法(위법)

衛生(위생)
僞善(위선)
衛星(위성)
慰安(위안)
違約金(위약금)
委員會(위원회)
委任(위임)
僞裝(위장)
胃腸(위장)
僞造(위조)
位置(위치)
危殆(위태)
僞幣(위폐)
違憲(위헌)
危險(위험)
威脅(위협)
儒敎(유교)
悠久(유구)
誘導(유도)
惟獨(유독)
遊覽(유람)
幽靈(유령)
儒林(유림)
誘發(유발)
類似(유사)
儒生(유생)

維新(유신)　　凝結(응결)　　履修(이수)
柔軟(유연)　　凝固(응고)　　利潤(이윤)
誘引(유인)　　應募(응모)　　以夷制夷(이이제이)
維持(유지)　　應援(응원)　　移葬(이장)
流暢(유창)　　凝集(응집)　　移轉(이전)
儒學(유학)　　依據(의거)　　泥田鬪狗(이전투구)
誘惑(유혹)　　意見欄(의견란)　　梨花(이화)
遊戱(유희)　　衣冠(의관)　　人格(인격)
潤氣(윤기)　　疑懼心(의구심)　　隣近(인근)
閏年(윤년)　　宜當(의당)　　忍耐(인내)
閏月(윤월)　　儀禮(의례)　　引導(인도)
潤澤(윤택)　　依賴(의뢰)　　人類(인류)
隆起(융기)　　疑問(의문)　　印刷(인쇄)
隆盛(융성)　　衣裳(의상)　　因緣(인연)
隱居(은거)　　儀式(의식)　　人員(인원)
隱密(은밀)　　疑心(의심)　　人跡(인적)
隱語(은어)　　意慾(의욕)　　隣接(인접)
銀粧刀(은장도)　　議員(의원)　　姻戚(인척)
隱退(은퇴)　　議政府(의정부)　　一貫(일관)
隱蔽(은폐)　　依托(의탁)　　日記帳(일기장)
陰刻(음각)　　疑惑(의혹)　　一帶(일대)
淫亂(음란)　　履歷書(이력서)　　一脈相通(일맥상통)
陰曆(음력)　　裏面(이면)　　日沒(일몰)
陰謀(음모)　　理髮(이발)　　一泊(일박)
音盤(음반)　　異邦人(이방인)　　一般(일반)
音響(음향)　　離別(이별)　　一罰百戒(일벌백계)

一掃(일소)
一瞬間(일순간)
一葉片舟(일엽편주)
一場春夢(일장춘몽)
一切(일절)
日程(일정)
一齊(일제)
一柱門(일주문)
日出峯(일출봉)
逸脫(일탈)
一筆揮之(일필휘지)
逸話(일화)
一環(일환)
賃金(임금)
賃貸(임대)
任命(임명)
任務(임무)
臨時(임시)
臨終(임종)
入隊(입대)
立稻先賣(입도선매)
入寂(입적)

ス

刺客(자객)
自愧感(자괴감)
資金(자금)

紫禁城(자금성)
資料(자료)
自慢(자만)
資本(자본)
自負心(자부심)
資産(자산)
玆山魚譜(자산어보)
自敍傳(자서전)
姿勢(자세)
自肅(자숙)
子息(자식)
紫外線(자외선)
資源(자원)
恣意的(자의적)
自酌(자작)
紫朱色(자주색)
姿態(자태)
自畵自讚(자화자찬)
爵位(작위)
殘金(잔금)
殘留(잔류)
殘額(잔액)
殘忍(잔인)
暫間(잠간)
潛伏(잠복)
潛水(잠수)

暫時(잠시)
潛入(잠입)
潛在(잠재)
雜鬼(잡귀)
雜音(잡음)
雜誌(잡지)
雜草(잡초)
雜湯(잡탕)
獎勵(장려)
葬禮(장례)
帳幕(장막)
障壁(장벽)
帳簿(장부)
裝備(장비)
長蛇陣(장사진)
藏書(장서)
將帥(장수)
裝飾(장식)
莊嚴(장엄)
丈人(장인)
裝置(장치)
掌風(장풍)
獎學金(장학금)
災難(재난)
裁斷(재단)
財團(재단)

栽培(재배)　　　電信柱(전신주)　　　政局(정국)

宰相(재상)　　　傳染病(전염병)　　　政黨(정당)

災殃(재앙)　　　專用(전용)　　　　　程度(정도)

再湯(재탕)　　　電鐵驛(전철역)　　　整理(정리)

裁判(재판)　　　戰鬪(전투)　　　　　征伐(정벌)

災害(재해)　　　傳播(전파)　　　　　征服(정복)

災禍(재화)　　　轉學(전학)　　　　　政府(정부)

爭奪(쟁탈)　　　轉換(전환)　　　　　整備(정비)

底意(저의)　　　轉換(전환)　　　　　情緒(정서)

抵抗(저항)　　　絶叫(절규)　　　　　靜肅(정숙)

積金(적금)　　　竊盜(절도)　　　　　亭子(정자)

積立(적립)　　　切迫(절박)　　　　　靜寂(정적)

摘發(적발)　　　折半(절반)　　　　　訂正(정정)

積載(적재)　　　切實(절실)　　　　　政策(정책)

適切(적절)　　　占據(점거)　　　　　停滯(정체)

赤潮(적조)　　　點檢(점검)　　　　　情趣(정취)

摘出(적출)　　　占領(점령)　　　　　正確(정확)

專攻(전공)　　　占卜(점복)　　　　　情況(정황)

電球(전구)　　　點數(점수)　　　　　製鋼(제강)

專念(전념)　　　漸漸(점점)　　　　　提供(제공)

專擔(전담)　　　漸進(점진)　　　　　提起(제기)

田畓(전답)　　　漸次(점차)　　　　　制度(제도)

殿堂(전당)　　　點火(점화)　　　　　堤防(제방)

戰略(전략)　　　蝶泳(접영)　　　　　祭祀(제사)

專門(전문)　　　接觸(접촉)　　　　　提示(제시)

全般(전반)　　　正刻(정각)　　　　　提案(제안)

制御(제어)　　條項(조항)　　株式(주식)
提議(제의)　　族譜(족보)　　珠玉(주옥)
濟州(제주)　　足跡(족적)　　周圍(주위)
提出(제출)　　尊稱(존칭)　　主張(주장)
制限(제한)　　卒倒(졸도)　　鑄造(주조)
制憲節(제헌절)　卒劣(졸렬)　主催(주최)
諸侯(제후)　　拙速(졸속)　　鑄貨(주화)
提携(제휴)　　終了(종료)　　遵法(준법)
條件(조건)　　種類(종류)　　準備(준비)
潮流(조류)　　宗廟(종묘)　　俊秀(준수)
照明(조명)　　種苗(종묘)　　遵守(준수)
弔問客(조문객)　縱橫(종횡)　仲介(중개)
調査(조사)　　左傾(좌경)　　中斷(중단)
組成(조성)　　座席(좌석)　　中途下車(중도하차)
租稅(조세)　　坐禪(좌선)　　中毒(중독)
潮水(조수)　　座右銘(좌우명)　仲媒(중매)
操心(조심)　　左翼(좌익)　　重複(중복)
條約(조약)　　左衝右突(좌충우돌)　中旬(중순)
操業(조업)　　左派(좌파)　　中央(중앙)
弔意金(조의금)　罪囚(죄수)　中庸(중용)
操作(조작)　　株價(주가)　　仲裁(중재)
朝廷(조정)　　主管(주관)　　證據(증거)
調整(조정)　　主導(주도)　　證券(증권)
操縱(조종)　　鑄物(주물)　　蒸發(증발)
組織(조직)　　周邊(주변)　　症狀(증상)
組合(조합)　　周旋(주선)　　症勢(증세)

贈與(증여)

憎惡(증오)

知覺(지각)

遲刻(지각)

地球(지구)

地帶(지대)

指導者(지도자)

指鹿爲馬(지록위마)

地雷(지뢰)

地盤(지반)

支配(지배)

支拂(지불)

地域(지역)

地緣(지연)

遲延(지연)

地獄(지옥)

支援(지원)

指摘(지적)

支柱(지주)

地震(지진)

遲滯(지체)

指稱(지칭)

紙幣(지폐)

智慧(지혜)

指揮(지휘)

直徑(직경)

織女(직녀)

職業(직업)

職員(직원)

職場(직장)

珍貴(진귀)

進級(진급)

陳述(진술)

鎭壓(진압)

陳列(진열)

陣營(진영)

振作(진작)

眞珠(진주)

陣地(진지)

鎭火(진화)

振興(진흥)

疾病(질병)

姪婦(질부)

秩序(질서)

疾患(질환)

集團(집단)

集賢殿(집현전)

懲戒(징계)

懲罰(징벌)

懲役(징역)

徵兆(징조)

徵集(징집)

徵候(징후)

ㅊ

車庫(차고)

差別(차별)

差異(차이)

錯覺(착각)

錯視(착시)

錯誤(착오)

讚辭(찬사)

贊成(찬성)

讚頌歌(찬송가)

讚揚(찬양)

贊助(찬조)

慘事(참사)

參禪(참선)

參酌(참작)

參照(참조)

慘敗(참패)

懺悔(참회)

創刊(창간)

倉庫(창고)

蒼空(창공)

創始(창시)

創業(창업)

創作(창작)

創製(창제)

創造(창조)　　　徹底(철저)　　　肖像畵(초상화)
創出(창출)　　　鐵板(철판)　　　礎石(초석)
滄海一粟(창해일속)　哲學(철학)　　　秒速(초속)
債權(채권)　　　添加(첨가)　　　超越(초월)
債務(채무)　　　尖端(첨단)　　　超人(초인)
彩色(채색)　　　添附(첨부)　　　初志一貫(초지일관)
菜蔬(채소)　　　添削(첨삭)　　　初版(초판)
責任(책임)　　　尖銳(첨예)　　　招魂(초혼)
處罰(처벌)　　　尖塔(첨탑)　　　觸覺(촉각)
妻妾(처첩)　　　靑銅(청동)　　　促求(촉구)
薦擧(천거)　　　淸廉(청렴)　　　促發(촉발)
千斤萬斤(천근만근)　淸白吏(청백리)　促進(촉진)
千慮一失(천려일실)　淸掃(청소)　　　銃劍(총검)
賤待(천대)　　　淸雅(청아)　　　銃擊(총격)
遷都(천도)　　　體系(체계)　　　聰氣(총기)
天幕(천막)　　　滯拂(체불)　　　銃器(총기)
淺薄(천박)　　　遞信(체신)　　　總督(총독)
天賦的(천부적)　體制(체제)　　　總理(총리)
天崩地壞(천붕지괴)　體操(체조)　　　聰明(총명)
天水畓(천수답)　體臭(체취)　　　總務(총무)
天涯(천애)　　　逮捕(체포)　　　銃聲(총성)
千載一遇(천재일우)　體驗(체험)　　　總額(총액)
天池(천지)　　　超過(초과)　　　總長(총장)
鐵鋼(철강)　　　抄錄(초록)　　　銃彈(총탄)
鐵鑛石(철광석)　抄本(초본)　　　最高峰(최고봉)
徹頭徹尾(철두철미)　招聘(초빙)　　　催淚彈(최루탄)

追慕(추모)
醜聞(추문)
抽象(추상)
醜惡(추악)
追越(추월)
醜雜(추잡)
追跡(추적)
推薦(추천)
抽出(추출)
推測(추측)
醜態(추태)
秋毫(추호)
畜舍(축사)
畜産業(축산업)
縮小(축소)
蓄財(축재)
蓄積(축적)
築造(축조)
縮尺(축척)
逐出(축출)
出征(출정)
出版(출판)
出港(출항)
衝擊(충격)
衝突(충돌)
衝動(충동)

醉客(취객)
趣味(취미)
取捨(취사)
就任(취임)
就寢(취침)
趣向(취향)
側近(측근)
測量(측량)
側面(측면)
測定(측정)
恥部(치부)
齒牙(치아)
恥辱(치욕)
親睦(친목)
親熟(친숙)
親日派(친일파)
親切(친절)
親戚(친척)
漆器(칠기)
七旬(칠순)
漆板(칠판)
侵攻(침공)
寢臺(침대)
侵掠(침략)
沈沒(침몰)
沈黙(침묵)

侵犯(침범)
浸水(침수)
寢室(침실)
侵入(침입)
沈滯(침체)
浸透(침투)
稱頌(칭송)
稱讚(칭찬)

ㅋ

快刀亂麻(쾌도난마)

ㅌ

打擊(타격)
妥結(타결)
妥當(타당)
打倒(타도)
墮落(타락)
妥協(타협)
卓球(탁구)
濁流(탁류)
卓越(탁월)
卓子(탁자)
濁酒(탁주)
炭鑛(탄광)
誕生(탄생)
歎息(탄식)
彈壓(탄압)

彈丸(탄환)
奪取(탈취)
奪還(탈환)
貪官汚吏(탐관오리)
探索(탐색)
貪慾(탐욕)
太極旗(태극기)
態度(태도)
怠慢(태만)
太陽曆(태양력)
擇日(택일)
討論(토론)
討伐(토벌)
土壤(토양)
討議(토의)
痛哭(통곡)
統率(통솔)
通譯(통역)
痛症(통증)
痛歎(통탄)
退却(퇴각)
退陣(퇴진)
投稿(투고)
投棄(투기)
透明(투명)
透視(투시)

投影(투영)
投資(투자)
鬪爭(투쟁)
鬪志(투지)
透徹(투철)
投票(투표)
鬪魂(투혼)
特殊(특수)
特徵(특징)

ㅍ

派遣(파견)
破壞(파괴)
頗多(파다)
罷免(파면)
派兵(파병)
派生(파생)
把守(파수)
罷業(파업)
罷場(파장)
播種(파종)
販禁(판금)
判斷(판단)
販賣(판매)
偏見(편견)
遍歷(편력)
編成(편성)

便宜(편의)
偏重(편중)
偏頗(편파)
偏向(편향)
評價(평가)
評論(평론)
平衡(평형)
廢校(폐교)
廢棄(폐기)
弊端(폐단)
閉幕(폐막)
閉鎖(폐쇄)
廢水(폐수)
肺炎(폐렴)
廢人(폐인)
廢止(폐지)
弊害(폐해)
浦口(포구)
飽滿(포만)
包攝(포섭)
飽食(포식)
抱擁(포옹)
包容(포용)
包圍(포위)
包裝(포장)
捕捉(포착)

包含(포함)　　　被害(피해)　　　陷落(함락)

捕獲(포획)　　　畢竟(필경)　　　含量(함량)

爆擊(폭격)　　　筆寫(필사)　　　陷沒(함몰)

暴騰(폭등)　　　必需(필수)　　　含蓄(함축)

暴力輩(폭력배)　筆跡(필적)　　　咸興差使(함흥차사)

爆發(폭발)　　　　ㅎ　　　　　合格(합격)

爆笑(폭소)　　　下賜(하사)　　　合掌(합장)

爆彈(폭탄)　　　下旬(하순)　　　合奏(합주)

爆破(폭파)　　　荷重(하중)　　　巷間(항간)

漂流(표류)　　　學費(학비)　　　抗拒(항거)

表裏不同(표리부동)鶴首苦待(학수고대)航空(항공)

標本(표본)　　　學術(학술)　　　港口(항구)

標示(표시)　　　學緣(학연)　　　航路(항로)

標準(표준)　　　學院(학원)　　　項目(항목)

標識(표지)　　　鶴翼陣(학익진)　抗議(항의)

品評(품평)　　　學籍(학적)　　　航海(항해)

風琴(풍금)　　　學派(학파)　　　解決策(해결책)

風樹之歎(풍수지탄)閑暇(한가)　　　該當(해당)

疲困(피곤)　　　韓愈(한유)　　　解夢(해몽)

避難(피난)　　　旱災(한재)　　　海霧(해무)

被動(피동)　　　閑寂(한적)　　　該博(해박)

疲勞(피로)　　　汗蒸幕(한증막)　海拔(해발)

被殺(피살)　　　恨歎(한탄)　　　海邊(해변)

避暑(피서)　　　旱害(한해)　　　解釋(해석)

被疑者(피의자)　割當(할당)　　　海岸(해안)

疲弊(피폐)　　　割引(할인)　　　海底(해저)

海賊(해적)
核武器(핵무기)
核心(핵심)
行廊(행랑)
行政府(행정부)
享樂(향락)
虛構(허구)
虛飢(허기)
許諾(허락)
虛僞(허위)
虛點(허점)
虛荒(허황)
憲法(헌법)
獻身(헌신)
獻血(헌혈)
獻花(헌화)
險難(험난)
縣監(현감)
縣令(현령)
玄武巖(현무암)
玄米(현미)
顯微鏡(현미경)
現像(현상)
現狀(현상)
現象(현상)
懸賞金(현상금)

懸垂幕(현수막)
絃樂器(현악기)
現役(현역)
顯著(현저)
懸板(현판)
穴居(혈거)
血管(혈관)
血糖(혈당)
血壓(혈압)
血緣(혈연)
嫌惡(혐오)
脅迫(협박)
協贊(협찬)
衡平性(형평성)
慧眼(혜안)
惠澤(혜택)
豪傑(호걸)
好奇心(호기심)
呼訴(호소)
浩然之氣(호연지기)
豪雨(호우)
護衛(호위)
戶籍(호적)
胡蝶(호접)
呼稱(호칭)
互惠(호혜)

豪華(호화)
互換(호환)
好況(호황)
呼吸(호흡)
魂靈(혼령)
昏迷(혼미)
婚需(혼수)
昏睡狀態(혼수상태)
婚姻(혼인)
混雜(혼잡)
昏定晨省(혼정신성)
混濁(혼탁)
忽然(홀연)
弘報(홍보)
洪水(홍수)
鴻雁(홍안)
弘益人間(홍익인간)
禾穀(화곡)
禍根(화근)
花壇(화단)
畫廊(화랑)
華麗(화려)
和睦(화목)
禍福(화복)
花容月態(화용월태)
化粧(화장)

火葬(화장)　　　換錢(환전)　　　後生可畏(후생가외)
火災(화재)　　　活躍(활약)　　　厚顔無恥(후안무치)
和暢(화창)　　　荒野(황야)　　　後援(후원)
禾尺(화척)　　　荒廢(황폐)　　　後悔(후회)
華燭(화촉)　　　黃昏(황혼)　　　訓戒(훈계)
貨幣(화폐)　　　回甲宴(회갑연)　訓練(훈련)
畫幅(화폭)　　　悔改(회개)　　　毀損(훼손)
花環(화환)　　　回顧(회고)　　　揮毫(휘호)
擴大(확대)　　　會館(회관)　　　休暇(휴가)
擴散(확산)　　　會社(회사)　　　携帶(휴대)
確信(확신)　　　懷柔(회유)　　　休息(휴식)
確實(확실)　　　懷疑(회의)　　　黑鉛(흑연)
確認(확인)　　　回轉(회전)　　　黑板(흑판)
擴張(확장)　　　懷抱(회포)　　　吸收(흡수)
確定(확정)　　　回避(회피)　　　吸煙(흡연)
擴充(확충)　　　悔恨(회한)　　　興奮(흥분)
環境(환경)　　　獲得(획득)　　　興趣(흥취)
換氣(환기)　　　劃一(획일)　　　稀貴(희귀)
換拂(환불)　　　橫斷(횡단)　　　戲弄(희롱)
換乘(환승)　　　橫死(횡사)　　　稀微(희미)
丸藥(환약)　　　曉星(효성)　　　稀薄(희박)
換率(환율)　　　候補(후보)

한어병음 색인

了	le	107	獵	liè	102	**M**	
雷	léi	107	臨	lín	117	麻	má	119
累	lěi	111	隣	lín	117	埋	mái	123
淚	lèi	110	賃	lìn	270	脈	mài	124
類	lèi	111	零	líng	102	慢	màn	121
梨	lí	115	靈	líng	103	漫	màn	121
離	lí	116	陵	líng	114	茫	máng	122
裏	lǐ	116	嶺	lǐng	102	盲	máng	125
勵	lì	97	龍	lóng	108	冒	mào	128
麗	lì	97	隆	lóng	114	貌	mào	130
曆	lì	98	樓	lóu	110	貿	mào	135
隷	lì	103	漏	lòu	110	媒	méi	123
栗	lì	112	爐	lú	104	梅	méi	123
吏	lì	115	錄	lù	105	某	méi	129
憐	lián	98	祿	lù	105	沒	méi	132
聯	lián	99	鹿	lù	105	眉	méi	137
蓮	lián	100	亂	luàn	92	盟	méng	125
廉	lián	101	輪	lún	112	蒙	méng	133
戀	liàn	99	羅	luó	91	孟	mèng	124
鍊	liàn	100	絡	luò	91	夢	mèng	132
梁	liáng	95	屢	lǚ	109	迷	mí	137
糧	liáng	96	履	lǚ	115	蜜	mì	138
諒	liàng	96	慮	lù	97	秘	mì	172
僚	liǎo	108	掠	lüè	94	綿	mián	126
劣	liè	100	掠	lüè	94	苗	miáo	134
裂	liè	101	略	lüè	95	秒	miǎo	332

微	wēi	136	係	xì	23	寫	xiě	178
圍	wéi	257	系	xì	25	械	xiè	25
違	wéi	259	戲	xì	404	臭	xiù	339
維	wéi	262	暇	xiá	1	需	xū	209
惟	wéi	262	咸	xián	375	徐	xú	191
僞	wěi	256	絃	xián	384	敍	xù	191
委	wěi	257	嫌	xián	385	緒	xù	192
緯	wěi	258	險	xiǎn	382	蓄	xù	338
畏	wèi	248	顯	xiǎn	384	宣	xuān	195
慰	wèi	257	陷	xiàn	376	軒	xuān	381
胃	wèi	258	憲	xiàn	380	旋	xuán	195
衛	wèi	259	獻	xiàn	381	懸	xuán	383
謂	wèi	259	縣	xiàn	384	玄	xuán	383
翁	wēng	247	祥	xiáng	187	縣	xuán	384
嗚	wū	245	詳	xiáng	188	削	xuē	184
汚	wū	246	享	xiǎng	379	穴	xué	385
侮	wǔ	128	響	xiǎng	380	巡	xún	212
霧	wù	135	像	xiàng	185	循	xún	212
	X		象	xiàng	188	旬	xún	213
析	xī	194	巷	xiàng	376	尋	xún	220
息	xī	218	項	xiàng	378	殉	xùn	213
奚	xī	378	曉	xiǎo	401		**Y**	
兮	xī	387	肖	xiào	332	壓	yā	227
吸	xī	404	斜	xié	178	押	yā	228
稀	xī	405	脅	xié	386	邪	yá	183
襲	xí	215	携	xié	403	牙	yá	223

총획수 색인

하영삼(河永三)
대만 정치대학교 문학박사, 경성대학교 중문과 교수, 한국한자연구소
소장.

하영우(河永祐)
성균관대학교 교육대학원(한문교육학) 석사, 예문여자고등학교 한문
교사.

고등학교용

900한자 어원사전

지은이 하영삼·하영우
초판 1쇄 발행 2015년 3월 1일
펴낸곳 도서출판3 펴낸이 하영삼
등록 2013년 7월 4일(제2013-000010호)
주소 부산시 수영구 남천동 황령대로 431, 104-103호
전화 070-7737-6738, 051-663-4266
전자우편 3publication@gmail.com
홈페이지 www.hanja.asia

인쇄 제작 호성P&P
       (02-2274-3089, 서울 중구 을지로3가 302-2)

배포처 호밀밭
등록 2008년 11월 12일(제338-2008-6호)
주소 부산 수영구 광안해변로 125 남천K상가 B1F
전화 070-7530-4675 팩스 051-510-4675
전자우편 homilbooks@naver.com
홈페이지 www.homilbooks.com

ISBN: 979-11-953378-5-9   04710